모난돌역사논술모임 지음

BM (주)도서출판 성안당

역사는 현대를 비추는 등댓불입니다

"문명은 타살되어 몰락하는 것이 아니라 자살하는 것"

세계사 연구에 큼지막하니 발자취를 남긴 영국인 아놀드 토인비(Arnold Toynbee)의 말입니다. 문명이 몰락하는 원인은 외부가 아닌 내부에 있다는 지적입니다. 우리가 이 책에서 다룬 세계사 글줄을 한발 한 발 따라가다 보게 되는 문명 몰락도 예외는 없습니다. 한때 위대한 업적을 이룬 문명일지라도 내부 분열과 갈등으로 멸망하는 길을 걷게 됩니다. 우리가 세계사를 배우는 이유가 이쯤 되면 분명히 드러납니다. '세계사 속에서 자살했다는 수모를 당하지 않기 위해서' 라고……. 그러니 이 책에서 다루는 세계사는 죽은 사람들 뒷골목 풍경이 아니라, 바로 현재를 살아 내고 미래를 볼 수 있는 유일한 거울로 이해해도 무리가 없을 듯합니다.

역사는 현재 삶에 날카로운 호루라기로 경고를 보내 주고, 미래를 보여줍니다. 미래란, 현재가 아무리 다가가도 가까워지지 않고 물러서기만 합니다. 물러서는 미래를 잡을 수 없기에 과거에서 교훈을 얻어야 합니다. 그래서 우리는 과거를 배우는 것입니다.

이제 과거를 다룬 역사는 선택이 아니라, 이 시대를 사는 우리가 따라야 하는 명령임을 이해해야 합니다. 그래서 역사는 현재를 비추는 등불이요, 미래를 끌어오는 마중물인 셈입니다. 그렇게 역사는 살아 있습니다. 이 책을 만든 사람들은 이런 '살아 있는 세계사' 를 만들고자 하였습니다.

지금은 논술 시대입니다. 논술은 독서, 글쓰기, 논증이라는 세 개념으로 이루어져 있습니다. 그런데 지식을 얻기 위해 하는 독서나 글쓰기 기술을 배우는 것들을 논술로 잘못 여기는 이들이 있습니다. 어리석은 생각입니다. 논술에는 글쓰기 기술을 익히는 것이나 암기를 잘하는 것보다 더 중요한 것이 있습니다. 그것은 생각의 매듭을 풀어 가야 한다는 점입니다. 생각 매듭을 풀어가야 한다는 것을 '재미있는 논술' 이라 이름 붙였습니다.

그래서 각 단원마다 순서대로 정한 역사 사실을 읽으며 사건이나 인물을 탐구하고 역사 해석으로 풀어낸 문제들을 이해하고, '그 무렵 우리 나라에서는' 을 통해 세계사 속에 우리 역사를 뒤돌아보고 비교하며, '역사 토론' 에서 생각을 열고 넓혀 나가면 자기 색깔이 잘 드러나면서도 논리적인 글을 쓸 수 있게 될 것입니다.

이 책이 진리를 탐구하고 세계사 속에서 우리가 갈 길을 비춰 주는 작은 등불이 되기를 바랍니다.

2008년 10월 30일

모난돌역사논술모임 고영순

논술을 공부하는 좋은 방법

논술은 자기 생각을 논리적으로 서술하는 글입니다. 자기주장이나 생각이 있어야 하고, 그 주장이나 생각을 이유나 근거로 뒷받침하여 논리적인 서술이 되도록 해야 합니다. 논술을 잘하는 사람은 사물을 바라볼 때 원인과 결과도 잘 연결하고, 문제를 해결하는 능력도 좋습니다. 그런 사람은 자기 앞에 어떤 문제가 닥쳐도 슬기롭게 헤쳐 나가는 사람입니다. 한마디로 똑똑한 사람입니다. 하지만 이런 감각은 하루아침에 이루어지지 않습니다. 오랫동안 연습해야 합니다.

어릴 때부터 일기를 열심히 쓰는 것이 중요합니다. 일기는 그날 있었던 일을 가지고 쓰면 되니까 설명문이나 논설문이나 생활문, 독후감보다 글감을 찾아내기가 쉽습니다. 글감을 찾느라고 시간을 많이 보내지 않아도 되니까 다른 글보다 쓰기 연습을 하기 쉬운 것입니다.

책을 읽는 것도 아주 좋은 논술 공부입니다. 책은 글을 잘 쓰는 사람들이 글을 쓰고, 글을 잘 보는 사람들이 묶어서 세상에 내놓는 과정을 거쳐야만 우리 손에 들어옵니다. 그러므로 책이 되어 나오려면 여러 명이 글을 다듬고 고치게 되는 것입니다. 그러니 좋은 글이 될 수밖에 없습니다. 책을 읽으면 그런 좋은 글을 읽게 되므로 기억 속에 좋은 문장이 남겨지게 되고, 기억 속에 남겨진 좋은 문장은 내가 글을 쓸 때 참고하게 되는 것입니다. 책을 많이 읽으면 자연스럽게 좋은 글을 쓰게 되는 것입니다.

논술은 어려운 과목이 아니라 내 머리를 좋게 만드는 놀이입니다. 처음엔 어렵지만 논술에서 필요한 기초 조각들을 모자이크처럼 꿰어 맞추어 가다 보면 논술이 점점 더 쉬워질 것입니다. 쉬우면 재미도 커질 것입니다. 재미있게 배우다 보면 자신이 똑똑해지고 있다는 것도 느낄 수 있게 될 것입니다. 어렵다고 피하지 말고 몇 번 억지로라도 쓰다 보면 점점 쉬운 글이 되고, 글쓰기에 재미도 느껴질 것입니다.

1권		고대편(인류 등장에서 위진남북조 시대까지)		
단원	차시	학습 목표	학습 내용	쪽수
01	01	논술 개념 익히기 1	정의와 예시	20쪽
02	02	논술 개념 익히기 2	비교와 대조	30쪽
03	03	논술 개념 익히기 3	분류와 분석	40쪽
04	04	논술 개념 익히기 4	서사하기	50쪽
05	05	논술 개념 익히기 5	묘사하기	60쪽
06	06	논술 개념 익히기 6	이유와 근거 찾기	70쪽
07	07	논술 개념 익히기 7	주제문 찾기	80쪽
08	08	논술 개념 익히기 8	문제 제기 1	90쪽
09	09	논술 개념 익히기 9	문제 제기 2	100쪽
10	10	논술 개념 익히기 10	원인 분석 1	110쪽
11	11	논술 개념 익히기 11	원인 분석 2	120쪽
12	12	논술 개념 익히기 12	대안 제시 1	130쪽
13	13	논술 개념 익히기 13	대안 제시 2	140쪽
14	14	논술 개념 익히기 14	반대하기	150쪽
15	15	논술 개념 익히기 15	극복 방안	160쪽
16	16	논술 개념 익히기 16	최종 결론	170쪽
17	17	논술 개념 익히기 17	6단 논법으로 쓰기 1	180쪽
18	18	논술 개념 익히기 18	6단 논법으로 쓰기 2	190쪽

이 책의 생김새와 쓰임새

단원별 구성

동양과 서양을 아울러 세계 역사에서 중요한 사건을 중심으로 한 단원을 구성하였습니다. 1권부터 4권까지 각 권당 18단원씩 모두 72단원으로 이루어졌습니다. 각 단원별 사건을 살피고 해석과 오늘날 세계 문제를 순서대로 읽어 나가다 보면 세계 역사가 어떻게 흘러 왔는지도 자연스럽게 알게 될 것입니다.

본문 구성

단원 시작

세계 지도를 보면서 역사적 사건을 미리 공부합니다.

▶역사 연대기
세계 곳곳에서 일어난 중요한 사건을 비교
▶학습 목표
배울 내용 미리 알아보기
▶심화 학습
연계 학습이 이루어지도록 책이나 영상물 소개

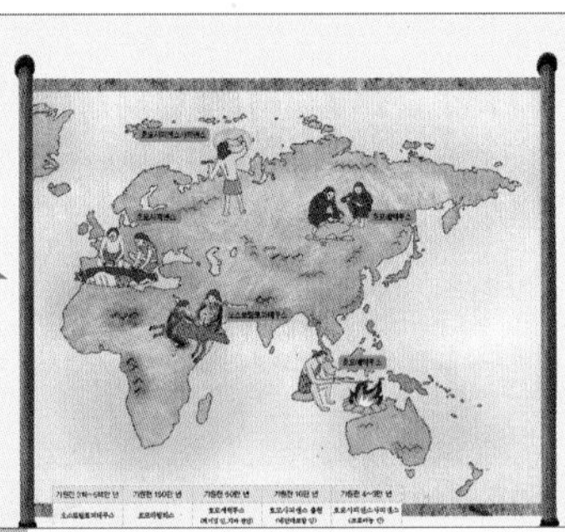

01
인류가 두 발로 일어서다

역사 탐구

단원에서 배울 역사를 밝혀진 사실대로 쓴 단계입니다. 소리 내서 읽은 다음, 아래에 있는 질문에 대답을 쓰면 됩니다.

역사탐구

탐구 1 인류 등장

1500만 년 전 무렵, 아프리카에 비 내리는 양이 크게 줄면서 숲이 풀밭으로 변해 갔다. 그러자 맹수를 피하고 먹이를 쉽게 얻으려고 나무 위에서 살던 유인원들은 땅으로 내려올 수밖에 없었다. 땅에서는 맹수를 피하기 위해 두 발로 서서 멀리 보아야 했다. 또 기어다니는 것보다 서서 걷는 것이 먹이를 구하기도 쉬웠다. 약 4~500만 년 전부터 두 발로 걷는 유인원이 생겨났다.

처음 두 발로 걷기 시작한 유인원은 '오스트랄로피테쿠스(남쪽에 사는 원숭이)'였다. 화산재에 남아 있는 발자국이나 여러 곳에서 발견되는 뼈를 보면 이들이 두 다리로 걸었다는 것을 알 수 있다.

역사 해석

역사 탐구에서 다룬 역사 사건에 대한 해석을 어떻게 하는가를 밝힌 단계입니다. 해당 역사 사건이나 인물에 대한 이해를 더욱 높일 수 있고, 그 역사 사건이나 인물에 대한 가치를 알 수 있을 것입니다.

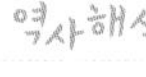

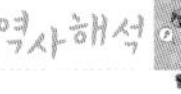

역사해석

해석 진화한 인류와 멸종한 인류

인류 가운데는 앞선 종에서 진화한 종도 있고, 앞선 종이 멸종한 다음 전혀 새로운 종이 나타난 경우도 있다. 유인원에서 일부가 오스트랄로피테쿠스로 진화되었고, 이들 가운데 일부가 호모하빌리스로 진화되었다. 또 호모하빌리스 가운데 일부는 호모에렉투스가 되었다. 이러한 과정들은 수 만 년 동안 진행되었기 때문에 호모하빌리스와 호모에렉투스는 오랫동안 같이 살았다. 엄청난 적응력으로 세계 곳곳으로 퍼져나간 호모에렉투스는 각 지역 환경에 맞게 진화하였다.

역사 토론

단원에서 다룬 사건에서 논쟁거리가 될 만한 것을 내세워 이 책을 읽는 이는 어떻게 생각하는지 묻는 단계입니다. 여러 가지 토론 내용 가운데 한 가지를 골라 의견을 쓰거나, 분명한 자기 생각을 밝히면 됩니다.

역사토론

인류는 왜 아프리카에서 시작되었을까?

토론 내용 최초 인류는 아프리카에서 시작되었다고 한다. 또 현생 인류(호모사피엔스사피엔스) 또한 아프리카에서 시작되었다고 한다. 유골 유전자를 조사한 결과 아프리카에서 이미 진화된 인류가 전 세계로 퍼져나간 것이라고 한다. 여러 지역에서 현생 인류 유골이 발견되기는 하였지만 지금까지 발견된 현생 인류 유골 중에서 가장 오래된 것은 아프리카에서 발견되었다. 인류는 왜 아프리카에서 시작되었을까?

토론 1 최초 인류화석이 아프리카에서 발견되었기 때문이다.

아프리카에서 최초 인류화석이 발견되었기 때문이다. 아프리카는 다른 곳보다 개발이 덜 되었고,

역사에 비추어 보는 세계

다음 글을 읽고, 물음에 대한 자기 생각을 써 보세요.

→ 역사는 길어야 좋은 것일까요? 다른 나라보다 오래된 역사, 많은 유물을 가진 나라가 되기 위해 없는 일을 꾸미는 행동과 그것을 눈감아 주는 사회에 대해 생각해 봅시다.

조작된 일본 선사 시대

2000년 11월 5일 일본 마이니치신문은 유명한 고고학자 후지무라 신이치가 미야기 현 가미다카모리 유적에서 구석기 유물을 조작한 기사와 함께 석기를 몰래 땅에 파묻는 사진을 보도하였다. 가미다카모리 유적은 일본 선사 시대 역사를 70만 년 전 전기 구석기 시대로 끌어올린 세계에서 가장 오래된 주거지 유적으로 평가받았으나 속임수였음이 드러났다고 전했다.

후지무라는 1981년 미야기 현 자자라기 유적에서 4만 년 전 석기를 발굴하면서 명성을 얻었는데, 그가

역사에 비추어 보는 오늘

역사 사건에 비추어서 오늘날 세계 문제를 살펴보는 단계입니다. 역사는 과거 사실이지만 지금도 비슷한 모습으로 여전히 일어나고 있는 현재이기도 합니다. 역사에서 얻은 교훈을 바탕으로 오늘날 일어나는 문제들을 슬기롭게 해결해 가는 방법을 배우도록 하였습니다. 정해진 답이 있는 것은 아니므로 자기 생각을 편안하게 쓰면 됩니다.

논술 한 단계

학습 목표 논술 개념 익히기 1
학습 내용 정의와 예시

정의와 예시
– 정의는 어떤 말이나 사물을 '무엇은 ~이다'로 정확하게 밝히는 것입니다.
– 예시는 추상적인 것을 구체적이고 특수한 것으로 예를 들어 설명하는 것입니다.

석기는 돌을 재료로 하여 만든 도구를 말한다.
석기는 만들어지는 것에 따라 뗀석기와 간석기로 나누어진다.
뗀석기는 돌을 깨뜨려 만든 것으로, 타제석기라고도 불린다. 뗀석기에는 돌 한 면만 때려낸 외날찍개, 양면을 때려낸 양날찍개, 전체 면을 때려내어 보다 손에 쥐기 쉽고 여러 곳에 사용하기 좋았던 주먹

논술 한 단계

역사가 품고 있는 논리를 배워서 현재 삶을 깨닫는 과정을 글로 써 보는 단계입니다. 단계별로 쓰기 과정을 따라가다 보면 자연스럽게 글을 쓰는 방법도 알 수 있게 됩니다. 먼저 이 책에서는 논술 개념을 익혀 봅시다.

미래 열기

연습 1 유인원은 구분상 사람과에 속하는 포유류를 말한다. 원숭이 가운데 가장 진화한 것으로 볼 수 있다. 다른 원숭이와 다른 특징에는 여러 가지가 있다. 예를 들면, 꼬리가 없고 털이 다른 동물에 비해 적다. 또 앞다리가 길며 발가락으로 물건을 잡을 수도 있다. 유인원은 인도차이나 반도나 말레이 반도 등 주로 동남아시아에 있는 긴팔원숭이 종류와 동남아와 아프리카에 있는 성성이 종류로 여기에는 침팬지, 피그미침팬지, 고릴라, 오랑우탄 등이 있다.

정의 유인원이란 사람과에 속하는 포유류를 말한다.
예시 (1) 꼬리가 없고 털이 다른 동물에 비해 적다.

미래 열기

개인 삶이나 사회문제를 글로 풀어 나가는 과정입니다. 논술 한 단계에서 다룬 글쓰기 이론이나 과정에 맞추어서 주어진 주제를 글로 풀어 나가면 됩니다. 논술 한 단계와 미래 열기를 단원별로 하나씩 해 나가다 보면 글쓰기 실력이 자연스럽게 만들어질 것입니다.

그 무렵 우리 나라에서는 **우리 나라 구석기, 신석기 문화**

평남 검은모루 동굴에서 70만 년 전에 썼던 도구가 발견되고, 30만 년 전에 만들어진 동아시아 최초 주먹도끼가 경기도 연천 전곡리에서 발견되었다. 또 평남 덕천군 승리산 동굴에서 한반도 최초로 인류화석이 발견되었다. 10만 년 전 호모사피엔스인 덕천 인과 3~4만 년 전 것으로 보이는 호모사피엔스사피엔스 승리산 인 화석이 나온 것으로 보아 이미 구석기 시대부터 한반도에 사람이 살고 있었다는 것을 알 수 있다. 전곡리 유적에서는 주먹도끼와 함께 가로날도끼, 찍개, 여러면 석기, 긁개, 밀개 등 여러 도구들이 나왔다. 신석기 시대 유적은 한반도 전 지역 큰 강가나 바닷가에서 많이 발견되는데, 강원도 양양, 서울 암사동, 부산동삼동, 공주 석장리 등에서 발견되었다. 빗살무늬 토기를 만들어 썼으며, 볍씨가 발견되는 것으로 보아 이미 농경생활이 시작되었음을 알 수 있다.

전곡리 주먹도끼

그 무렵 우리 나라에서는

세계사와 우리 역사를 연결해 볼 수 있을 것입니다. 〈그 무렵 우리 나라에서는〉은 역사 사건이 일어난 시기에 우리 나라에는 어떤 일이 일어났는지 소개합니다. 그리고 〈우리 나라에서는〉은 세계사에서 다룬 사건과 비슷한 우리 역사를 소개합니다.

첨삭 지도

01 인류가 두 발로 일어서다

탐구하기 14쪽
○ 불이 인간 생활에 어떤 변화를 주었는지 묻는 문제입니다.
불을 사용하면서 아무 데서나 살 수 있게 되었고, 딱딱한 씨앗이나 고기도 익혀 먹을 수 있게 되었다.

토론하기 18쪽
예시 답안
○ 아프리카에서 인류가 탄생한 까닭을 자기 생각대로 골라 … 면 됩니다.
좋은 기후와 환경 때문이었다. 아프리카는 인류가 생활하기 좋은 따뜻한 기후를 가지고 있었다. 옛날 인류화석들이 발견되는 곳을 보면 강이나 호수 주변인데, 이런 강과 호

첨삭 지도

'역사 탐구'와 '역사 해석'에서 묻는 질문들에 대한 정답과 '역사 토론'과 '역사에 비추어 보는 세계'에서 묻는 질문들, 그리고 '논술 한 단계'와 '미래 열기'에서 써야 할 글들에 대한 모범 답안을 담고 있습니다. 이 책으로 공부를 하다가 생각이 열리지 않는 부분이 있을 때 펼쳐 보면 문제를 해결하는데 도움이 될 것입니다.

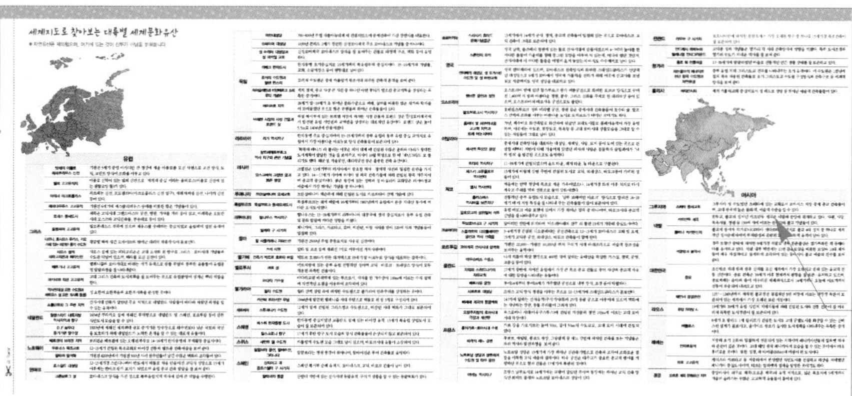

학습 브로마이드

각권마다 역사 공부에 도움이 될 자료들을 배치하였습니다. 1권에서는 대륙별 세계문화유산 목록을 담았습니다.

차례

저자의 글 역사는 현대를 비추는 등댓불입니다 2
논술을 공부하는 좋은 방법 3
갈래별 글쓰기 3
이 책의 생김새와 쓰임새 4
세계지도 10

01 인류가 두 발로 일어서다 12

역사 탐구 1 인류 등장
2 구석기 유물과 예술
3 신석기 혁명
역사 해석 진화한 인류와 멸종한 인류
역사 토론 인류는 왜 아프리카에서 시작되었을까?

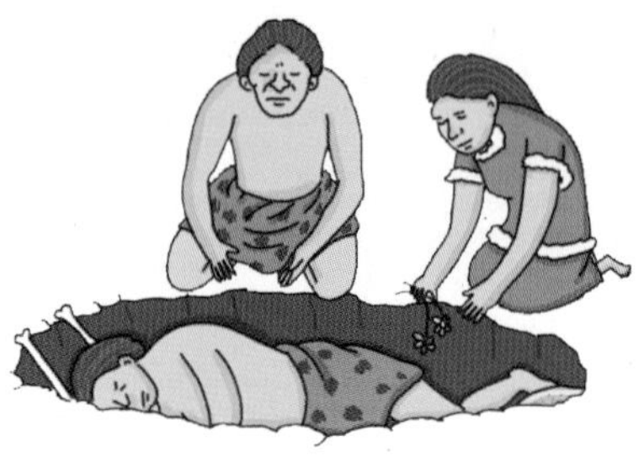

02 오리엔트 문명 22

역사 탐구 1 메소포타미아 문명
2 히타이트, 페니키아, 아시리아
3 함무라비 법전
역사 해석 문명은 동방에서 먼저 시작되었다
역사 토론 함무라비 법전처럼 당한만큼 똑같이 복수할 수 있도록 법을 만드는 것은 옳은 일일까?

03 이집트 문명과 피라미드 32

역사 탐구 1 나일 강이 넘쳐서 만든 이집트 문명
2 파라오와 피라미드
3 '왕가의 계곡'에서 발견된 투탕카멘
역사 해석 이집트 사람들은 왜 미라를 만들었을까?
역사 토론 피라미드는 왜 더 이상 건설되지 않았을까?

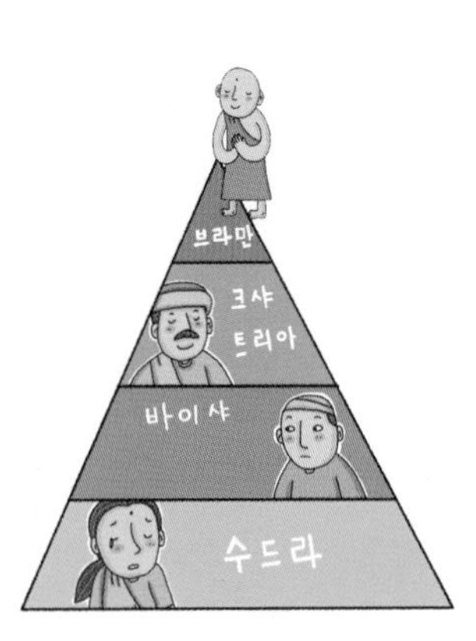

04 인더스 문명과 카스트제도 42

역사 탐구 1 구운 벽돌로 건설된 인더스 문명
2 인더스 문명 사람들
3 아리아 인 이동과 카스트제도 성립
역사 해석 인더스 문명은 왜 멸망했을까?
역사 토론 카스트제도가 만들어지고, 지금까지도 존재하고 있는 까닭은 무엇일까?

05 중국 고대 문명과 하 · 은(상) · 주나라 52

역사 탐구 1 중국 역사를 연 삼황오제와 하나라
2 은나라(상나라)
3 주나라 등장과 봉건제

역사 해석 주나라는 왜 봉건제도를 실시했나?

역사 토론 왕위를 이을 때 혈연이 좋을까, 선양이 좋을까?

06 그리스 문명 62

역사 탐구 1 에게 문명으로부터 시작된 그리스 문명
2 대표적인 폴리스, 아테네와 스파르타
3 그리스 신화와 철학

역사 해석 아테네 지식인들은 스파르타를 왜 동경했나?

역사 토론 아테네 민주주의가 가지고 있던 가장 큰 한계는 무엇이었을까?

07 페르시아 제국과 아테네 멸망 72

역사 탐구 1 세계 최초 대제국 페르시아
2 페르시아 전쟁
3 아테네 멸망

역사 해석 마라톤 전투, 작은 국가가 승리한 전쟁

역사 토론 거대 제국이었던 페르시아가 작은 나라인 그리스에 질 수밖에 없었던 까닭은 무엇일까?

08 알렉산드로스와 헬레니즘 82

역사 탐구 1 새로운 지도자 탄생, 알렉산드로스
2 헬레니즘 문화

역사 해석 그리스 조각과 석굴암 석불이 닮은 까닭은?

역사 토론 알렉산드로스는 문화 전파자일까, 문화 파괴자일까?

09 로마와 포에니 전쟁 92

역사 탐구 1 초기 로마와 공화정
2 포에니 전쟁(기원전 264~기원전 146)
3 포에니 전쟁 뒤 변화한 로마 사회

역사 해석 로마 공화정은 왜 몰락하였을까?

역사 토론 로마가 나라를 넓힌 것은 좋은 일이었을까, 나쁜 일이었을까?

10 카이사르와 삼두정치 102

역사 탐구 1 카이사르(Gaius Julius Caesar)
2 삼두정치
역사 해석 카이사르가 로마에 가져온 변화는 무엇인가?
역사 토론 카이사르가 암살당한 까닭은 무엇일까?

11 예수와 크리스트교 박해 112

역사 탐구 1 예수
2 크리스트교 박해
3 크리스트교가 바꾼 세상
역사 해석 왜 크리스트교를 이해하지 못했나?
역사 토론 크리스트교가 박해를 받은 가장 큰 까닭은 무엇일까?

12 춘추전국시대와 제자백가 122

역사 탐구 1 춘추 5패, 전국 7웅
2 제자백가 사상
역사 해석 '성선설(性善說)'과 '성악설(性惡說)'은 어떻게 다른가?
역사 토론 유교는 우리에게 철학인가, 종교인가?

13 최초로 중국을 통일한 진나라 132

역사 탐구 1 최초로 중국을 통일한 진시황
2 시황제가 실시한 통일정책
역사 해석 1 진나라가 통일할 수 있었던 까닭은?
2 진나라는 왜 멸망했을까?
역사 토론 시황제는 위대한 황제였을까, 폭군이었을까?

14 유방과 한나라 142

역사 탐구 1 전한
2 신 · 후한
역사 해석 1 중화사상은 둘레 나라들을 오랑캐라고 여기는 사상이다?
2 약한 유방이 강한 항우에게 이긴 까닭은 무엇일까?
역사 토론 중화사상은 중국 역사 발전에 도움이 되었을까?

15 고대 인도와 불교, 그리고 힌두교 152

역사 탐구 1 인도에 불교가 생겨나다
2 불교를 널리 퍼뜨린 아소카 왕과 카니슈카 왕
3 인도 종교를 아우른 힌두교와 굽타 왕조
역사 해석 인도에서 생긴 불교는 왜 인도에서 자리 잡지 못했을까?
역사 토론 인도에서 한 가지 종교를 믿도록 권한 것은 바람직한 것일까?

16 로마 평화 시대와 서로마 멸망 162

역사 탐구 1 로마 평화 시대(기원전 27~기원후 180년)
2 기울어 가는 로마 제국
3 로마 문화
역사 해석 로마 황제들은 왜 '빵과 서커스'라는 당근 정책을 썼을까?
역사 토론 서로마 제국이 멸망한 까닭은 무엇일까?

17 사라진 마야와 안데스 고대 문명 172

역사 탐구 1 중앙아메리카에서 발생한 문명
2 마야 문명
3 안데스 고대 문명
역사 해석 마야가 멸망한 까닭
역사 토론 나스카 사람들은 왜 땅에다 커다란 그림을 그렸을까?

18 위진남북조 시대 182

역사 탐구 1 유목민이 세운 나라, 5호 16국
2 북조
3 남조
역사 해석 유목민들은 왜 중국 고유 문화를 말살하지 않았나?
역사 토론 유목민이 중국 땅을 다스렸는데도 한족 문화가 사라지지 않은 가장 큰 까닭은 무엇일까?

세계지도
그린란드
노르웨이
스웨덴
핀란드
러시아
아이슬란드
에스토니아
라트비아
리투아니아
덴마크
아일랜드
영국
네덜란드
독일
폴란드
벨로루시
벨기에
룩셈부르크
오스트리아
슬로바키아
우크라이나
프랑스
스위스
체코
헝가리
루마니아
불가리아
카자흐스탄
몽골
유고
이탈리아
알바니아
흑해
그루지아
아르메니아
우즈베키스탄
포르투갈
스페인
그리스
터키
아제르바이잔
투르크메니스탄
키르기즈스탄
북한
동해
일본
대한민국
지중해
튀니지
레바논
시리아
모로코
이스라엘
이라크
이란
아프가니스탄
타지키스탄
중국
남해
요르단
알제리
리비아
이집트
쿠웨이트
파키스탄
네팔
부탄
서사하라
사우디아라비아
아랍에미리트
인도
방글라데시
미얀마
타이완
모리타니
오만
라오스
말리
니제르
차드
수단
홍해
지부티
예멘
타이
베트남
필리핀
세네갈
감비아
부르키나파소
나이지리아
벵골만
캄보디아
남중국해
기니
코트디부아르
베닌
에티오피아
시에라리온
중앙아프리카공화국
부르나이
라이베리아
가나
토고
카메룬
소말리아
스리랑카
말레이시아
적도기니
싱가포르
괌
콩고
콩고민주공화국
우간다
케냐
가봉
르완다
부룬디
인도양
탄자니아
인도네시아
파푸아뉴기니
말라위
앙골라
잠비아
모잠비크
나미비아
짐바브웨
마다가스카르
보츠와나
스와질랜드
오스트레일리아
레소토
남아프리카공화국
남극대륙

그린란드
알래스카
캐나다
미국
대서양
바하마
쿠바
도미니카공화국
아이티
트리니다드 토바고
자메이카
푸에르토리코
멕시코
태평양
과테말라
온두라스
엘살바도르
니카라과
코스타리카
파나마
베네수엘라
가이아나
수리남
콜롬비아
에콰도르
브라질
페루
볼리비아
파라과이
칠레
아르헨티나
우루과이
서사모아
피지
뉴질랜드
남극해
유럽
아시아
아프리카
오세아니아
북아메리카
남아메리카

기원전 5백~3백만 년	기원전 150만 년	기원전 50만 년	기원전 10만 년	기원전 4만~3만 년
오스트랄로피테쿠스	호모하빌리스	호모에렉투스 (베이징 인, 자바 원인)	호모사피엔스 (네안데르탈 인)	호모사피엔스사피엔스 (크로마뇽 인)
–식물 채집 –무리 생활	자갈을 깨서 고기나 야채를 자르는 도구로 사용	–불의 사용 (음식을 익혀 먹음.) –짐승 가죽으로 옷을 만들어 입음. (빙하기 극복) –동굴 생활	–목축, 장례 –석기 문화 시작	–키 180cm, 머리 길고 입 돌출, 턱 발달, 유럽 중심으로 진화 –벽화를 그림

01

인류가 두 발로 일어서다

역사 연대기

기원전 400만 년 전 | 오스트랄로피테쿠스가 나타남.
기원전 150만 년 전 | 최초로 뗀석기가 만들어짐.

학습 목표

1. 인류 등장에 대해 알 수 있다.
2. 구석기 유물과 예술에 대해 알 수 있다.
3. 신석기 혁명에 대해 알 수 있다.
4. 진화와 멸종에 대해 알 수 있다.
5. 정의와 예시를 배워 논술 개념을 익힐 수 있다.

심화 학습

도서 읽기 • 으뜸사냥꾼(김그네 지음/청어람)
• 선사 시대(조반니 카라다 지음/사계절)

탐구 1 인류 등장

1500만 년 전 무렵, 아프리카에 비 내리는 양이 크게 줄면서 숲이 풀밭으로 변해 갔다. 그러자 맹수를 피하고 먹이를 쉽게 얻으려고 나무 위에서 살던 유인원들은 땅으로 내려올 수밖에 없었다. 땅에서는 맹수를 피하기 위해 두 발로 서서 멀리 보아야 했다. 또 기어다니는 것보다 서서 걷는 것이 먹이를 구하기도 쉬웠다. 약 5백~4백만 년 전부터 두 발로 걷는 유인원이 생겨났다.

처음 두 발로 걷기 시작한 유인원은 '오스트랄로피테쿠스(남쪽에 사는 원숭이)'였다. 화산재에 남아 있는 발자국이나 여러 곳에서 발견되는 뼈를 보면 이들이 두 다리로 걸었다는 것을 알 수 있다. 이들은 나무뿌리와 열매, 씨앗 등을 먹었고, 처음으로 도구를 만들기도 했다. 그러나 사람이라기보다는 동물에 가까웠다.

그 다음으로 '호모하빌리스(손재주 있는 사람)'가 나타났다. 그들은 여러 가지 석기를 만들어 썼다. 또 약 50만 년 전에는 오스트랄로피테쿠스보다 뇌가 두 배나 큰 '호모에렉투스(똑바로 선 사람)' 가 나타났다. 이들은 불을 처음 사용했기 때문에 아무 데서나 살 수 있었고, 딱딱한 씨앗이나 고기도 익혀 먹었다. 그러자 체격이 점점 커지고 뇌도 크게 진화했다. 사람들이 동굴에 모여 살면서 사냥기술도 더 발달했다. 사는 곳도 아프리카를 벗어나 아시아, 유럽 등 세계 여러 곳으로 퍼져 나갔다.

유인원 사람상과에 속하는 포유류로 침팬지, 고릴라, 긴팔원숭이 등이 있다.
호모 라틴어로 사람, 인간이라는 뜻이다.

약 10만 년 전에는 '호모사피엔스(슬기 사람)'가 나타났다. 이들 가운데 유럽에서만 발견되는 네안데르탈 인은 추운 기후에도 잘 적응하였다. 이들은 더 발달된 도구를 사용하였고, 시체를 땅에 묻는 매장문화도 갖고 있을 만큼 놀라운 진화를 이루었으나 3만 5천 년 전에 갑자기 사라졌다.

이들과 함께 살았던 '호모사피엔스사피엔스(슬기슬기 사람)'는 현재 인류와 거의 같은 신체를 가지고 있었다. 약 4만 년 전에 등장한 이들은 세계 곳곳에 살면서 현재 인류로 발전하였다. 프랑스 크로마뇽에서 발견된 크로마뇽 인은 이들로부터 진화되었다.

탐구하기 불을 사용하면서 달라진 생활 모습은 무엇인가요?

탐구 2 구석기 유물과 예술

지금까지 발견된 것 가운데 처음으로 인류가 만들어 사용한 도구는 250만 년 전 무렵, 자갈을 깬 것이었다. 호모에렉투스는 주먹도끼를 만들어 동물 껍질을 벗기고 살을 잘라내기도 했다. 또 양쪽 면을 다 쓸 수 있는 석기를 만들어 땅을 파거나 물건을 자르기도 하였다.

네안데르탈 인은 좀 더 발전된 도구를 만들었다. 긁개를 만들어 동물가죽과 털을 벗겼고, 돌칼과 돌송곳으로 사냥을 하고 옷을 만들었다. 네안데르탈 인이 살았던 동굴에는 부싯돌을 문지르거나 불을 지폈던 흔적도 남아 있다. 또한 장례를 치를 때 꽃을 뿌리거나 동물 뼈를 함께 묻어주기도 하였다.

주먹도끼 한쪽은 손으로 잡아 쥘 수 있고, 다른 쪽은 날카로워서 물건을 자르거나 땅을 팔 수 있는 작은 도끼이다.

구석기 시대가 끝날 무렵에 등장한 호모사피엔스사피엔스는 석기를 세밀하게 다듬어 사용하였다. 또 사슴 뿔, 상아, 동물 뼈 같은 재료로 낚시 바늘과 작살, 활과 화살 등도 만들었다.

이때는 예술도 발달하였다. 뼈나 뿔에 동물 등을 그리기도 하고, 동물 이빨에 구멍을 내 몸에 걸치기도 했다. 세계 곳곳에서 여자 몸을 과장되게 표현한 조각품도 많이 발견되었는데, 그것들을 '구석기 시대 비너스'라고 부른다. 아이를 많이 낳으려는 바람으로 지나치게 몸 크기를 풍만하게 표현하였다. 그 가운데 대표적인 조각품이 오스트리아 빌렌도르프에서 발견된 여인상이다.

프랑스 라스코 동굴벽화에는 말, 소, 사슴, 돼지, 곰, 새, 상상 속 동물 등 크고 작은 동물이 1500점 넘게 있는데 여러 가지 색깔로 그려져 있다. 스페인 알타미라 동굴벽화에도 매머드, 들소, 사슴 등이 생생하게 그려져 있다. 활과 화살을 사용하거나 무기를 들고 있는 모습이 그려진 동굴벽화들도 있다. 이런 벽화에는 주로 동물들이 그려져 있는데, 이것은 사냥이 잘 되기를 비는 마음을 표현한 것이다. 또 깊은 동굴 속에 그려진 물소, 사슴 그림 등에는 돌을 맞은 자국이 있는데 그 그림으로 사냥연습을 했거나 어떤 의식을 치른 것으로 보인다.

빌렌도르프 여인상

라스코 동굴벽화

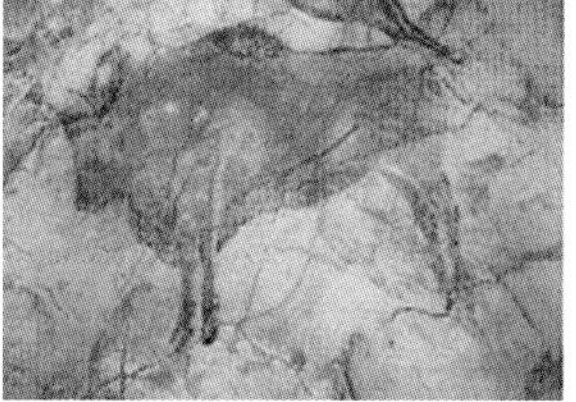
알타미라 동굴벽화

탐구하기 동굴벽화에 있는 동물그림은 어떤 바람을 표현한 것인가요?

탐구 3 신석기 혁명

기원전 1만년 무렵부터 신석기 시대가 시작되었는데, 돌을 깨뜨려서 만드는 뗀석기에서 갈아서 만드는 간석기 시대로 바뀌었다. 이때부터 사람들이 농사를 짓기 시작하면서 생활이 크게 달라졌다. 자연에서 먹을 것을 그냥 따 먹는 채집에서 벗어나 재배하여 먹게 된 것이다. 장소마다 다르기는 하지만 기원전 1만 년부터 수수와 쌀이 재배되었고, 기원전 6천 년 무렵 유럽에도 농사기술이 전해졌다. 또 동물을 가축으로 기르기 시작하였다. 사람들은 동물 가죽과 털을 이용하여 옷을 만들기도 했으며, 농사에 이용하기도 하였다. 농업이 발달하면서 남는 식량을 보관하기 위해 토기도 만들었다.

농사를 짓는 땅 주변으로 사람들이 모여들어 집을 짓고 살기 시작했다. 마을이 생겨나면서 공동체 사회가 만들어졌다. 이렇게 나타난 농촌 공동체 사회에서는 여러 사람들이 서로 다른 역할을 맡게 되었다. 서로 지켜야 할 질서가 생겨났고, 여러 제도와 법들이 필요해졌다.

남는 농산물끼리 물물교환도 이루어지면서 상업이 생겨났다. 또 농산물을 많이 가진 사람과 적게 가진 사람들 사이에는 계급이 만들어졌다. 땅과 농산물을 서로 많이 차지하기 위하여 전쟁을 벌이기도 하였고, 쳐들어오는 적을 막고 농작물과 가축을 보호하기 위해 정치권력이 생겨났다. 정치권력은 자기가 지배하는 사람들을 지키기 위해 군대를 만들었다. 이렇게 사회가 복잡해지면서 사람들이 많이 모여 사는 곳은 도시가 되었고, 도시는 점점 커져서 국가가 되었다. 농사를 지으면서부터 세상이 변화된 것을 신석기 혁명이라고 부른다.

탐구하기 **신석기 혁명은 무엇을 말하는 것일까요?**

그 무렵 우리 나라에서는 **우리 나라 구석기, 신석기 문화**

평남 검은모루 동굴에서 70만 년 전에 썼던 도구가 발견되고, 30만 년 전에 만들어진 동아시아 최초 주먹도끼가 경기도 연천 전곡리에서 발견되었다. 또 평남 덕천군 승리산 동굴에서 한반도 최초로 인류화석이 발견되었다. 10만 년 전 호모사피엔스인 덕천 인과 3~4만 년 전 것으로 보이는 호모사피엔스사피엔스 승리산 인 화석이 나온 것으로 보아 이미 구석기 시대부터 한반도에 사람이 살고 있었다는 것을 알 수 있다. 전곡리 유적에서는 주먹도끼와 함께 가로날도끼, 찍개, 여러 면 석기, 긁개, 밀개 등 여러 도구들이 나왔다. 신석기 시대 유적은 한반도 전 지역 큰 강가나 바닷가에서 많이 발견되는데, 강원도 양양, 서울 암사동, 부산동삼동, 공주 석장리 등에서 발견되었다. 빗살무늬 토기들 만들어 썼으며, 볍씨가 발견되는 것으로 보아 이미 농경생활이 시작되었음을 알 수 있다.

전곡리 주먹도끼

해석 진화한 인류와 멸종한 인류

인류 가운데는 앞선 종에서 진화한 종도 있고, 앞선 종이 멸종한 다음 전혀 새로운 종이 나타난 경우도 있다. 유인원에서 일부가 오스트랄로피테쿠스로 진화되었고, 이들 가운데 일부가 호모하빌리스로 진화되었다. 또 호모하빌리스 가운데 일부는 호모에렉투스가 되었다. 이러한 과정들은 수 만 년 동안 진행되었기 때문에 호모하빌리스와 호모에렉투스는 오랫동안 같이 살았다. 엄청난 적응력으로 세계 곳곳으로 퍼져나간 호모에렉투스는 각 지역 환경에 맞게 진화하였다. 그러나 새로운 종인 호모사피엔스가 호모에렉투스들을 밀어내고 세계 각 지역을 차지했다.

그러나 진화되지 않고 멸종한 인류종도 있다. 호모사피엔스 가운데 하나인 네안데르탈 인은 심한 기후 변화에도 10만 년을 넘게 잘 적응하며 번성하였고, 유럽으로 새로이 들어온 크로마뇽 인과 오랫동안 같이 있었으나 결국 사라졌다.

네안데르탈 인처럼 한 인류 종이 더 나은 종으로 진화하지 않고 멸종된 까닭은 무엇일까?

첫째, 두 인류 종족 사이에 전쟁이 일어나 한 종족이 몰살당했거나 정복당했다고 짐작해 볼 수 있다. 그러나 네안데르탈 인들이 집단으로 몰살되었거나 두 종족이 싸웠던 흔적은 발견되지 않고 있다.

둘째, 지구 환경이 크게 바뀌면서 몸집이 더 컸던 네안데르탈 인이 살기 어려운 환경이 되었다고 짐작해 볼 수 있다. 또 질병이 퍼져 한 종을 멸종시켰을 수도 있다.

셋째, 두 종족이 서로 합쳐져서 새로운 종족이 만들어졌다고 짐작할 수 있다. 그러나 5만 년이나 넘도록 두 종족이 살고 있었으나 그 종족이 같은 지역에 함께 살았다는 증거는 없다.

넷째, 네안데르탈 인은 언어를 제대로 사용하지 못했기 때문에 큰 집단을 이루지는 못했다고 짐작할 수 있다. 크로마뇽 인은 발달된 언어를 가지고 집단을 이끌어 내었고, 결국 더 뛰어난 기술과 사회조직을 가지고 있었던 크로마뇽 인이 늘어나면서 네안데르탈 인은 차츰 사는 곳을 빼앗기다 멸종했을 수도 있다. 그러나 장례 때 꽃을 뿌리고 동물 뼈를 같이 묻기도 했으며, 뛰어난 사냥기술을 가져 거친 환경에 잘 적응했던 네안데르탈 인이 큰 집단을 이루지 못했다고 믿기는 어렵다.

해석하기 네안데르탈 인은 왜 사라졌을까요?

역사토론

인류는 왜 아프리카에서 시작되었을까?

토론 내용 최초 인류는 아프리카에서 시작되었다고 한다. 또 현생 인류(호모사피엔스사피엔스) 또한 아프리카에서 시작되었다고 한다. 유골 유전자를 조사한 결과 아프리카에서 이미 진화된 인류가 전 세계로 퍼져나간 것이라고 한다. 여러 지역에서 현생 인류 유골이 발견되기는 하였지만 지금까지 발견된 현생 인류 유골 중에서 가장 오래된 것은 아프리카에서 발견되었다. 인류는 왜 아프리카에서 시작되었을까?

토론 1 최초 인류화석이 아프리카에서 발견되었기 때문이다.

아프리카에서 최초 인류화석이 발견되었기 때문이다. 아프리카는 다른 곳보다 개발이 덜 되었고, 화석이 보존되기 좋은 환경이었다. 주로 화석들이 발견된 곳이 동아프리카 지역인데 이곳은 화산재가 많이 퇴적되어 있고, 침식작용이 잘 일어나 화석들이 발견되기 좋은 조건을 가지고 있다. 아프리카 말고 다른 곳에서도 최초 인류화석들은 발견될 수 있지만 아직 발견된 것이 없을 뿐이다.

토론 2 아프리카는 인류가 진화하기 좋은 기후와 환경이었다.

아프리카는 인류가 생활하기 좋은 따뜻한 기후를 가지고 있었다. 또 아프리카 인류화석들이 발견되는 곳은 예전에 강이나 호수였던 곳인데, 이런 강과 호수지역은 많은 생물들이 살았던 곳이다. 기후 변화로 강수량이 줄어들면서 큰 들판이 생겨나고, 나무 위에서 생활하던 유인원이 땅으로 내려오면서 인류로 진화하기 시작하였다. 아프리카는 다른 어떤 지역보다 기후나 지형이 인류로 진화하기에 좋은 곳이었다.

토론 3 먹을 것을 구하기 쉬웠다.

아프리카는 먹을 것을 구하기 쉬웠다. 많은 나무와 식물들에서 열매나 잎, 줄기와 뿌리, 씨 등을 먹을 수 있었다. 또 많은 동물들이 있었기에 고기도 조금씩 먹을 수 있었다. 호모에렉투스가 직접 사냥을 하여 고기를 먹기 시작하면서부터 아프리카에서 벗어나 다른 지역으로 퍼지기 시작한 것을 보아도 최초 인류들이 먹을 것을 구하기 쉬워 아프리카에서 나타난 것을 알 수 있다.

토론하기 **인류는 왜 아프리카에서 시작되었을까요? 자기 생각을 밝히고, 그 까닭을 쓰세요.**

다음 글을 읽고, 물음에 대한 자기 생각을 써 보세요.

역사는 길어야 좋은 것일까요? 다른 나라보다 오래된 역사, 많은 유물을 가진 나라가 되기 위해 없는 일을 꾸미는 행동과 그것을 눈감아 주는 사회에 대해 생각해 봅시다.

조작된 일본 선사 시대

2000년 11월 5일 일본 마이니치신문은 유명한 고고학자 후지무라 신이치가 미야기 현 가미다카모리 유적에서 구석기 유물을 조작한 기사와 함께 석기를 몰래 땅에 파묻는 사진을 보도하였다. 가미다카모리 유적은 일본 선사 시대 역사를 70만 년 전 전기 구석기 시대로 끌어올린 세계에서 가장 오래된 주거지 유적으로 평가받았으나 속임수였음이 드러났다고 전했다.

후지무라는 1981년 미야기 현 자자라기 유적에서 4만 년 전 석기를 발굴하면서 명성을 얻었는데, 그가 가는 곳마다 구석기 유물들이 출토되어 '신의 손'이라는 별명까지 얻었다. 그가 발굴한 유물들 덕분에 일본 역사 시작은 5만~7만 년 전에서 무려 70만 년 전까지 가파르게 올라갔다. 그가 이룬 성과는 고등학교 교과서에 실렸으며, 유적지는 국가 사적으로 지정되었다 한다. 그렇지만 미심쩍은 부분이 많았다.

남이 안 보는 데서 혼자 작업할 때 유물이 나왔다는 것이나, 30㎞ 떨어진 곳에서 발견된 석기 모양이 서로 정확히 들어맞았던 점, 석기 재료가 주변 돌들과 다른 점 등이 그러했다. 그러나 일본 고고학계는 이런 의혹을 애써 무시했고, 20여 년 동안 유물 조작을 내버려 두었다. 그 사이 후지무라는 162곳에서 구석기 유적을 날조하기까지 했다. 후지무라는 "주변 기대와 주문에 따른 압박감 때문에 조작 행위를 벌였다."라고 고백하였다. 그가 지나친 성과에 집착해 양심을 저버리는 사기 행각을 벌인 것에는 오래된 역사에 심하게 집착하는 사회 분위기도 큰 몫을 한 것이다.

생각 열기

역사가 오래될수록 문화 민족으로 뛰어나게 평가받을 것이라고 생각한 일본 역사학자와, 그것을 눈감아 준 일본 사람들은 어떤 잘못을 저지른 것일까요?

논술 한 단계

학습 목표 논술 개념 익히기 1
학습 내용 정의와 예시

정의와 예시

– 정의는 어떤 말이나 사물을 '무엇은 ~이다'로 정확하게 밝히는 것입니다.

– 예시는 추상적인 것을 구체적이고 특수한 것으로 예를 들어 설명하는 것입니다.

석기는 돌을 재료로 하여 만든 도구를 말한다.

석기는 만들어지는 것에 따라 뗀석기와 간석기로 나누어진다.

뗀석기는 돌을 깨뜨려 만든 것으로, 타제석기라고도 불린다. 뗀석기에는 돌 한 면만 때려낸 외날찍개, 양면을 때려낸 양날찍개, 전체 면을 때려내어 보다 손에 쥐기 쉽고 여러 곳에 사용하기 좋았던 주먹도끼 등이 있다. 또 가로날도끼, 찌르개, 긁개 등도 이 방법으로 만들어졌다.

간석기는 돌을 갈아서 만든 것이며, 마제석기라고도 한다.

돌을 갈아서 좀 더 세밀하게 다듬어 이용하였는데 사냥도구인 창이나 고기 잡는 데 쓰는 그물추, 작살, 또 무언가를 만들기 위해서 돌도끼, 송곳, 바늘 등도 사용했다. 농사를 짓고 음식을 하는데도 이런 간석기들이 많이 사용되었는데 반달칼, 갈돌과 갈판 등이 있다. 이런 간석기들은 신석기 시대에 고기잡이나 사냥을 위해서 많이 만들어지고 사용되었다. 청동기 시대에도 청동기를 만들기 어렵고, 구하기 어려워 일상에서는 석기가 많이 사용되었다. 신석기 시대보다 더 많은 종류가 사용되고, 모양도 일정하게 유지되었다. 이 때에는 대팻날, 끌 등이나 낫, 괭이, 가래, 호미 같은 간석기들이 사용되었다.

정의

석기 돌을 재료로 하여 만든 도구이다.

뗀석기란 돌을 깨뜨려 만든 것으로, 타제석기(打製石器)라고도 한다.

간석기란 돌을 갈아서 만든 것이며, 마제석기(磨製石器)라고도 한다.

예시

뗀석기에는 외날찍개, 양날찍개, 주먹도끼, 가로날도끼, 찌르개, 긁개 등이 속한다.

간석기에는 갈아서 만든 그물추, 작살, 돌도끼, 송곳, 바늘, 반달칼, 갈돌과 갈판, 대팻날, 끌, 낫, 괭이, 가래, 호미 등이 있다.

연습 1 유인원은 구분상 사람과에 속하는 포유류를 말한다. 원숭이 가운데 가장 진화한 것으로 볼 수 있다. 다른 원숭이와 다른 특징에는 여러 가지가 있다. 예를 들면, 꼬리가 없고 털이 다른 동물에 비해 적다. 또 앞다리가 길며 발가락으로 물건을 잡을 수도 있다. 유인원은 인도차이나 반도나 말레이 반도 등 주로 동남아시아에 있는 긴팔원숭이 종류와 동남아와 아프리카에 있는 성성이 종류로 여기에는 침팬지, 피그미침팬지, 고릴라, 오랑우탄 등이 있다.

정의 유인원이란 사람과에 속하는 포유류를 말한다.

예시 (1) 꼬리가 없고 털이 다른 동물에 비해 적다.

(2)

(3) 긴팔원숭이 종류와 침팬지, 고릴라, 오랑우탄 등이 속하는 성성이 종류가 있다.

연습 2

정의

(1) 직립보행

(2) 멸종

(3) 물물교환

예시

(1) 시대마다 인류가 먹던 음식은 조금씩 달라졌다.

예시 구석기 시대에는

신석기 시대에는

(2) 불우한 이웃을 도와 주는 방법에는 여러 가지가 있다.

예시 개인은 불우 이웃 돕기 성금을 낸다.

사회에서는

국가에서는

(3) 인간은 만물의 영장이다.

예시 첫째, 다른 동물과 다르게 언어를 사용한다.

둘째,

셋째,

넷째,

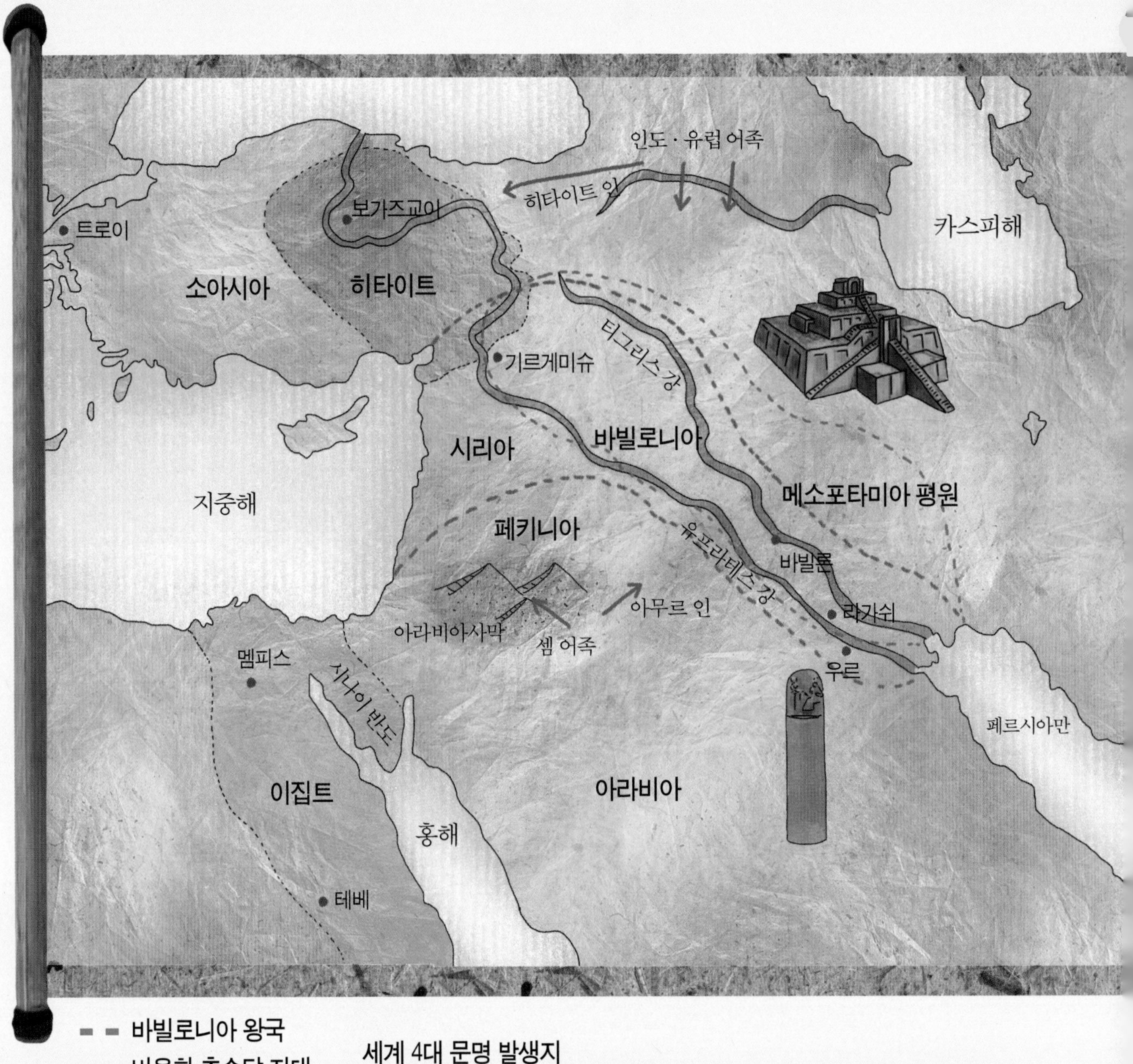

인도 · 유럽 어족
히타이트 인
카스피해
보가즈교이
트로이
소아시아
히타이트
티그리스 강
기르게미슈
시리아
바빌로니아
지중해
메소포타미아 평원
페키니아
유프라테스 강
바빌론
아무르 인
라가쉬
아라비아사막
셈 어족
멤피스
시나이 반도
우르
페르시아만
이집트
아라비아
홍해
테베

- - 바빌로니아 왕국
- - 비옥한 초승달 지대

세계 4대 문명 발생지

메소포타미아 문명
황하 문명
이집트 문명
인더스 문명

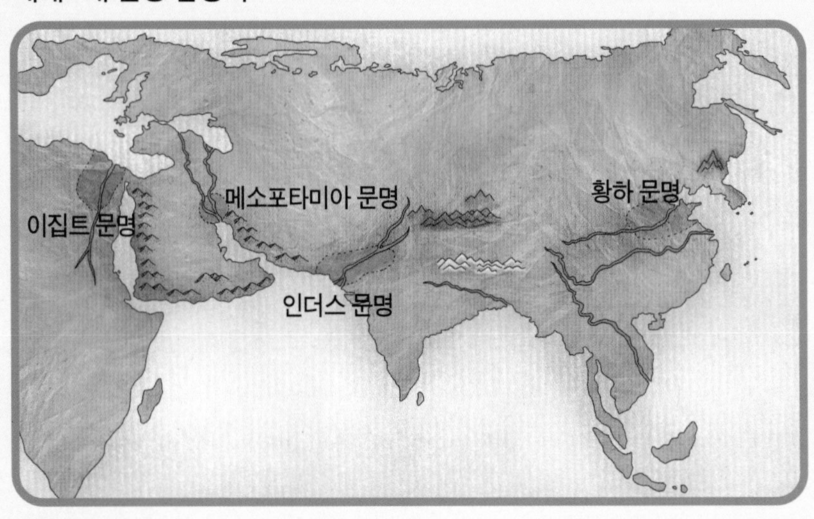

02
오리엔트 문명

역사 연대기

기원전 3500년 무렵 | 메소포타미아 문명이 발생함.
기원전 3000년 무렵 | 이집트 문명이 발생함.
기원전 1900년 무렵 | 함무라비 법전이 만들어짐.

학습 목표

1. 메소포타미아 문명에 대해 알 수 있다.
2. 히타이트, 페니키아, 아시리아에 대해 알 수 있다.
3. 함무라비 법전에 대해 알 수 있다.
4. 사형제도 폐지에 대해 생각해 볼 수 있다.
5. 비교와 대조를 배워 논술 개념을 익힐 수 있다.

심화 학습

도서 읽기 • 교양 있는 우리 아이를 위한 세계 역사 이야기 1(수잔 와이즈 바우어 지음/꼬마이실)

알파벳의 기원

문자 의미	이집트 문자	페니키아 문자	그리스 문자	라틴 문자	로마 문자
황소 머리		(a) Alpha	(a) Alpha	A	A
집		(b) Beta	B (b) Beta	B	B
모서리		(g) Gimel	ΓC (g) Gamma	C/G	C/G
창		Δ (d) Daleth	ΔD (d) Delta	D	D
기뻐하다		(h) He	E (ĕ) Epsilon	E	E

탐구 1 메소포타미아 문명

인류 최초 문명인 4대 문명은 모두 큰 강 둘레에서 생겨났다. 4대 문명 가운데에서 메소포타미아 문명과 이집트 문명을 합쳐 오리엔트 문명이라고 부른다. '오리엔트'라는 말은 해가 뜨는 지방이라는 뜻으로, 로마인이 태양이 솟아오르는 동쪽을 보고 '오리엔스'라고 부른 데서 비롯되었다.

'메소포타미아'는 '강과 강 사이'를 뜻하는 말이다. 메소포타미아 문명은 티그리스 강과 유프라테스 강 사이에 있는 초승달모양 땅에서 생겨났다. 기원전 3500년 무렵에 수메르 인이 우르, 라가쉬, 움마 등 10여 개 도시국가를 세워 바탕을 이루었다. 그리고 기원전 2350년 무렵, 아카드 인이 통일 왕국을 건설하여 사르곤 1세 때 강한 군사력을 기반으로 페르시아 만에서 지중해 연안에 이르는 넓은 영토를 다스렸다.

메소포타미아 문명이 이룬 전성기는 기원전 1950년 경 아무르 인이 바빌론에 도읍하여 건설한 바빌로니아 왕국 시절이다. 법전 편찬, 도량형 통일, 신전 건축, 운하 건설 등을 통하여 중앙 집권 체제를 완성하였고, 200여 년 동안 번창하였다. 그 뒤 히타이트 족이 침입해 와 약 4세기 동안 지배를 받기도 하였다.

메소포타미아 문명은 신을 대신한 최고 사제인 왕이 지배하는 신권정치가 이루어졌으며, 귀족, 평민, 노예 등으로 구성된 신분제 사회였다. 농업을 바탕으로 하고 다른 지역과 활발하게 교역도 이루어졌다. 인도와 시리아에서는 목재, 페르시아에서 금속과 돌 등이 수입되고 화폐가 유통되었다.

농업을 뒷받침하기 위해 천문학이 발달하였고, 태음력을 달력으로 만들어 사용하였다. 일주일을 7일로, 1년을 12개월로 정했고, 다신교였으며, 쐐기문자(설형문자)로 창세 신화, 행정업무, 교역내용 등을 기록하였다.

수메르 시대부터는 종교 문학이 발달하였는데, 도시 바빌론을 지키는 수호신인 마르듀크가 나오는 천지창조 신화, 길가메시 모험 설화 등이 있다. 이것은 헤브라이 신화와 그리스 신화에 영향을 끼쳤다.

메소포타미아 문명은 인류 문명 가운데 가장 먼저 일어났으나, 평지에 자리 잡고 있어서 다른 민족으로부터 침략을 많이 받았다. 그래서 그 지역을 다스리는 세력이 자주 바뀌었다. 그 바람에 여러 문화가 서로 섞이게 되었다. 또 침략을 받아 쫓겨난 세력이 다른 지역으로 밀려나가게 되자 여러 곳으로 쉽게 퍼져 나갔다.

탐구하기 오리엔트 문명은 어떤 문명을 말하는 것일까요?

탐구 2 히타이트, 페니키아, 아시리아

히타이트 기원전 2000년 무렵 아나톨리아 고원(현재 터키)에 정착해 살고 있던 인도 유럽계인 히타이트족은 서서히 이동하면서 세력을 넓혀가기 시작했다. 이들은 오리엔트 지방에 살고 있는 다른 민족들과 언어가 달랐고, 문자는 없었다. 각기 작은 부족국가로 성장하다 기원전 1700년 무렵 쿠샤라를 중심으로 통일왕조를 만들었다. 기원전 1450년 무렵에는 철제 무기를 가지고 둘레를 정복해 이집트와 맞설 정도로 강한 나라가 되었다. 인류 역사상 처음으로 철기를 사용한 히타이트는 둘레 나라에게 철기 문명을 전해 주었으나, 기원전 700년 무렵 아시리아에 의해 완전히 멸망했다.

페니키아 페니키아는 시리아와 레바논 바닷가 지방으로, 고대에 지중해 동쪽 해안을 가리키는 이름이다. 이 지역을 중심으로 기원전 2500년 무렵부터 해상무역을 통해 성장해 온 페니키아 인들은 이집트나 메소포타미아 쪽 나라들도 함부로 대할 수 없었다. 기원전 800년 무렵에는 아프리카 북부에 식민도시인 카르타고를 만들어 로마에게 밀려나기 전까지는 지중해에서 이루어지는 무역을 독차지하였다. 이들은 페니키아 알파벳을 만들어 냈는데, 이것은 영어 알파벳이 만들어지는 기원이 되었다. 물건 모양을 본 뜬 상형문자보다 더 발달된 문자이며, 글자 수는 20여 개였고, 무역을 더 편하게 하기 위하여 만든 것이었다.

아시리아 기원전 2000년 무렵부터 메소포타미아 북부 지역에 있던 아시리아는 독자적인 세력을 형성했다. 이때부터 기원전 612년 멸망할 때까지 성장과 쇠퇴를 반복했다. '아수르' 시를 중심으로 금속이나 보석, 목재 등을 먼 곳에 내다파는 무역을 했으며, 아시리아라는 이름도 이 도시에서 따온 것이다.

최고 전성기는 기원전 8세기 무렵으로 팔레스타인, 이집트까지 정복활동을 벌여 영토를 확장했다. 서아시아에서 만들어진 첫 번째 제국이라고 할 수 있는 아시리아는 강력한 군대와 잘 정비된 역참제도 등으로 넓은 영토를 잘 다스렸다. 또한 정복한 지역에 있는 문화들을 한데 모아서 다른 지역으로 전해 주는 역할도 했다. 하지만 세금을 너무 많이 거두고 잔인하게 다스리자, 정복지역 사람들이 불만을 품게 되었다.

탐구하기 히타이트와 페니키아가 인류 역사에 남긴 업적은 무엇일까요?

탐구 3 함무라비 법전

'눈에는 눈 이에는 이'로 유명한 함무라비 법전은 바빌로니아 함무라비 왕이 만든 법전이다. 기원전 1950년 경 메소포타미아 지역을 차지한 아무르 인은 바빌로니아 왕국을 건설하고 바빌론을 수도로 삼았다. 함무라비 왕은 바빌로니아 왕국 여섯 번째 왕으로 법에 의해 다스려지는 강력한 중앙집권국가를 위해 기존에 있던 법들을 종합하고 몇 조항을 더 추가하여 만들었다.

높이 2.25m 되는 돌기둥에 282개 조항을 쐐기문자로 새긴 함무라비 법전은 페르시아만 수사 지역에서 프랑스 학자에 의해 발견되어 현재 프랑스 루브르 박물관에 전시되어 있다.

이 법전은 지은 죄와 비슷한 방법으로 복수하게 만들었고, 신분에 따라 처벌 정도를 다르게 하였다. 그리고 고의적인 일과 우발적으로 일어난 일을 구분하지 않고 처벌했다.

제25조 만일 화재가 난 집에 불을 끄기 위해 간 사람이 그 집 물건에 욕심을 내어 물건을 가져갔을 때는 불에 던져 죽게 한다.

제195조 아들이 아버지를 때렸을 때에는 그 손을 자른다.

제196조 자유인 눈을 뺀 자는 그 눈을 뺀다.

제197조 사람 뼈를 부러뜨렸을 때는 부러뜨린 사람 뼈도 부러뜨린다.

제205조 만일 노예가 자유인 뺨을 쳤을 때는 귀를 자른다.

제218조 의사가 수술을 하다 사람을 죽게 하면 의사 손목을 자른다.

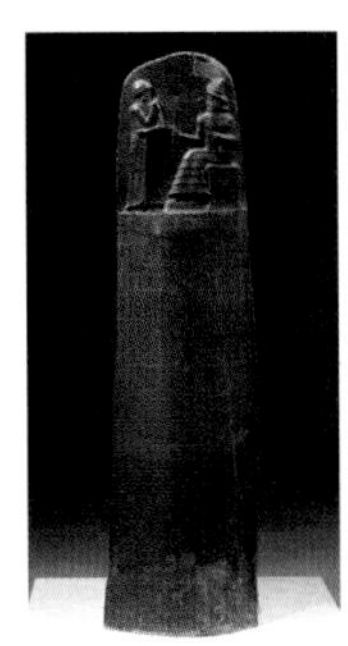

함무라비 법전

탐구하기 함무라비 법전이 만들어진 까닭은 무엇일까요?

그 무렵 우리 나라에서는 고조선 8조법

우리 나라 최초 국가인 고조선에도 8조법이라는 법률이 있었다. 하지만 현재 3개항만이 전해져 오고 있다. 고대 국가들이 나라 형태를 만들어 가면서 좀 더 복잡해진 사회를 다스리기 위해 법률이 필요했음을 알 수 있다. 그 내용은 아래와 같다.

1. 사람을 죽인 자는 사형에 처한다.
2. 다른 사람에게 상처를 입힌 자는 곡식으로 갚아야 한다.
3. 도둑질을 한 사람은 노비로 삼는다. 노비가 되는 것을 면하기 위해서는 돈 50만 냥을 내야 한다.

해석 문명은 동방에서 먼저 시작되었다

인류 최초 문명인 4대 문명은 모두 큰 강 둘레에서 발생했다. 티그리스 강과 유프라테스 강에는 메소포타미아 문명, 나일 강에는 이집트 문명, 인더스 강에는 인도 문명, 그리고 황하 강에는 중국 문명이 발생했다. 이곳들은 대부분 북위 20~30도 사이에 자리잡고 있었는데, 날씨가 따뜻하고 강물이 흘러 넘쳐 만들어진 기름진 땅 덕분에 사람이 살고, 농사짓기에 알맞았다. 또한 강물이 넘치는 양을 조정하기 위해 치수 사업을 하면서 무리를 이루자 지도자가 나타나게 되었다. 이런 조건들이 갖추어지자 문명이 일어날 수 있었다.

4대 문명 가운데에서도 오리엔트 문명 중심지인 티그리스 강과 유프라테스 강 유역 메소포타미아, 그리고 나일 강 유역인 이집트에 기원전 3,500년 무렵부터 문명이 먼저 시작되었고 나라가 세워졌다. 이 문명을 기원전 2,000년 무렵부터 에게해 남부에 있는 크레타 섬을 중심으로 해양 문명을 일으켰던 크레타 사람들이 그리스 지역에 전달해 주었다. 그러자 그리스 지역에도 문명이 생겨나기 시작했다.

지중해 둘레에서 그리스와 로마가 발전하자 유럽 사람들은 이들에게 문명을 전달해 준 오리엔트 문명은 별로 중요하게 생각하지 않았다. 하지만 18세기 후반부터 유럽 사람들이 무역이나 식민지 건설 등으로 아시아, 아프리카로 드나들면서 오리엔트 유물과 유적들을 보고는 가치를 다시 깨닫기 시작했다. 발굴된 유물에 대한 연구도 활발해졌다. 나폴레옹이 이집트 원정에서 가져온 로제타석에 새겨진 문자를 프랑스 학자 샹폴리옹이 해독하고, 영국인 롤린슨이 쐐기문자 의미를 알아냄으로써 문헌연구도 활발하게 이루어졌다.

19세기부터 시작된 유적 발굴조사에서는 수천 년 동안 모래에 묻혀 있던 고대 도시와 신전·궁전·무덤 등을 발굴하여 오리엔트 문명이 가진 우수성을 밝혀냈다. 문헌에 대한 해석과 유물, 유적 연구가 이어짐에 따라 서아시아와 이집트를 중심으로 한 오리엔트 문명이 점점 더 많이 알려졌다. 이제는 오리엔트 문명이 가장 오래되었고, 서양 문명이 생겨나는 데 뿌리가 되었다는 것을 누구나 알게 되었다. 따뜻한 기후와 기름진 땅에서 먼저 문명을 일으킨 다음 서양에 전해 준 동방 문명이 있었기 때문에 서양 문명이 발달할 수 있었다는 것을 서양 사람들도 인정하게 된 것이다.

해석하기

유럽에서 문명이 일어날 수 있도록 전달해 준 오리엔트 문명이 오랫동안 중요하게 여겨지지 않았던 까닭은 무엇일까요?

역사토론

함무라비 법전처럼 당한만큼 똑같이 복수할 수 있도록 법을 만드는 것은 옳은 일일까?

토론 내용 고대 바빌로니아에 있었던 함무라비 법전은 범죄를 저질렀을 때 같은 형태로 복수하게 만드는 동태 복수법 성격이 강했다. 이처럼 같은 형태로 복수하게 법을 만드는 것은 옳은 일일까?

토론 1 옳은 것이다.

자기가 저지른 범죄와 똑같은 복수를 당하게 된다면 사람들은 자기가 저지른 범죄가 얼마나 끔찍한 것인지 깨닫게 된다. 다른 사람에게도 본보기가 되면서 법질서가 바로 서고 범죄가 줄어들 것이다.

토론 2 아니다. 그른 것이다.

사람은 완벽한 인격체가 아니다. 여러 사람들과 어울리고 함께 생활하다 보면 자기 의지와는 달리 실수를 할 수도 있다. 그런데 똑같이 처벌을 받는다면 결과만을 놓고 판단하는 것이다. 왜 그런 일이 일어났는지 과정에 대해서도 살펴보아야 한다.

토론 3 그래도 옳은 것이다.

어느 사회라도 범죄는 일어난다. 그리고 피해자 자신뿐만 아니라 그 가족도 마음에 큰 상처를 입는다. 그렇기 때문에 가해자에게 지은 죄와 비슷한 방법으로 복수를 할 수 있게 한다면, 피해자와 그 가족의 마음이 편해질 수도 있다고 생각한다. 가해자는 죄 값을 받고 피해자는 마음을 어루만질 수 있는 기회가 될 수도 있다는 것이다.

토론 4 아무리 그래도 그른 것이다.

죄는 미워하더라도 그 사람은 미워하지 말라고 했다. 그것은 자기 죄를 뉘우치고 전혀 다른 사람으로 살아갈 수 있기 때문이다. 소설 《레미제라블》 주인공인 장발장처럼, 결과만을 놓고 볼 것이 아니라 다른 방법을 찾아서 사회를 위해 일할 수 있는 기회를 주어야 한다.

토론하기

함무라비 법전과 같이 똑같은 형태로 복수하게 하는 것은 옳은 것일까요? 자기 생각을 밝히고, 그 까닭을 쓰세요.

다음 글을 읽고, 물음에 대한 자기 생각을 써 보세요.

➔ 우리 나라에서도 사형제도 폐지에 대한 논란이 뜨거웠습니다. 오늘날에는 세계에서 사형제도를 폐지한 나라가 유지하고 있는 나라보다 훨씬 많습니다. 왜 많은 나라들이 사형제도를 폐지하는지 생각해 봅시다.

로마 원형 경기장과 사형제도

1999년 12월부터 로마 원형 경기장에 금색 불빛이 가끔씩 비춰지곤 한다. 세계 인권운동단체들이 사형제도가 폐지되는 나라가 생길 때마다 엄지손가락 영상을 48시간 동안 비추는 행사를 여는 것이다. 이 엄지손가락 영상은 고대 로마 시대에 검투사들이 원형 경기장에서 검투사들끼리, 또는 맹수와 싸워서 이기더라도 황제가 엄지손가락을 위로 향하게 해야만 목숨을 건질 수 있었던 것에서 비롯되었다고 한다.

로마 콜로세움(원형 경기장)

유엔과 로마 교황청, 그리고 국제인권위원회인 엠네스티도 사형제도를 폐지하도록 이끌고 있다. 그런 노력 덕분에 사형제도를 없애는 나라들이 점점 늘어나고 있다.

사형제도는 동태복수법을 허용한 함무라비 법전에서 시작되었다고 한다. 그러나 21세기에 들어올 무렵부터 사형제도를 없애는 나라들이 점점 늘어나고 있다. 그래서 지금은 사형제도가 없는 나라가 훨씬 많으며, 사형제도가 있더라도 사형 집행을 하지 않는 나라도 아주 많다.

터키는 유럽연합에 가입하기 위해 사형제도를 없앴다. 그리고 사형제도가 없는 나라들보다 사형제도가 있는 나라들이 범죄율이 더 높고, 잔인한 범죄도 더 많다고 한다.

사형제도를 없애자는 사람들은 사형보다는 종신형을 선고하여 범죄자에 대한 인권을 보호하고 뉘우칠 수 있는 기회를 주는 것이 더 올바른 형벌제도라고 주장한다.

생각 열기

세계에는 사형제도를 폐지한 나라가 유지하고 있는 나라보다 더 많습니다. 왜 사형제도를 폐지한 국가들이 더 많은 것일까요?

비교와 대조

– 비교는 비슷한 점이나 공통점을 중심으로 설명하는 방식입니다.

– 대조는 다른 점이나 차이점을 중심으로 설명하는 방식입니다.

함무라비 법전과 8조법

바빌로니아 함무라비 법전	고조선 8조법
1. 도둑이 소나 양, 당나귀, 돼지, 염소를 훔쳤다면 훔친 것에 열 배를 보상해 주어야 한다. 만약 보상해 줄 돈이 없으면 사형을 당한다. 2. 어떤 사람이 다른 사람 눈을 멀게 했다면 그 사람도 눈알을 뺀다. 다른 사람 이빨을 부러뜨렸다면 그 사람도 이빨을 부러뜨린다. 다른 사람 뼈를 부러뜨렸다면 그 사람도 뼈를 부러뜨린다. 3. 도둑이 구멍을 뚫고 집 안으로 들어가 물건을 훔치면 그 구멍 앞에서 사형을 당한다.	1. 사람을 죽인 자는 사형에 처한다. 2. 다른 사람에게 상처를 입힌 자는 곡식으로 갚아야 한다. 3. 도둑질을 한 사람은 노비로 삼는다. 노비가 되는 것을 면하기 위해서는 돈 50만을 내야 한다.

비교와 대조하기

	바빌로니아 함무라비 법전	고조선 8조법
비교	(1) 함무라비 법전과 8조법 모두 도둑질을 한 것에는 열 배를 보상해 주거나 사형을 당하고, 노비가 되거나 많은 돈을 갚아야 하는 엄격한 법률을 적용하고 있다. (2) 함무라비 법전과 8조법 모두 다른 사람 몸을 상하게 한 것에는 같은 형태로 보복하게 해 주거나 곡식으로 갚아야 하는 엄격한 법률을 적용하고 있다.	
대조	(1) 가축을 도둑질한 사람에게는 훔친 물건 값에 열 배를 보상하거나, 하지 못하면 사형을 시킨다. 그리고 집 안으로 들어가 물건을 훔쳤을 경우에는 사형을 시킨다로 구분을 하여 자세하게 규정하고 있다. (2) 다른 사람 눈을 멀게 했다면 그 사람 눈도 멀게 해 같은 형태로 보복하도록 규정하고 있다.	(1) 구분을 하지 않고 노비로 삼거나 돈 50만을 내도록 규정하고 있다. (2) 다른 사람에게 상처를 입힌 사람은 곡식으로 갚도록 규정하고 있다.

교육 제도에 대한 글을 읽고, 비교 · 대조하여 빈 칸을 채워 보세요.

우리 나라 교육 제도	프랑스 교육 제도
우리 나라는 여덟 살에 초등학교에 입학하여 6년 동안 배우고 중학교에 진학한다. 중학교에서는 3년 동안 공부하고, 고등학교에 진학한다. 고등학교에서 3년 동안 공부하고 난 후에 대학 수학능력 시험을 치르고, 성적에 맞추어 자신이 가고자 하는 대학을 선택한다. 그리고 진학하고자 하는 대학에서 치르는 논술 등 다른 시험에 합격해야 입학할 수 있다. 중학교까지 의무교육이며 고등학교부터는 수업료를 내고 학교에 다녀야 한다. 우리 나라는 고등학교까지는 유급제도가 없이 학년이 올라간다. 중학교 졸업 후 인문계 고등학교에 진학하여 대학 입학을 목표로 고등학교 과정을 공부하거나, 실업계 고등학교에 진학해 직업교육을 받는다.	프랑스는 만 여섯 살에 초등학교에 입학하여 5년 동안 공부를 하고 중학교에 진학하여 4년 동안 배운다. 그리고 고등학교 3년 과정을 마치고 대학입학 자격시험인 바칼로레아를 치른다. 이 시험에 합격하면 자신이 원하는 대학에 진학할 수 있다. 고등학교까지 의무교육이며, 대학은 모두 평준화되어 있고, 등록금은 없다. 프랑스는 학기말에 치르는 진급시험에 합격하지 못하면 학년이 올라가지 못하는 유급제도를 실시하고 있다. 중학교 4년까지 마치고 진로 결정을 해서 대학에 진학할 의사가 없는 경우, 기술계 고등학교로 진학해 직업 교육을 받는다.

	우리 나라 교육 제도	프랑스 교육 제도
비교	(1) 우리 나라와 프랑스 모두 초등학교, 중학교, 고등학교, 대학교 순으로 교육제도가 이루어져 있으며, 초등학교, 중학교, 고등학교는 모두 합쳐 12년 동안 교육이 이루어지고 있다. (2)	
대조	(1) 우리 나라는 대학에 진학하려면 수학능력시험을 치르고 자신이 진학하고자 하는 대학에서 실시하는 논술 등 다른 시험에 합격해야 한다. (2)	(1) 프랑스는 대학입학 자격시험인 바칼로레아에 합격하면 자신이 원하는 대학에 진학할 수 있다. (2)

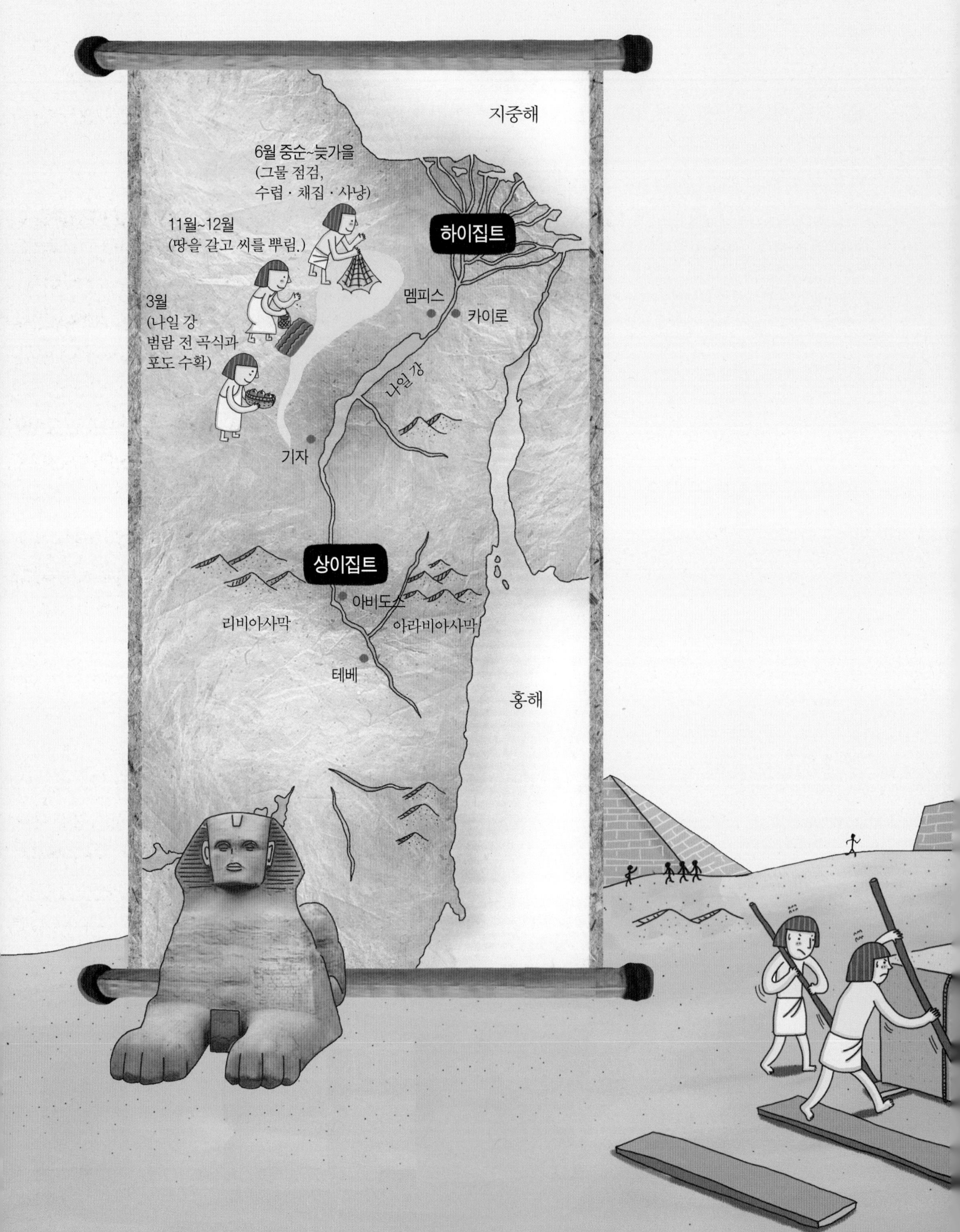
지중해
6월 중순~늦가을
(그물 점검,
수렵 · 채집 · 사냥)
11월~12월
(땅을 갈고 씨를 뿌림.)
하이집트
3월
(나일 강
범람 전 곡식과
포도 수확)
멤피스
카이로
나일 강
기자
상이집트
아비도스
리비아사막
아라비아사막
테베
홍해

03

이집트 문명과 피라미드

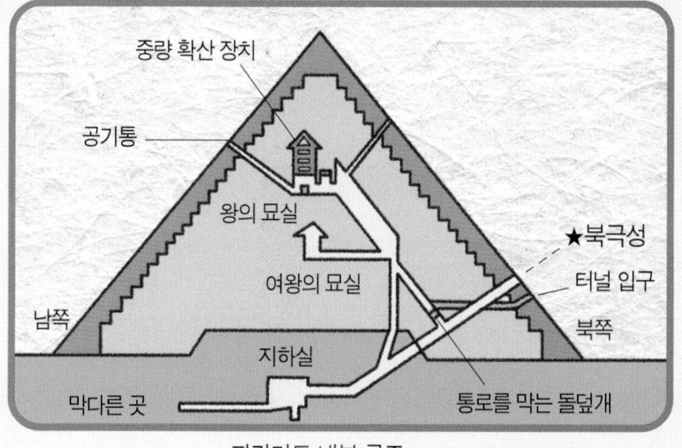

피라미드 내부 구조

역사 연대기

기원전 3500년 무렵 | 나일 강 둘레에서 관개농업이 시작됨.
기원전 3000년 무렵 | 메네스가 상이집트와 하이집트를 통일함.
기원전 2575년 무렵 | 고왕국 시대가 시작됨.
기원전 1938년 무렵 | 중왕국 시대가 시작됨.
기원전 1539년 무렵 | 신왕국 시대가 시작됨.

학습 목표

1. 이집트 문명에 대해 알 수 있다.
2. 피라미드에 대해 알 수 있다.
3. 이집트 인들이 가진 죽음에 대한 세계관을 알 수 있다.
4. 세계문화유산에 대해 생각할 수 있다.
5. 분석과 분류를 배워 논술 개념을 익힐 수 있다.

심화 학습

도서 읽기
- 이왕이면 이집트 (테리 디어리 · 피터 헤플화이트 지음/주니어 김영사)
- 파라오 투탕카멘 (재키 개프 지음, 김수진 옮김/꼬마이실)

탐구 1 나일 강이 넘쳐서 만든 이집트 문명

고대 이집트 사람들은 물을 찾아 동쪽 나일 강가에 자리 잡았다. 해마다 비가 많이 오는 우기가 시작되면 강물이 넘쳤고, 물이 빠진 강가는 농사짓기에 좋은 기름진 땅이 되었다. 그 둘레에는 커다란 마을이 생겨났고, 마을은 차츰 국가로서 모습을 갖추기 시작하였다.

나일 강 상류에는 누비아라는 왕국이, 하류에는 작은 왕국들이 생겨났다. 상 · 하이집트는 기원전 3000년 무렵 상이집트 메네스(나르 메르) 왕에 의해 최초로 통일되어 수도는 멤피스에 건설되었다. 이렇게 시작된 이집트 문명은 사막과 바다로 둘러싸여 있어 외부로부터 침입을 받지 않고 3천여 년 동안 안정된 국가로 유지될 수 있었다. 이집트 문명은 고왕국, 중왕국, 신왕국으로 나눌 수 있다.

고왕국 시대 고대 이집트 문명이 가장 창조적으로 발전했던 시기로, 국왕인 파라오가 살아 있는 신으로서 절대적인 권력을 누렸다. 이때 많은 피라미드가 만들어졌다. 그 뒤 폭력과 내전으로 이집트는 혼란을 겪게 되었다.

중왕국 시대 상 · 하이집트로 나뉘어져 어지러워진 이집트를 테베 왕자 멘투호테프 2세가 다시 통일하였다. 멘투호테프는 테베를 수도로 정하고 안정된 중왕국 시대를 열었다. 이때는 파라오가 신보다는 인간 쪽에 더 가까워진 시기였다. 또한 토목 · 건축과 문화 예술이 가장 많이 발전하였던 때이기도 하였다. 농업과 상공업이 발달하였고, 배 만드는 기술도 크게 발전되어 크레타, 페니키아 등과 활발하게 교역을 하였다. 그러나 무역을 통한 활동이 확대되면서 이집트에는 다른 나라로부터 새로운 문화와 사상이 밀려들어오기 시작하였다. 그러다가 여러 가지 원인으로 인하여 나라가 분열되자, 오래 전부터 이집트 땅에 들어와 정착한 아시아 쪽 외국인들인 힉소스가 이집트를 지배하게 되었다.

신왕국 시대 아모세는 힉소스 세력을 델타 지역에서 몰아내고, 상 · 하이집트를 재통일하였으며, 옛 땅을 되찾아 신왕국 시대를 열었다. 그러나 람세스 이후 에티오피아, 아시리아와 페르시아 등 여러 나라에 의해 정복되면서 많은 유물과 유적이 파괴되어 이집트 문명이 끝이 났다.

탐구하기 **1. 이집트가 오랫동안 통일을 유지할 수 있었던 지리적 요인은 무엇일까요?**

2. 문명이 발생되는 순서입니다. 빈 칸에 알맞은 말을 써 넣으세요.

세계 4대 문명은 커다란 (　　　　) 둘레에 생겨났다. 강이 범람하는 것을 막기 위해 대규모 공사가 필요하게 되었고, 이를 위해 강력한 권력을 가진 (　　　　)가 나타났다. 또한 강을 이용한 물자 이동이 활발해지자 (　　　　)가 필요하게 되었으며, 사람들을 다스리기 위해 강력한 (　　　　)도 생겨났다.

탐구 2 파라오와 피라미드

이집트는 1년 강우량이 겨우 30mm로 거의 비가 오지 않는 곳이다. 그런데 6월 중순만 되면 나일강 상류에서 물이 넘쳐 강이 범람하여 그 둘레가 잠기게 되었다. 비가 오지 않는데도 해마다 강물은 넘쳐흘렀고, 그 물이 빠지게 되면 그 땅에서 농사를 지을 수 있었다. 이집트 사람들은 이것이 파라오 덕분이라고 생각하여, 파라오를 신으로 섬겼다.

그들은 풍요롭고 안정된 생활이 내세에도 이어지기를 바랐고, 미라를 만들면 영혼이 다시 찾아 와 새로운 삶을 살 수 있을 것이라 생각하였다. 그래서 왕들은 보통 사람들보다 커다란 무덤을 만들기 시작하였는데, 처음에는 '마스타바'라고 하여 흙벽돌로 만들었다. 그러다가 점차 새롭고 특별한 무덤을 갖고 싶었던 파라오에 의해 피라미드로 발전하였다. 쿠푸, 카프레, 멘카우레는 기자 지역에 대규모 피라미드를 건설하였다. 그 가운데 쿠푸 왕 피라미드가 가장 크고 널리 알려져 있다. 높이가 146m, 밑변 한쪽 길이가 230m인데, 평균 2.5톤이 되는 돌을 230만 개나 쌓아올려서 만들었다. 이것을 만드는 데 많은 사람들이 동원되었는데, 이들은 강이 넘쳐서 농사를 지을 수 없을 때 이곳에 와서 일하고 대가도 받았다. 힘들고 고된 일이었지만, 피라미드 건설에 동원되었던 사람들은 피라미드를 세우면 자신들이 죽고 난 뒤 내세로 가는데 도움이 된다고 믿었다.

탐구하기 파라오가 이렇게 거대한 무덤을 만든 까닭은 무엇일까요?

우리 나라에서는 피라미드 모양으로 된 돌무덤이 있었어요

신석기, 청동기 시대에는 돌을 쌓아 만든 돌무덤인 적석묘가 유행했다. 구덩이를 파고 시체를 묻은 다음 그 위에 돌을 쌓았다. 또 사람이 죽으면 시체를 땅 속에 묻지 않고 한동안 모셔 두었다가 뼈만을 추려 매장하는 방식인 '가매장'을 했다.

삼국 시대에 왕족이나 귀족들 묘는 들어가는 길을 만들고 부장품을 같이 넣어서 묻었으며, 일반 백성 묘는 봉분을 쌓아올리지 않았다. 고구려 초기 무덤은 구덩이를 파지 않고, 돌로 단을 쌓고 시체를 모신 다음, 돌을 쌓아올렸다. 돌로 층층이 단을 쌓는 적석총으로 시간이 지나면서 발전했고, 나중에는 돌방무덤(석실분)으로 변화하였다. 백제도 고구려처럼 처음에는 적석총을 만들다가 뒤에 석실분을 만들었다. 중국 지린성에 있는 장수왕 무덤으로 알려진 장군총은 가장 위에 있는 돌 한 개 무게가 60여 톤이나 되며 높이는 7층으로 되어 있다.

탐구 3 '왕가의 계곡'에서 발견된 투탕카멘

고왕국 시대에는 거대한 피라미드를 만들었으며, 만들 때는 도굴을 염려해서 가짜 통로까지 만들었다. 그러나 만들어진지 얼마 되지 않아 함께 묻었던 보물이 도굴되는 등 피해를 입게 되었다. 커다란 피라미드 모습이 도굴꾼들을 불러들인 셈이었다. 파라오들은 거대한 피라미드보다는 미라가 안전하게 보관될 수 있는 무덤을 원하였다. 그래서 중왕국 시대 이후에는 사람들 눈에 쉽게 띄지 않는 지역을 택하였다. 인적이 드문 산 절벽에 구멍을 뚫어 무덤을 만들었는데, 도굴을 막기 위해 공사에 참여했던 인부들은 모두 죽음을 당하였다. 이 무덤들은 단단한 바위 표면을 그대로 뚫어 제물을 바치기 위한 신전과 지하에 미로처럼 파놓은 매장실, 보물 창고로 이루어진 분묘로 이루어져 있었다. 룩소르에 있는 무덤군을 '왕가의 계곡'이라고 하는데, 발견된 무덤은 거의 도굴되었다. 그러나 18세 어린나이로 사망한 투탕카멘 왕 무덤은 1922년 발굴이 될 때까지 아무 피해도 입지 않았다.

투탕카멘은 기원전 1565년에 태어나 9살에 파라오가 되었다. 재위기간이 짧아서 영향력은 그다지 크지 않았지만, 무덤이 원형 그대로 남아 있어서 고대 이집트에 관한 연구가 가능하게 되었다. 카이로에 있는 이집트 박물관이 투탕카멘 박물관이라고 할 정도로 많은 유물이 나왔다.

또한 '왕가의 계곡'에는 이집트 최초 여왕이었던 하트셉수트가 만들어 놓은 신전인 장제전(장례신전)이 남아 있다. 하트셉수트는 파라오라고 불린 유일한 여성이었다. '왕가의 계곡'에 무덤을 만들기 시작한 투트모세 1세 딸로 이복동생인 투트모세 2세와 결혼했다. 10년 만에 남편이 죽자 아들인 투트모세 3세가 왕위에 오르게 되었다. 그러나 투트모세 3세가 너무 어려서 정치를 할 수 없자 하트셉수트가 나라를 다스렸다. 하트셉수트는 아버지 투트모세 1세와 자신이 부활하기를 기리며 장제전을 세웠는데, 장제전 안에는 소말리아와 교역하는 장면을 그려 놓아서 그 당시 무역이 활발하였음을 알 수 있다.

투트모세 3세는 하트셉수트가 사망한 뒤 오랜 섭정에 대한 앙갚음으로 장제전에서 그녀 이름을 파내고 오벨리스크를 파괴했다.

투탕카멘

알타미라 하트셉수트 장제전과 하트셉수트 여왕의 석상

탐구하기 **피라미드 대신에 '왕가의 계곡'에 무덤을 만든 까닭은 무엇인가요?**

해석 이집트 사람들은 왜 미라를 만들었을까?

이집트 지역은 예부터 매우 건조한 지역이었다. 사람들은 모래땅이나 부드러운 암반에 구멍을 내고 시체 손발을 구부리게 하고 옆으로 눕힌 채로 묻었다. 종종 시체들은 자연적인 미라가 되었으며, 이 미라를 본 사람은 사람이 죽어서도 산다는 영원불멸 사상을 자연스럽게 갖게 되었다.

그들은 사람 몸 속에 '카아'라고 하는 영혼이 있어서 인간에게 생명력을 불어넣어 주는 역할을 한다고 믿었다. 그들은 사람이 죽으면 카아는 사람 몸을 떠나서 쉬고 있다가 미라가 되어 부활하면 자기 몸 속으로 찾아들어가 되살아난다고 믿었다. 그래서 그들은 시체를 보존하는 데 온 힘을 기울였다. 그들은 카아가 자기 몸을 지킨다는 믿음으로 썩기 쉬운 미라 대신에 조각상을 만들어 놓기도 했는데, 카아가 미라 대신에 자기 조각상에 머물 수 있도록 한 것이었다.

미라와 함께 매장된 파피루스 두루마리나 피라미드 묘 벽면에 새겨진 비문을 통틀어서 '사자의 서'라고 한다. '사자의 서'는 대부분 여러 가지 색깔이 들어간 삽화가 곁들여지고, 파피루스 두루마리에 적어 관 속에 넣었다.

고대 이집트 사람들은 죽으면 오시리스 신이 심판한다고 생각하였다. 죽은 사람을 심판하는 재판관 오시리스는 배심원 42명을 거느린다. 검사인 호루스 신, 서기관인 토트 신, 안내자이자 저울을 다는 아누비스 신과 죽은 사람이 죄를 지었을 경우 벌을 주는 아마메트 신이 지켜보는 가운데, 내세로 들어갈 수 있는지를 판단하는 재판이 열린다. 우선 양심을 상징하는 심장 무게를 저울에 달면, 죽은 사람은 신들과 배심원들에게 42개 죄악에 대해 하나하나 결백을 선언해야 한다. '나는 거짓말을 하지 않았습니다. 나는 도둑질을 하지 않았습니다. 나는 사람을 죽이지 않았습니다…….' 재판이 끝나면 재판관이 '죽은 자가 결백하다는 것을 선언'하면, 죽은 사람은 오시리스 왕국에 들어가 영원한 삶을 살게 된다.

번호	1	2	3	4	5	6	7
구분	오시리스 신	토트 신	호루스 신	아누비스 신	아마메트 신	죽은 사람 심장	마아트 깃털
역할	재판장	서기관	검사	저울을 다는 신	벌주는 신	죄를 상징	진리를 상징

해석하기 이집트 사람들은 왜 미라를 만들었을까요?

역사토론

피라미드는 왜 더 이상 건설되지 않았을까?

토론 내용 피라미드는 이집트를 대표하는 문화유산이다. 과학적이고 정교한 피라미드 건축 기술은 아직도 불가사의한 것으로 남았는데, 왜 고왕국 시대 이후 피라미드를 만들지 않았을까?

토론 1 왕권이 약화되었기 때문이다.

기자 지역에 있는 피라미드 가운데 쿠푸왕 피라미드는 가장 크다. 그러나 멘카우레 피라미드는 쿠푸 피라미드에 비하면 10분의 1 밖에 되지 않는다. 규모가 작을 뿐 아니라 완성되지 않은 상태로 보아 멘카우레 이후 왕권이 많이 약화되었음을 알 수 있다.

토론 2 도굴범들 때문이다.

피라미드를 지었던 것은 파라오가 자기 미라를 보존하기 위해서였다. 그러나 미라를 묻을 때 함께 넣는 보물들이 도굴범들에게 도난당하고, 심지어 미라까지 훼손당하게 되자 더 이상 사람들 눈에 띄는 거대한 피라미드를 짓지 않게 된 것이다.

토론 3 국민들이 저항했기 때문이다.

피라미드를 만드는 돌 하나가 평균 2.5톤 무게에 달하며, 전부 합하면 230만 개가 사용되었다고 한다. 더운 날씨에 이렇게 무거운 돌을 운반하고 쌓는 작업은 쉽지 않았을 것이다. 그러므로 아무리 보수를 받고 농한기에 만들었다고는 해도, 계속 반복하게 되면 저항에 부딪힐 수밖에 없었을 것이다. 피라미드 벽에는 인부들이 보수를 제때 받지 못해서 파업을 했다는 기록이 남아 있다.

토론 4 돌이 부족했기 때문이다.

피라미드를 지을 때 사용한 돌은 석회암이다. 이 돌들은 나일 강 건너편에 있는 투라지역에서 운반해온 것으로 전해지고 있는데, 스핑크스와 하안신전에서 발견된 카프레 조각상은 누비아사막에서 가져온 섬록암이다. 이렇게 멀리서부터 돌을 가져와야 했기 때문에 나중에는 흙벽돌로 피라미드를 만들기도 했다. 이런 피라미드는 거의 무너진 상태로 발견되고 있다. 그러므로 돌이 부족했기 때문에 더 이상 피라미드를 건설하지 못했던 것이다.

토론하기

피라미드는 왜 더 이상 건설되지 않았을까요? 자기 생각을 밝히고, 그 까닭을 쓰세요.

다음 글을 읽고, 물음에 대한 자기 생각을 써 보세요.

도시를 개발하다 보면 뜻하지 않게 유물이나 유적을 발견하거나 파괴하는 경우가 있습니다. 유물이나 유적을 보존하는 것에 대해 생각해 봅시다.

세계문화유산이 매몰되는 것을 막아라!

이집트 역사상 가장 넓은 영토를 차지하고, 가장 많은 신전을 세운 람세스 2세는 누비아 땅에 '아부심벨'을 지었다. 20여 년에 걸쳐 람세스 모습을 본떠 만든 높이 22m 거대한 석상 4개가 신전 정면에 조각되어 있다.

아부심벨

그러나 아부심벨은 되풀이되는 가뭄과 홍수로 피해를 입던 이집트 정부가 아스완 지역에 대규모 댐을 건설하기로 발표하면서 위기에 처했다. 아스완댐 건설에 따라 이 지역 물높이가 60m 높아지면서 아부심벨은 물에 잠기는 상황이 되었다. 유네스코(국제연합교육과학문화기구)는 아부심벨을 세계문화유산으로 지정하고, 일부 유적은 위치를 옮기기로 하였다.

수몰위기에 처한 고대 유적을 구하기 위해 전 세계 50개국 기술자들이 모였다. 그들은 바위산에 새겨진 대신전을 원래 자리에서 90m 위쪽으로 옮기기로 결정하고, 1969년 공사에 들어갔다. 거대한 쇠줄톱으로 신전을 1,036개 돌블럭으로 잘라 옮긴 후 재조립에 들어갔다. 돌블럭 한 개 무게가 30톤에 달했고, 유적을 그대로 옮기기 위해 쓰러진 돌 위치까지도 철저히 검증하며 공사가 진행됐다. 위대한 과거를 보존하려는 의지로 총 공사비 4천 2백만 달러를 들여 4년 동안 진행된 대공사를 통해 고대 유적은 호수 속으로 사라질 운명에서 가까스로 벗어나게 되었다.

생각 열기

남겨진 유물이 사람들에 의해서 파괴되는 것을 막기 위해 세계문화유산으로 지정하여 보존하려는 노력에 대하여 어떻게 생각하나요?

분류와 분석

– 분류는 여러 사물을 어떤 기준으로 묶거나 나누어 무리 짓는 것입니다. 설명할 때 대상을 일관된 기준에 따라 정리하고 질서화함으로써 일목요연하게 설명하는 방식입니다.

– 분석은 한 대상을 자세히 나누어 설명하는 방식입니다.

– 분류와 분석을 구별하는 방법은 나누어진 것이 전체 가운데 한 종류인지(분류), 아니면 전체를 이루는 일부분인지(분석)를 살펴보면 됩니다.

우리 나라 무덤

역사적으로 가치가 있는 무덤은 고분이라 하며 여러 가지 기준으로 나누어 부른다. 고분에는 총, 분, 능, 원, 묘 등이 있다. 총은 특이한 유물이 발견되거나 다른 특징이 있을 때 붙인다. 대표적으로 천마총에서는 천마도가 발견되었고, 무용총에는 무용하는 벽화가, 각저총에는 각저(씨름)하는 그림이 그려져 있어서 붙여진 이름이다. 장군총이나 황남대총처럼 규모가 커서 붙여진 경우도 있다.

분은 아무 특별한 특징이 없는 그저 평범한 무덤일 때에 사용한다. 보통 이런 무덤은 고분군을 이루고 있을 때가 많아서 노동동 몇 호분, 복천동 몇 호분 하는 식으로 무덤이 위치한 동네와 고유번호로 이름을 정하는 경우가 많다. 능산리 고분, 신안 도창리 고분, 영일 냉수리 고분 등이 있다.

주인을 알 수 있을 때는 능, 원, 묘로 나눈다.

능은 왕이나 왕비 무덤으로 무열왕릉, 영릉, 동구릉, 선릉, 서오릉 등이 있다.

원은 세자와 세자비, 그리고 왕 아버지와 어머니 무덤에 사용한다. 명종 첫째 아들 순회세자 무덤인 순창원, 소현세자 무덤인 소경원, 사도세자 첫째아들 의소세손 무덤인 의녕원 등이 있다.

일반인들의 무덤으로 지위가 높고 낮음에 상관없이 그 무덤을 묘라 하였다. 김유신 묘, 이순신 묘, 최영 묘 등이 있다.

(1) 분류하기

① **고분을 부르는 말 :** 총(塚), 분(墳), 능(陵), 원(園), 묘(墓)

② **주인을 알 수 있는 무덤을 일컫는 말 :** 능, 원, 묘

(2) 분석하기

① **총에 대한 분석 :** 다른 유적에서 발견된 적 없는 특이한 유물이 발견된다든지 다른 무덤과 차별되는 특이한 사항이 있을 때 붙이는 이름이다.

② **능에 대한 분석 :** 능은 왕이나 왕비 무덤에만 사용되며 무열왕릉, 영릉, 동구릉, 선릉, 서오릉 등이 있다.

피라미드에 대한 글을 읽고, 분류하고 분석하여 보세요.

피라미드는 이집트 나일 강 서쪽에 자리 잡고 있다. 이집트 사람들은 나일 강 서쪽을 죽은 사람이 사는 땅이라고 생각했다. 해가 서쪽으로 지는 것처럼 왕들 역시 죽으면 저세상으로 간다고 생각했다. 최초 피라미드를 제작했던 임호테프는 태양신을 섬겼던 제사장이었다. 그래서 피라미드는 왕이 죽어서 하늘에 있는 태양신을 만나기 위해 올라갈 수 있도록 거대한 계단 모양으로 만들었다.

멕시코에 있던 올멕족은 기원전 1000년 무렵에 문명을 만들어 냈는데, 라벤타에 거대한 흙 피라미드를 세웠다. 그들은 수백 여 년에 걸쳐서 수천 개 피라미드를 세웠는데, 평평한 꼭대기까지 뻗어 올라간 계단과 테라스가 있었다. 그들이 만든 피라미드는 신전이었으며, 신관들은 피라미드 제단까지 올라가 인간을 제물로 사용하는 제사를 지냈다.

마야족은 남아메리카 지역에 많은 피라미드를 세웠다. 접착력이 강한 회반죽으로 돌덩어리를 쌓아 올린 마야족 피라미드는 이집트 피라미드보다 더 가파르다. 계단 폭을 위로 올라갈수록 좁혀서 피라미드가 더욱 높고 가파르게 보이게 했다. 이렇게 함으로써 피라미드 꼭대기에서 거행되는 신성한 의식을 사람들이 더 많이 볼 수 있었다.

오늘날 피라미드는 더 이상 수백만 톤이나 되는 돌덩어리를 사용하지 않고, 죽은 사람을 위해 만들어지지도 않는다. 거대한 피라미드는 대기업들이 건설하는데, 강철 뼈대로 떠받친 강화 콘크리트와 색유리 등을 사용한 신소재로 짓는다. 영국 캐나리 와프 타워 꼭대기에 있는 피라미드나 프랑스 루브르박물관 앞에 있는 피라미드 등은 신비로운 피라미드를 현대적인 건물과 결합한 것이라고 할 수 있다.

(1) 분류하기

① 무덤으로서 피라미드

② 신전으로서 피라미드

(2) 분석하기

① 이집트 피라미드

② 올멕족 피라미드

③ 마야족 피라미드

④ 오늘날 피라미드

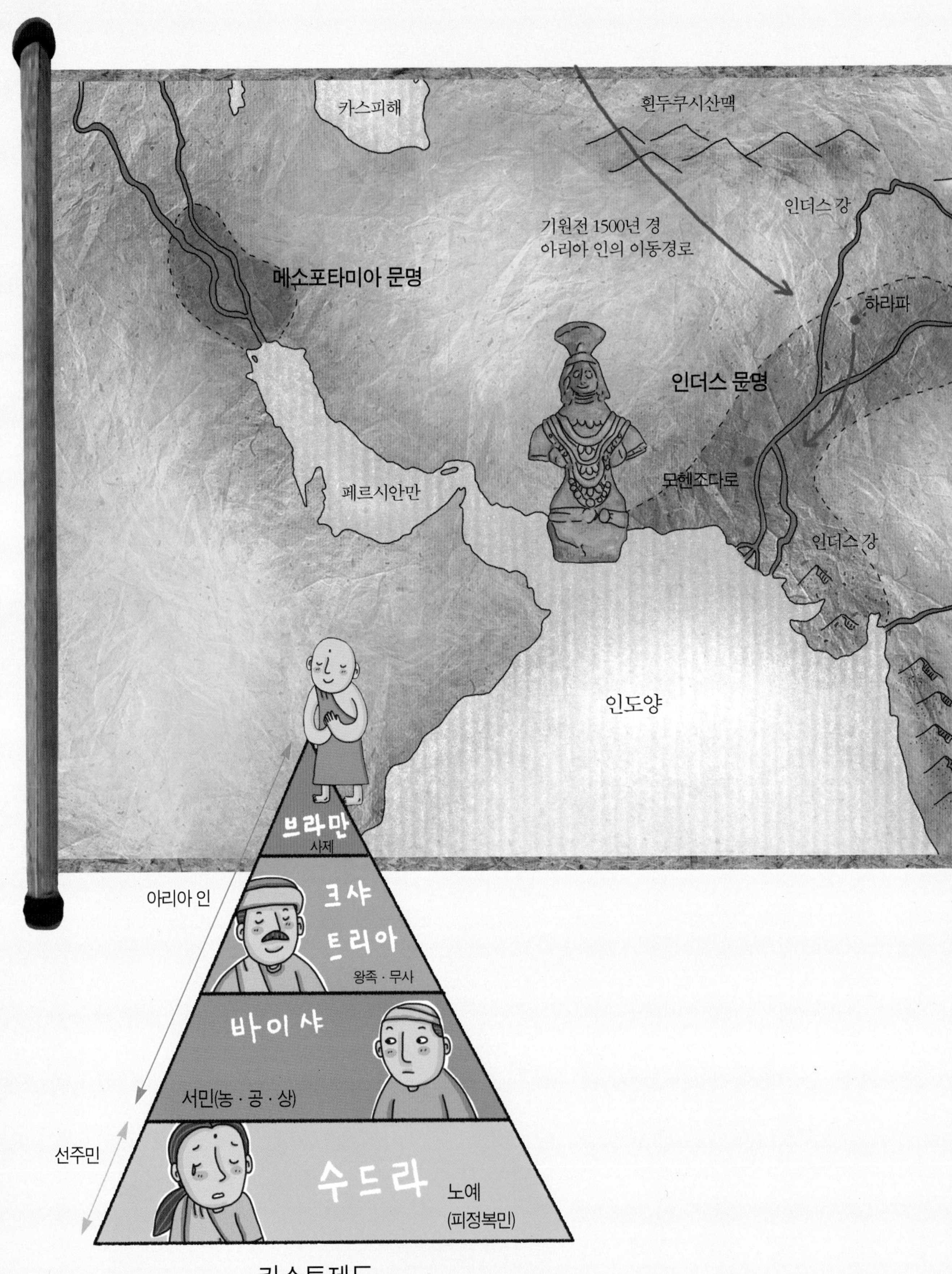

카스피해
힌두쿠시산맥
인더스 강
기원전 1500년 경
아리아 인의 이동경로
메소포타미아 문명
하라파
인더스 문명
모헨조다로
페르시안만
인더스 강
인도양
브라만
사제
아리아 인
크샤
트리아
왕족 · 무사
바이샤
서민(농 · 공 · 상)
선주민
수드라
노예
(피정복민)

카스트제도

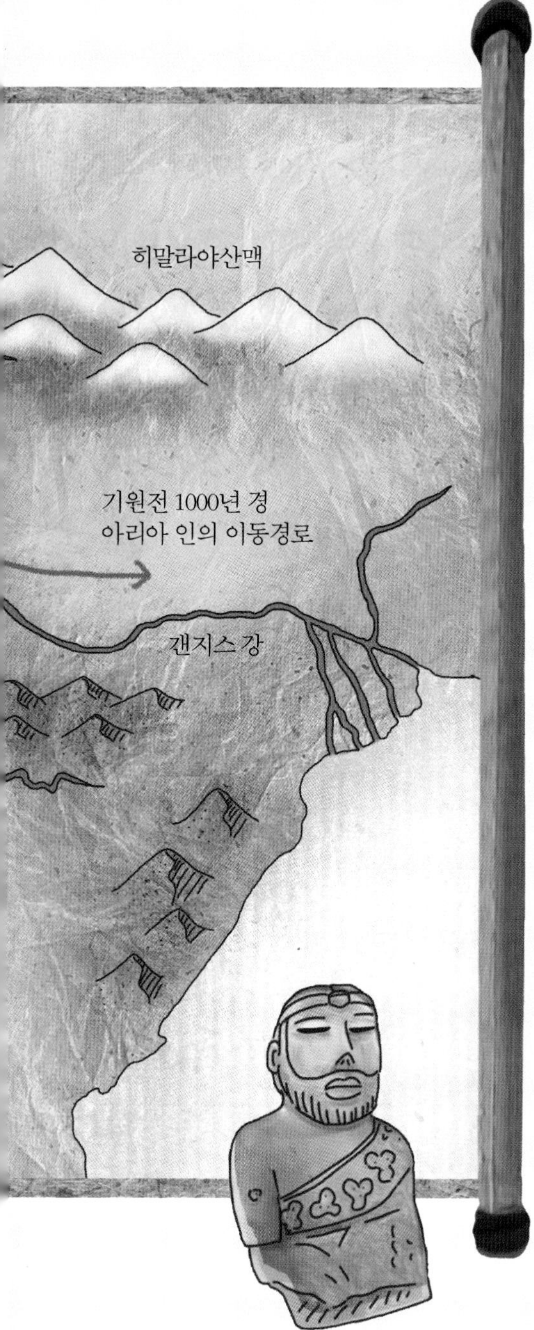

04

인더스 문명과 카스트제도

역사 연대기

기원전 2500년 무렵 | 하라파와 모헨조다로 도시가 건설됨.
기원전 1500년 무렵 | 아리아 인들이 인더스 강 유역으로 이동하기 시작함.
기원전 1500년 무렵 | 인더스 문명이 멸망함.
기원전 1000년 무렵 | 카스트제도가 생겨남.

학습 목표

1. 인더스 문명 발달 과정을 알 수 있다.
2. 인더스 문명 도시건설과 생활을 알 수 있다.
3. 인더스 문명이 멸망한 과정에 대해 알 수 있다.
4. 카스트제도에 대해 알 수 있다.
5. 서사하는 방법을 배워 논술 개념을 익힐 수 있다.

심화 학습

도서 읽기 • 동트는 인도대륙(이광수지음/웅진출판)

탐구 1 구운 벽돌로 건설된 인더스 문명

기원전 2500년 무렵, 인더스 강 둘레에 있는 기름진 평야에서 인더스 문명이 시작되었다. 강을 따라 작은 마을이 생기고 도시로 발전해 나가면서 문명을 꽃피웠다.

사람들은 강물을 끌어다 농사를 지었고, 도로와 건물을 만드는 데도 이용하였다. 건물을 지을 때는 강물이 넘쳐도 쓸려가지 않도록 벽돌로 바닥을 땅보다 높게 쌓아올렸다. 벽돌은 물이 스며들지 않도록 불에 구워서 만들었으며, 가로가 세로보다 두 배나 긴 직사각형 모양이었다.

발굴된 도시 가운데 규모가 가장 큰 도시는 인구 4만에서 8만 정도가 살았던 모헨조다로와 하라파이다. 두 도시는 인더스 강을 통해 연결되어 있으며, 벽돌로 쌓은 거대한 벽으로 둘러싸여 있었다. 모헨조다로에는 성채 지역과 일반인 거주 지역이 나뉘어져 있었다. 도시에는 폭이 10미터가 넘는 넓고 반듯한 도로가 있는데, 사람들이 종교행사를 하거나 군대가 행진을 하던 곳이었다. 그 길을 중심으로 창고, 공중목욕탕, 집회소, 집과 시장이 들어서 있었다. 대부분 집들은 마당과 목욕탕, 우물, 쓰레기장을 갖추었고, 사용한 물은 하수도관을 통해서 강으로 흘러가게 하였다. 그리고 100여 명이 들어갈 수 있는 커다란 공중목욕탕이 있는데, 종교 행사 전에 다 같이 몸을 씻는 곳이었다고 한다. 성채 지역은 벽돌로 쌓은 언덕 위에 있었으며 통치자를 비롯한 지배층이 살았다고 한다.

성채(城砦) 성과 요새(방어 시설)를 아우르는 말이다.

하라파는 인더스 문명에서 두 번째로 큰 도시이다. 하라파 주변에는 육로와 수로가 가까이 있어서 북쪽에 고원지대와 남쪽에 평지를 연결해 주었다. 도시로 들어가기 위해서는 커다란 관문을 지나야 했는데, 도시로 들어오는 사람과 물품을 조사하는 문이었다고 한다.

도시에는 거대한 곡물창고와 시장이 있었다. 곡물창고에는 먹고 남은 곡식을 저장해 두었다가 축제에 사용하거나 흉년이 들어 먹을 음식이 없을 때 사용하였다. 또 사원을 지을 때 일을 한 대가로 곡물창고에 있던 곡물을 주기도 하였다.

탐구하기 인더스 문명에 건설된 도시들은 계획된 도시라고 합니다. 도시는 어떤 모습인가요?

탐구 2 인더스 문명 사람들

모헨조다로 남자 조각상

인장

인더스 강 주변 기름진 땅에서는 밀, 보리, 대추, 참깨, 완두콩 등을 재배했다. 그리고 처음으로 면화를 재배했다. 해안 근처 바다에 배를 타고 나가 고기를 잡는 사람도 있었다. 가축으로 물소, 염소, 소, 낙타, 코끼리 등을 기르고 평야 주변 지역에서는 사냥도 했다. 농산물 가운데 먹고 남는 것은 이웃 마을에 가서 필요한 다른 물건과 바꾸었다.

교통이 편리한 마을은 사람들이 점점 모여들면서 물물교환 중심지가 되었다. 시간이 지나면서 마을은 도시로 발달했고, 토기나 수레 농기구 등을 만들어 파는 장인들과 상인이 생겨났다. 그리고 장신구를 만드는 세공업자도 있었다. 상인들은 메소포타미아까지 가서 물건을 사고팔았다. 특히 금과 은, 주석, 토기, 무명, 양모 등은 인기 있는 상품이었다. 부유한 생활을 하는 사람들은 자신을 드러내기 위해 보석으로 만든 장신구로 꾸미기를 좋아했기 때문이다.

모헨조다로에서 발견된 동상 중 가장 유명한 유물은 대제사장으로 보이는 남자 조각상이다. 돌에 정교한 조각기술로 만들어진 이 남자는 더부룩한 수염에 눈이 반쯤 감겨 있고, 망토에 새겨진 세 개의 잎 모양 장식은 종교적 상징을 나타낸 것이다.

인장은 동석으로 만들어진 사각형 또는 직사각형 모양이 많이 발굴되었다. 유니콘 모양이 새겨져 있는 인장은 60%나 되고, 황소, 물소, 호랑이, 코뿔소, 코끼리 등 동물 모습도 새겨져 있다.

또 인더스 문자와 그림들도 새겨져 있었는데, 문자는 왕이나 종교 지도자, 상인 등 일부 사람들만 사용하였다. 숭배 대상이었던 보리수나무와 소를 새겨 넣은 인장은 부적으로도 사용하였다.

인장이 인더스와 메소포타미아 여러 지역에서 발견된 것으로 보아 물건을 팔거나 수출하기 전에 상표를 나타내는 도장 역할을 한 것으로 보여진다. 또 토기를 구울 때 인장을 찍어 누구 것인지 확인도 하고 신분을 나타내기도 했다. 사람들은 인장 뒤에 구멍이 뚫린 꼭지에 끈을 끼워 목이나 허리에 두르기도 하였다.

탐구하기 1. 인더스 유역에서는 상업이 어떻게 이루어졌을까요?

2. 인장은 어떤 용도로 사용했을까요?

탐구 3 아리아 인 이동과 카스트제도 성립

기원전 1500년 무렵, 중앙아시아에 살던 유목민(아리아 인)들이 이동을 시작했다. 철제무기를 사용하고 말을 잘 탔던 그들은 정복전쟁을 하며 인더스 강 쪽으로 밀고 들어왔다. 인더스 문명을 밀어 내고 농경과 목축을 하며 정착하였다.

자연을 신으로 숭배하여 하늘, 땅, 물, 불, 바람, 태양 등을 찬양하는 노래를 만들었는데, 이것을 베다(Veda)라고 한다. 베다에는 자연신 숭배, 종교의례, 주술은 물론 아리아 인들이 사는 모습이 담겨 있다.

베다(Veda) 성스러운 노래

신들을 섬기고, 복잡한 제사를 지내기 위해서는 종교지도자가 필요해졌다. 그 사람들을 브라만이라 하고, 그 사람들을 중심으로 만들어진 종교가 브라만교이다.

브라만교가 만들어지면서 카스트제도가 생겨났다. 카스트제도는 수가 적은 아리아 인이 수가 많은 인도 원주민 드라비다족을 다스리기 위해 만든 계급 제도이다. 이 제도는 태어나면서부터 지위와 신분, 직업 등이 이미 정해져 대대로 이어졌다. 또, 다른 계급과 같이 살거나 먹거나 결혼하는 것이 금지되었다.

카스트제도는 크게 네 계급으로 나뉜다. 가장 높은 계급은 브라만으로 제사와 신전 관리, 학문 연구를 하는 사제들이다. 다음 계급은 크샤트리아로 정치와 군사를 이끄는 왕족과 귀족(무사)들이다. 세 번째 계급은 바이샤로 농업과 상공업 활동을 하고 세금을 내는 평민들이다.

가장 낮은 계급인 수드라는 종교행사에도 참석할 수 없었고, 인간 취급도 받지 못하는 노예들이다. 하지만 수드라보다 더 낮은 '불가촉천민'이라 하는 계급도 있었다. 그들은 '건드리기조차 더러운 존재'라는 뜻을 가지고 있으며 정식계급으로도 인정하지 않는다.

탐구하기 **카스트제도 계급은 어떻게 나뉘어졌고, 계급에 따라 하는 일은 무엇인가요?**

계급	신분과 하는 일
브라만	
크샤트리아	
바이샤	
수드라	

해석 인더스 문명은 왜 멸망했을까?

인더스 문명은 기원전 1500년 무렵에 사라지고 말았다. 도시 계획에 따라 거리를 정비하고 하수도 시설이 설치되어 있었고, 집집마다 작은 욕실과 인류 최초로 수세식 화장실을 갖추는 등 뛰어난 문명을 자랑하던 인더스 문명이 사라진 까닭은 무엇일까? 그 원인에 대해서는 아직 정확히 밝혀진 것은 없지만 여러 가지 추측이 있다.

첫째, 아리아 인이 침략하여 멸망했다. 모헨조다로에서 발견된 유골이 도끼나 칼에 의해 조각난 것으로 보아 갑자기 습격을 받아 희생된 것으로 보고 있다.

둘째, 환경이 변화하여 문명을 멸망하게 했다. 많은 땅에 농사를 짓고 가축을 놓아 기르다 보니, 땅이 거칠어지고 메마르게 되어 더 이상 농사를 지을 수 없게 되었을 수도 있다. 또는 벽돌을 굽기 위해 지나치게 많은 나무를 베어 환경이 파괴되어 멸망했을 것으로 추측하기도 한다.

셋째, 천재지변에 의해 멸망하게 되었다. 도시가 큰 강에 붙어 있으니까 홍수로 강물이 넘쳐서 도시를 휩쓸어버렸을 수도 있다. 또는 지진으로 큰 피해를 입어 도시가 멸망했을 수도 있다.

결국 인더스 문명은 서서히 쇠퇴해 멸망했을 가능성도 있고, 장기간에 쇠퇴 과정을 거치면서 이민족에게 침략을 받아 결정적으로 몰락했을 수도 있다.

해석하기 **인더스 문명이 어떻게 사라지게 되었는지 자기 생각을 써 보세요.**

그 무렵 우리 나라에서는 고조선에도 신분제도가 있었다

고조선은 노예제 사회였으며, 우리 나라 최초로 계급 사회였다. 고조선 '8조법' 중 '남의 물건을 훔친 자는 노비로 삼고, 도둑질한 죄를 대신하려면 50만 전을 내야 한다'는 조항이 남아 있다. 범죄를 저지른 자는 노예로 삼거나 빚을 진 자 역시 노예가 되었다. 죄를 씻고 평민이 되어도 천하게 여겨 결혼을 할 때 짝을 구할 수가 없었다. 또한 노비는 귀족이나 왕족이 죽을 때 산 사람을 함께 묻는 '순장' 제도에 따라 지배자와 함께 묻혀서 자기 삶을 끝마치기도 했다. 지배 계급은 노예를 물건처럼 사고 팔 수 있으며, 노예는 주인 뜻에 따라 목숨까지 내놓아야 했다.

역사토론

카스트제도가 만들어지고, 지금까지도 존재하고 있는 까닭은 무엇일까?

토론 내용 카스트제도는 모든 인간은 평등하다는 법 정신을 중요시하여 법적으로도 폐지했고, 교육과 근대화가 이루어지면서 점차 사라지고 있다. 하지만 아직도 인도에서 계급제도는 엄격하게 분리되어 불가촉천민은 천대와 멸시를 받고 있다고 한다. 신분제도가 계속 남아 있는 까닭은 무엇 때문일까?

토론 1 종교의식을 잘 아는 사제 도움이 필요했다.

서민들이 종교의식을 스스로 수행할 수 없었던 데서 브라만 계급이 생겨났다. 계급에 따라서 하는 일이 달랐고, 종교의식은 브라만 계급만이 할 수 있었기 때문이다. 일반인은 함부로 제사를 지낼 수 없다는 생각이 아직도 계급사회를 유지하게 하는 것이다.

토론 2 내세에는 다른 삶을 살 수 있을 것이란 희망 때문이다.

인도는 힌두교에 의한 내세 사상이 강하게 남아 있었다. 그들은 지금은 가난하게 살더라도 다시 태어나면 부자로 태어날 수도 있다는 생각을 가졌다. 그래서 지금 삶이 아무리 힘들고 어려워도 내세에 다른 삶을 살 수 있다는 긍정적인 생각으로 불만을 참고 살았다.

토론 3 오랜 역사를 지내며 하층 계급은 스스로 자신들이 불결하다고 생각하기 때문이다.

카스트제도는 오랜 세월을 거치는 동안 신분제도를 유지하였다. 그렇기 때문에 지배 계급에 의해서 무시되어 왔던 하층민들은 그들 스스로가 핍박받는 계급임을 당연히 받아들였다.

토론 4 지배 계급이 교묘하게 정치적으로 이용하였기 때문이다.

인도는 다민족, 다종교, 다인종이 모여 사는 국가이기 때문에 하나로 통일할 수 있는 원동력이 필요했다. 이 원동력이 바로 신분제도이다. 인도 카스트제도는 지배 계급이 다양한 인종과 민족, 종교를 융화시키고 분열을 방지하기 위해 만들어진 것이다.

토론하기

카스트제도가 아직도 존재하고 있는 까닭은 무엇일까요? 자기 생각을 밝히고, 그 까닭을 쓰세요.

다음 글을 읽고, 물음에 대한 생각을 써 보세요.

➔ 카스트제도가 남아 있는 인도에서 불가촉천민 신분으로 세계적 명성을 얻게 된 '나렌드라 자다브'에 대해 생각해 봅시다.

불가촉천민 출신이지만 살아 있는 영웅, '나렌드라 자다브'

인도에서 살아 있는 영웅으로 불리는 '나렌드라 자다브'는 인도를 이끌어 갈 차기 대통령으로 평가되었다. 그는 1953년 신분제도 카스트 내에도 속하지 못하는 불가촉천민 신분을 가지고 태어났다. 하지만 부모 영향으로 삶이 바뀌고, 꿈을 이룰 수 있었다. 교육만이 신분을 뛰어 넘을 수 있다고 믿었던 부모는 자녀 교육에 정성을 기울였고, 그 정성으로 '나렌드라 자다브'와 그 형제들은 어려서부터 교육을 받을 수 있었다.

그는 학교에서 1등을 놓치지 않았고, 신성한 언어이기 때문에 천민들은 배울 수 없다는 산스크리트어 시험에서도 상층 카스트 계급 아이들보다 뛰어난 성적을 거두었다. 그리고 인도 뭄바이 대학에서 경제학 석사를 받고, 미국 인디애나주립대학에서 경제학 박사 학위를 받았다. 이후 인도 중앙은행 수석 경제보좌관으로 근무했고, 국제통화기금과 에티오피아, 아프가니스탄에 중앙은행 자문관 등 국제기구에서 많은 활약을 하였다. 또한 대중연설가 및 사회활동가로도 활동했으며, 인도 최상위로 꼽는 푸내대학 총장을 지냈다.

저서로는 《인도의 금융경제학》, 《암제드 카를 박사》, 《신도 버린 사람들》 등이 있다. 저서 《신도 버린 사람들》은 아버지가 쓴 일기를 바탕으로 신분 제도에 불평등한 차별을 받으면서 살아야 했던 부모님 일생을 그려낸 이야기이다. 이 책을 통해 '나렌드라 자다브'는 타고난 신분은 절대 바꿀 수 없다는 인도 카스트제도를 깨뜨리고 자신이 처한 운명을 성공적으로 개척한 인물로 평가받고 있다.

김영사, 2007년 출간

생각 열기

불가촉천민에서 인도에 살아 있는 영웅으로 불리기까지 '나렌드라 자다브'가 성공할 수 있었던 원인은 무엇인지 생각해보고, 자기 생각을 써 보세요.

서사하기

–서사란 사건이 일어난 시간 순서대로 쓰는 방식입니다.

카스트제도가 생긴 유래

브라만들은 자신들에게 유리한 카스트제도를 다른 카스트 사람들이 당연하게 받아들이도록 하기 위해 이야기를 만들어 냈다. 그 이야기에 따르면, 아주 오래전 우주에 거대한 인간이 살고 있었다. 그는 여러 가지 생각 끝에 자기를 제물로 바쳐 사람들을 만들기로 했다.

먼저 머리를 베어 제단에 올려 사람을 만들었는데, 그가 브라만이 되었다. 그리고 팔을 베어 내어 제단에 올려 크샤트리아를 만들었다. 다음에는 배와 넓적다리를 떼어 내어 바이샤를 만들고, 마지막으로 발을 잘라 수드라를 만들었다. 그래서 머리로 만든 브라만은 영리하고 현명한 머리로 학자와 제사장을, 크샤트리아는 팔을 쓰는 군인을, 바이샤는 배를 채우는 농경이나 상업을 맡게 되었다. 마지막으로 수드라는 발과 같이 모든 존재를 섬기고 복종하는 일을 하게 되었다.

카스트제도가 생긴 순서

(1) **처음에** 브라만은 다른 사람이 카스트제도를 당연하게 받아들이도록 이야기를 만들었다. 오래전 거대한 인간이 자신을 제물로 바쳐 사람을 만들기로 했다는 이야기다.

(2) **먼저** 머리를 베어 사람을 만들었는데 그가 브라만이 되었다.

(3) **그리고** 팔을 베어 제단에 올려 크샤트리아를 만들었다.

(4) **다음에** 배와 넓적다리를 베어 바이샤를 만들었다.

(5) **마지막으로** 발을 잘라 수드라를 만들었다.

(6) **그래서** 머리로 만든 브라만은 학자와 제사장 일을 하고, 크샤트리아는 군인을, 바이샤는 농경이나 상업을, 마지막으로 수드라는 섬기고 복종하는 일을 하게 했다.

테레사 수녀의 생애와 업적에 대한 글을 읽고, 사건이 일어난 순서대로 써 보세요.

테레사 수녀

테레사 수녀는 1910년 마케도니아 수도 스코페에서 태어났다. 1928년 18세에 수녀가 되기로 결심하고 아일랜드에 있는 러렌토 수도회 지원을 받아 인도에서 수도 생활을 시작했다.

21세에 세례명을 테레사로 바꾸고 콜카타 엔탈리에 있는 성마리아 학교에서 학생들에게 역사와 지리를 가르쳤다. 그리고 수녀로서 평생 가난하게 살며, 불쌍한 어린이와 이웃을 위해 희생과 봉사하는 삶을 살 것을 약속했다. 1948년 38세에 빈민가에서 일할 수 있도록 허가를 받고 의료선교 수도회에서 의술을 공부했다. 그리고 다시 콜카타로 돌아와 모티즈힐 빈민가에서 아이들 몇 명을 데리고 학교를 시작했다. 49세에 인도 국적을 얻어 50세에 '사랑의 선교회'를 창설하였다. 53세에는 '사랑의 선교 수사회'도 탄생시켰다. 69세 12월에는 노벨 평화상을 받았고, 2년 뒤 한국을 방문하여 '사랑의 선교 수사회'를 세웠다. 로마 가톨릭에서 높은 지위에 있는 사람들로부터 반대하는 목소리가 높았지만, 테레사 수녀는 조금도 굴하지 않고 끈질기게 선교회 활동을 넓혀 나갔다. 그러나 1997년 87세에 심장질환으로 세상을 떠났다.

현재 그녀가 인도 빈민가에 세운 사랑의 선교회는 전 세계로 퍼져나가 가난하고 병들고 소외받는 사람들을 돌보는 일을 하고 있다. 테레사 수녀는 남을 위해 사는 삶이 얼마나 아름답고 가치 있는 삶인지 일깨워 주었다.

테레사 수녀의 일생과 업적 순서

(1) **1910년** 마케도니아 수도 스코페에서 태어났으며, 1928년 18세기에는 인도에서 수도 생활을 시작했다.

(2) **21세에** 세례명을 테레사로 바꾸고 콜카타 엔탈리에 있는 성마리아 학교에서 학생들에게 역사와 지리를 가르쳤다. 그리고 수녀로서 평생 가난하게 살며 불쌍한 어린이와 이웃을 위해 희생과 봉사하는 삶을 살 것을 약속했다.

(3) **38세에는** 빈민가에서 일할 수 있도록 허가를 받고 의료선교 수도회에서 의술을 공부했다. 그리고 다시 콜카타로 돌아와 모티즈힐 빈민가에서 아이들 몇 명을 데리고 학교를 시작했다.

(4) **49세**

(5) **53세에는**

(6) **69세에는**

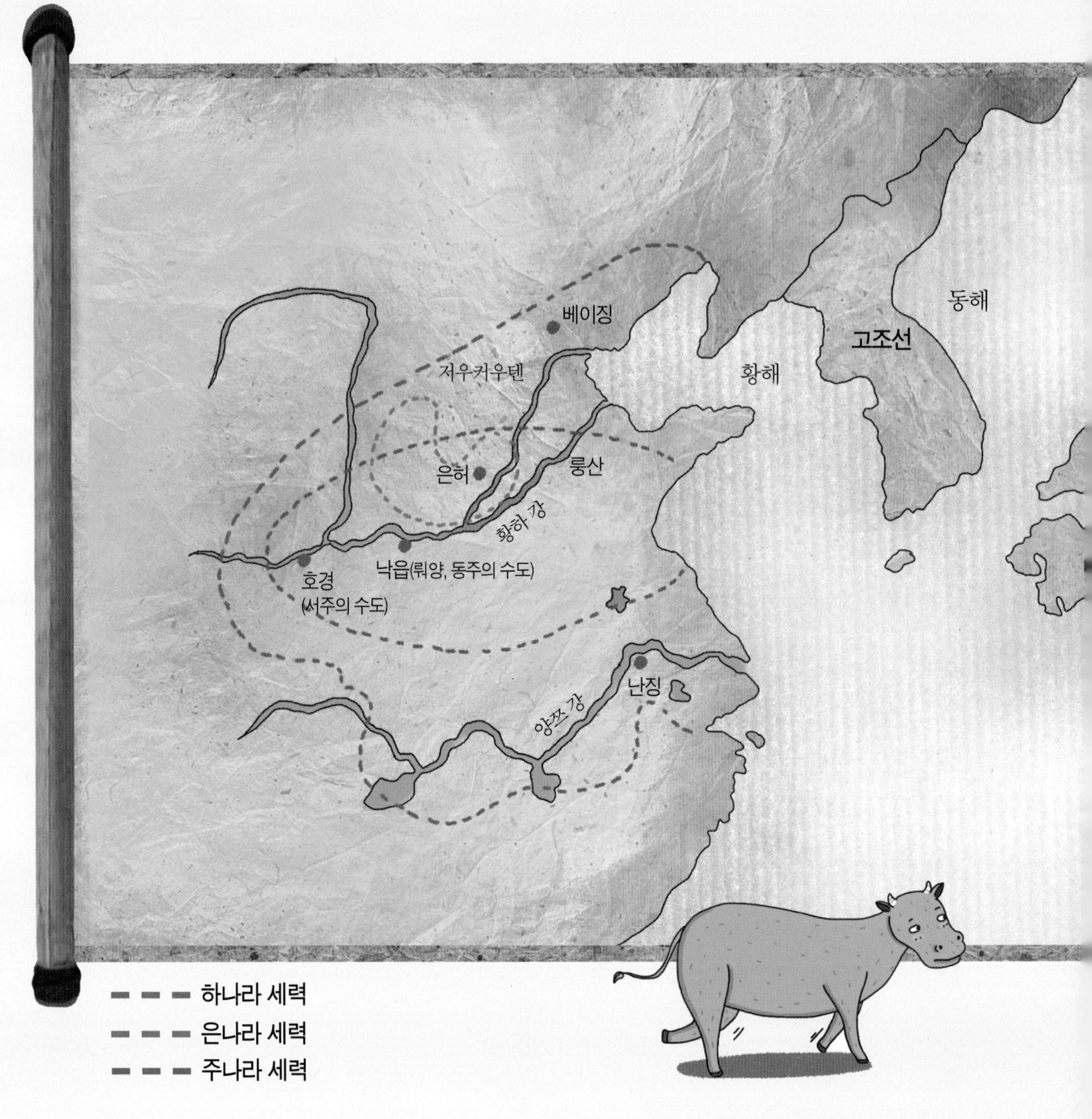
베이징
동해
고조선
저우커우뎬
황해
은허
룽산
황허 강
호경
(서주의 수도)
낙읍(뤄양, 동주의 수도)
난징
양쯔 강
하나라 세력
은나라 세력
주나라 세력

05

중국 고대 문명과 하·은(상)·주나라

역사 연대기

기원전 1500년 무렵 | 인도, 아리아 인이 인더스 강 유역으로 이주함.
기원전 1500년 무렵 | 페니키아, 알파벳을 사용함.
기원전 1240년 무렵 | 아시리아, 바빌로니아를 정복함.

학습 목표

1. 삼황오제와 하 · 은나라에 대해 알 수 있다.
2. 주나라에 대해 알 수 있다.
3. 서양과 주나라 봉건제도에 대해 알 수 있다.
4. 하 · 상 · 주, '단대공정'에 대해 알 수 있다.
5. 묘사하는 방법을 배워 논술 개념을 익힐 수 있다.

심화 학습

도서 읽기 • 천하의 중심을 꿈꾼 나라 중국이야기
(허용우 지음/아이세움)

탐구 1 중국 역사를 연 삼황오제와 하나라

중국 역사는 삼황오제에서 출발한다. 중국인들은 미개했던 중국이 발전하는 과정을 삼황오제라는 영웅들이 이룬 것으로 그렸다. 이것은 중국에 국가가 세워지기 전 역사를 신화로 만든 것이다.

삼황은 복희씨, 신농씨, 수인씨, 오제는 황제, 전욱, 제곡, 요, 순이다. 복희씨는 도구를 이용해서 식량을 구할 수 있는 사냥기술을, 신농씨는 농사짓기와 의약을, 수인씨는 불을 만들고 이용하는 법을 가르쳤다고 한다. 그리고 삼황을 이어서 오제들이 중국문화를 계속 발전시켜 나갔다. 오제 가운데 황제(黃帝)는 바퀴와 수레, 문자, 역법, 궁실, 의상 등을 만들어 냈다고 한다. 전욱과 제곡은 중국 역사책에도 기록이 남아 있지 않고 전설 속에서도 이름만 나온다. 그 다음에 중국을 다스린 요는 인자하고 관대했으며, 왕위를 현명한 순에게 물려 주었다.

요에게서 왕위를 물려받은 순은 우에게 물을 잘 다스리라고 했고, 그 일을 잘 해결한 우에게 현명하다며 왕위를 넘겨 주었다고 한다. 이처럼 요와 순은 나라를 잘 다스리는 것은 물론이고, 아들이 아니라 어질고 능력 있는 사람에게 왕위를 물려 주었다. 그래서 중국에서는 요 · 순을 가장 훌륭한 임금으로 받들고 있다. 하지만 삼황오제에 대한 자료나 유물은 남아 있지 않고 신화로만 알려져 있다.

황하 문명

기원전 3천 년 무렵, 황하 둘레에서 문명이 일어났다. 이곳 사람들은 기름진 황토에서 수수, 기장, 조, 곡물을 재배하며 움집을 짓고 마을을 이루고 살았다. 황화 둘레는 비가 적게 내리는 지역이라 물을 저장하는 저수지를 만들고 힘을 합쳐서 일을 했다. 그때부터 청동기와 문자를 사용하였다. 이렇게 생긴 마을이 점점 커지면서 도시 국가로 발전하게 되었다.

하(夏)나라

하나라는 우가 순으로부터 왕위를 물려받아 새로 세운 나라다. 우는 물을 잘 다스리기 위해 수평 줄을 들고 방방곡곡을 다니며 강물이 바다로 흘러가는 길을 만들었다. 또 하나라부터 왕위를 자식에게 물려 주기 시작하였다. 그러나 하나라도 기록에만 있을 뿐 유적이나 유물은 발견되지 않았다.

탐구하기 세계 4대 문명 가운데 하나로 중국에서 만들어진 문명을 무엇이라고 부르나요?

탐구 2 은나라(상나라)

기원전 1600년 무렵, 탕 왕에 의해 하나라가 멸망하고 은나라가 황하 중상류에 세워졌다. 이 나라는 마을을 중심으로 토성을 쌓고 목책을 세워 성을 만들었다.

갑골 문자

그들은 하늘에 제사를 지냈고, 지배자가 죽으면 죽은 뒤에도 살아 있을 때와 똑같이 살라고 자신을 따르던 사람들을 함께 묻는 순장제도가 있었다.

기름지고 넓은 땅과 따뜻한 기후, 그리고 풍부한 비가 내리는 곳이어서 농사짓기에 알맞은 이 나라를 상나라라고 부른다. 그리고 19대 왕 반경이 은(殷)으로 도읍을 옮기고 나서부터 나라 이름이 은나라로 바뀌었다. 이때부터 22대 왕 무정 때까지 크게 발전하였으며, 제사를 중요하게 생각하여 높이 1m, 무게가 86kg이나 되는 청동솥을 비롯해 여러 가지 청동기 그릇을 만들었다. 그리고 하늘에 제사를 지낼 때는 사람을 제물로 바치기도 했다.

20세기에 들어오면서 허난 성 안양시 원하 강변에서 은나라 유적인 은허가 발견되었는데, 귀갑(거북 등딱지나 배 껍질)과 우골(소 어깨뼈) 등이 나왔다. 거기에는 점을 친 글이 새겨져 있었는데, 이 글자를 '갑골 문자'라고 한다. '껍데기와 뼈에 새긴 문자'라는 뜻이다. 이 글자에서 한자가 시작되었다고 한다. 또 은력이라는 달력을 만들어 농사를 지을 때 날짜와 농사짓는 시기를 알려 주었다. 30대 주왕 때 전쟁과 반란이 끊임없이 일어나 주나라 무왕에게 멸망하였다.

탐구하기 중국에서 한자는 어떤 문자에서 시작되었나요?

그 무렵 우리 나라에서는 **순장제도가 있었다**

당시 사람들은 인간이 가진 노동력을 경제력과 권력으로 보았다. 그래서 주인에게 속해 있던 노예는, 주인을 위해 목숨이 붙어 있는 동안 노동을 해야 했고, 주인이 죽으면 따라 죽어야 했다. 지배자를 장사지낼 때 주변 사람들을 함께 묻었는데, 산 채로 묻었으나 죽여서 묻는 경우도 있었다. 순장되는 사람 수가 많으면 많을수록 무덤 주인공이 강한 권력자였다.

탐구 3 주나라 등장과 봉건제

은나라 서쪽에 있던 주 족은 은나라 문물을 받아들여 크게 발전하였다. 기원전 11세기 무렵이 되자 무왕이 은허를 차지하고 주 왕조를 세웠다.

무왕은 "은나라 주왕이 주변 국가들을 포악하게 다루어서 백성에게 신임을 잃었다. 그래서 하늘이 은나라를 대신해서 주나라에게 천명을 내렸다."고 하였다. 은나라를 무너뜨리고 주나라를 세운 것을 반란이 아니라고 여기도록 그렇게 핑계를 댄 것이다. 이것을 '천명사상'이라고 한다. 그 뒤 주나라는 왕들을 천자라고 불렀다.

주나라는 은나라를 멸망시킨 뒤 넓어진 땅과 많은 백성들을 다스리는 데 어려움이 많았다. 넓은 땅을 관리하는 것도 어려웠지만, 망한 은나라 사람들이 말을 잘 듣지 않았다.

그래서 무왕은 주나라를 세우는 데 앞장섰던 공신들과 친인척에게 영토를 나눠 주며 다스리게 했다. 이것을 봉토라고 불렀고, 이 제도를 '봉방건국'이라 불렀으며, 이것이 나중에 봉건제도가 되었다. 왕에게 토지와 백성을 받는 사람들을 제후라고 했는데, 이들은 해마다 왕에게 공물을 바치고 왕실에 위급한 일이 있을 때에는 군사를 보내어 지켜야 하는 의무가 있었다.

봉건제도에서는 등급을 엄격하게 구분하였는데, 천자, 제후, 경(재상), 대부(관리), 사(지식인층), 서인으로 나누었다. 주나라는 왕족도 신분이 높고 낮음을 따져서 땅을 나누어 주는 기준으로 삼았다.

제후들은 자기 봉토를 잘 관리하기 위해 정전제를 이용했다. 봉토 전체를 '정(井)'자 모양으로 9등분하여 한 가운데 1등분 지역은 주나라 왕실이 관리하였고, 나머지 8등분 지역은 제후가 직접 관리하였다.

주나라는 땅이 모두 왕 소유라고 생각했다. 이것을 '왕토사상'이라고 한다. 다만 나라를 여러 지역으로 나누어서 제후들에게 다스리게 하고 토지는 정전제로 운영하는 봉건제로 통치할 뿐이었다. 주나라는 천명사상과 왕토사상, 그리고 혈연을 중심으로 하되, 제후에게 토지를 주고 제후는 왕에게 군대와 세금을 바치는 봉건제도로 운영되던 사회였다.

탐구하기 주나라 왕실이 '봉방건국'이라고 불리는 봉건제를 실시하게 된 까닭은 무엇일까요?

해석 주나라는 왜 봉건제도를 실시했나?

주나라는 기원전 11세기부터 중국을 천 년 동안 지배한 나라이다. 주나라는 은나라와 주변 국가를 통일해 넓은 중국을 통치할 수 있는 왕이 되었으나, 영토가 넓어서 왕이 직접 통치할 수 없었다. 왕이 모든 지역을 다스리지 못하는 번거로움을 줄이기 위해 왕은 수도와 주변을 신하에게 맡겨 관리하였고, 나머지 지역은 왕실 친척이나 공이 큰 신하에게 내려주어 관리하게 하였다.

종법 종친 내에서 상 · 하를 구분하고 혈연적으로 가깝고 먼 관계를 따지는 법으로 대종과 소종으로 구분할 수 있다.
대종 종갓집(맏이로만 구성)
소종 맏이를 제외한 나머지 집단, 고조, 증조, 할아버지, 아버지, 아들, 5대조를 묶음.

주나라 봉건제도는 종법을 중요하게 생각했다. 커다란 영토를 믿고 맡길 사람이 필요했고, 믿을 수 있는 사람은 피를 나눈 형제나 가족이었다. 또 봉건제도에서 등급을 엄격하게 구분짓고, 직분에 따라 지위를 결정했던 것도 큰 영토를 운영하기 위한 방법이기도 했다.

처음에는 주나라 왕실과 제후들이 가까운 혈연관계였기에 믿을 수 있는 사이였으나, 시간이 흐르면서 한 부모에게서 태어났던 형제가 4촌, 6촌, 8촌, 12촌으로 멀어지자 '혈연으로 맺어져 믿을 수 있는 관계'라는 의미가 약해졌다. 그렇게 약해지면서 어떤 제후국은 독립하려 했고, 주나라 왕보다 세력이 큰 제후국도 생겨나기 시작했다.

해석하기 제후는 주나라 왕실에 어떤 의무를 졌나요?

역사토론

왕위를 이을 때 혈연이 좋을까, 선양이 좋을까?

토론 내용 현대 중국에서는 요 · 순 임금을 가장 훌륭한 임금으로 손꼽고 있다. 요와 순 임금은 나라에 위급한 일이 생겼을 때 안전하고 지혜롭게 국가적 위기를 해결한 사람에게 왕위를 물려주는 선양을 하였다. 그러나 선양은 중국 고대에서 두 번 뿐이었고, 그 이후에는 혈연에 의해 왕위를 이어갔다. 어떤 방법으로 왕위를 이어가는 것이 좋을까?

토론 1 혈연이 중심이 된 왕위계승이 바람직하다.

'피는 물보다 진하다'라는 말도 있듯이 혈연이 중심이 되어 왕위를 계승하는 것이 정통성을 지키는 것이다. 피를 나눈 가족은 믿을 수 있기 때문이다.

토론 2 아니다. 선양으로 계승하는 것이 바람직하다.

아버지가 왕이라고 해서 무조건 아들이 왕이 되는 것은 바람직하지 않다. 나라를 편안하게 잘 다스릴 수 있는 지혜로운 사람에게 왕 자리를 내어 주는 것이 좋다.

토론 3 그래도 왕위가 혈연으로 계승되는 것이 바람직하다.

왕이 정치를 잘 하려면 왕을 보필할 사람들은 믿을 수 있는 혈연으로 구성되어야 한다. 주나라 왕실이 천 년 동안 중국을 지배할 수 있었던 것도 혈연이 중심이 된 왕위계승이었기 때문에 가능했다. 혈연에서 선양으로 바뀌었다면 주왕조가 아니라 다른 왕조가 생겼을 것이다. 혈연계승이 반란도 막을 수 있었다.

토론 4 아무리 그래도 선양으로 계승하는 것이 바람직하다.

중국 사람들이 가장 훌륭한 임금으로 뽑은 인물은 요 · 순 임금이다. 이들은 선양되어 임금이 되었으며 자기를 희생하여 백성들을 사랑으로 돌본 사람들이다. 나라를 잘 다스리려면 핏줄로 맺어진 관계에서 생길 수 있는 욕심과 외척이 정치에 관여하는 것을 방지해야 하며, 능력 있는 사람에게 기회를 주어야 한다.

토론하기

왕위를 이을 때 혈연이 좋을까요, 선양이 좋을까요? 자기 생각을 밝히고, 그 까닭을 쓰세요.

다음 글을 읽고, 물음에 대한 생각을 써 보세요.

➔ 유적이나 유물이 발견되지 않아 신화로 알려져 있는 이야기를 역사로 만들고 있는 나라가 있습니다. 신화를 역사로 만드는 과정에서 다른 나라 역사를 가로채고 있는 속셈에 대해 생각해 봅시다.

신화에 나온 인물을 역사 인물로 만드는 기술

중국 역사학자들은 1996년부터 2000년까지 연대가 분명하지 않았던 기원전 841년 이전 하 · 상(은) · 주나라 고대사 연구 작업(단대공정)을 추진하여 연표를 만들어 내는 일을 시작했다.

이 프로젝트는 하 · 상(은) · 주나라 고대사 연구를 통해 유적과 유물이 발견되지 않아서 신화로 알려져 왔던 공간과 인물들을 역사로 재탄생시켰다. 그래서 신화 속에 등장했던 요 · 순 임금도 실제 역사적인 인물로 만들어 냈다. 이것은 역사적 진실이 있든 없든 '단대공정'을 통해 중국 역사를 1천년 이상 늘려 중화민족 오천 년 역사를 계획적으로 만들어 낸 '중국 만들기'이다.

단대공정으로 요 · 순 · 우가 역사적인 인물이 된 것처럼, 앞으로 삼황오제 중에서 가장 뛰어나다는 '황제'도 실제 역사 속 인물로 탄생할지도 모른다.

그러나 하 · 상(은) · 주 단대공정은 유적과 유물을 중요시하는 역사학자들에게 증거가 불충분하다는 이유로 비판받고 있다.

생각 열기

중국은 단대공정을 통해 역사를 과장하여 국내외에 알리면서 다른 나라 역사는 외면하고 있습니다. 중국 정부에 대한 자기 생각을 쓰세요.

논술 한 단계

학습 목표 논술 개념 익히기 5
학습 내용 묘사하기

묘사하기

– 어떤 사물을 그림 그리듯이 자세히 풀어 밝히는 방식입니다.

열하일기

옛날에 형경(중국 전국 시대 제나라 때 호걸인 형가. 연나라 태자인 단을 위해서 진시황제를 암살하려다가 실패하여 살해당함)이 역수를 건너려 할 때의 일이다.

형경이 선뜻 강을 건너지 않고 머뭇거리자, 연나라 태자인 단은 마음이 변했다고 의심하여 진무양을 먼저 보내려고 하였다. 이에 형경이 노하여 말했다.

"소인이 지금 떠나지 않는 까닭은, 함께할 친구를 기다리는 때문입니다."

그러나 이것 또한 형경이 부질없이 한 말인 듯하다.

… 〈중략〉 …

단지 형경이 문득 마음속에 생각난 어떤 사람을 기다린다고 했을 따름인데, 이 글을 쓴 사람은 형경이 마음속에 있는 사람을 이끌어다가 '함께 할 친구'라고 했으니, 그 친구가 어떤 친구인지 알 수 없었던 것이다. 누구인지도 모르는 사람을 두고서 단지 먼 곳에 살고 있는 사람이라고 하여 형경을 위로하고, 또한 혹시 그 사람이 오면 어떻게 할까 염려하는 형경을 위하여 오지 못했다고 했던 것이다. 그 친구가 오지 못했던 것은 형경에게 있어서는 다행스러운 일이었을 것이다.

만약 그 친구가 참으로 존재했다면? 나도 그를 본 적이 있다. 그 사람은 키가 일곱 자 두 치이며, 짙은 눈썹과 검푸른 수염, 볼이 위엄 있게 늘어지고 이마는 뾰족할 것이다. 어떻게 그렇게 생긴 줄 아느냐 하면, 내가 지금 혜풍이 지은 시를 읽었기 때문이다.

… 〈하략〉 …

– 박지원(朴趾源, 1737~1805), 열하일기, (주)한국헤밍웨이(2006) 발췌

윗글에서 박지원은 혜풍이 쓴 시를 읽고 친구를 어떻게 묘사하고 있나요?

(1) 그 사람은 키가 일곱 자 두 치이다.

(2) 짙은 눈썹과 검푸른 수염을 가지고 있다.

(3) 볼이 위엄 있게 늘어졌다.

(4) 이마가 뾰족하다.

다음 글을 읽고, 묘사하는 글을 써 보세요.

우리 학교

우리 학교는 용인시 기흥구 마북동에 있는 교동초등학교이다.

교문에 들어서면 게시판에 이 달에 있을 행사에 대해 설명해 주는 안내판이 설치되어 있다.

학교 건물이 'ㄴ'자 모양으로 놓여 있고, 주차장과 축구를 할 수 있는 운동장이 있다.

화단에는 교화인 장미와 교목인 소나무가 심어져 있고 잘 정리되어 있는 잔디밭이 있다.

지상 5층 건물에서 3층에 위치한 우리 교실에는 커다란 PDP 텔레비전과 선생님이 사용하시는 노트북 컴퓨터가 놓인 책상이 있다. 유리창 밖으로는 법화산이 보이고, 유리창 난간에는 우리들이 집에서 가져온 여러 가지 화초들이 잎을 창가 쪽으로 향하며 잘 자라고 있는 화분이 놓여 있습니다.

화장실은 각 층마다 세 곳이 있고, 그 앞에는 친구들과 앉아서 이야기를 나눌 수 있는 의자가 마련되어 있다.

우리 학교 묘사하기

주제 우리 학교

트로이
에게해
그리스
올림피아
아테네
스파르타
크노소스
크레타섬

■ 크레타 문명
■ 미케네 문명

06

그리스 문명

역사 연대기

기원전 1000년 무렵 | 무왕이 은나라를 치고 주나라를 세움.

기원전 770년 | 주나라가 수도를 호경에서 낙읍으로 옮김(동주시대). 춘추시대가 시작됨.

기원전 600년 무렵 | 석가모니가 태어남.

그리스 올림푸스 신전

학습 목표

1. 에게 문명과 그리스 문명에 대해 알 수 있다.
2. 아테네와 스파르타에 대해 알 수 있다.
3. 그리스 신화와 철학에 대해 알 수 있다.
   (그리스 신화 인물 계보도, 첨삭 지도 6쪽 참조)
4. 아테네 민주주의에 대해 생각해 볼 수 있다.
5. 이유와 근거에 대한 논술 개념을 익힐 수 있다.

심화 학습

도서 읽기 • 그럴싸한 그리스
(앗 시리즈 52/테리 디어리 지음/주니어김영사)
• 끄덕끄덕 그리스 신화
(앗 시리즈 64/테리 디어리 지음/주니어김영사)

탐구 1 에게 문명으로부터 시작된 그리스 문명

지중해 동쪽에 있는 에게해 연안국가인 크레타와 미케네에서 생긴 문명을 합해서 에게 문명이라고 부른다. 기원전 16세기, 크레타 섬에 살던 미노아 인들은 강력한 전제군주 아래 전성기를 이루어 크레타 문명을 꽃피웠다. 크노소스 궁전에서는 아름다운 벽화와 정교한 도자기, 각종 금은 세공품 등이 발견되었다. 그러나 인근 섬에서 일어난 화산과 잦은 지진으로 점차 쇠퇴하다가, 기원전 14세기 무렵 그리스 본토에서 내려온 미케네에게 점령당했다.

아크로폴리스

크레타 문명 그리스 신화에 나오는 크레타 섬에 살았던 왕, 미노스 이름을 따서 '미노아 문명'이라고도 한다.

미케네 문명은 크레타 섬을 중심으로 발전했다. 미케네는 에게해를 건너가 트로이와 전쟁을 벌여 승리함으로써 에게해와 그 주변 섬들을 지배했다. 해상 무역을 통한 번영으로 미케네 문명은 전성기를 누렸다. 이들은 청동기를 사용하였는데, 기원전 12세기 무렵 북쪽에서 철기를 가지고 내려온 도리아 인에게 정복당하고 말았다.

도리아 인들은 에게 문명을 철저하게 파괴하였다. 그들은 싸움만 일삼으며 자신들이 어떤 생활을 했는지에 대한 기록을 전혀 남겨 놓지 않았다. 그래서 그리스 인들이 사용했던 문자까지도 완전히 잊어버린 이 시기를 '암흑시대' 라고 부르며, 기원전 8세기까지 이어졌다. 에게 문명은 멸망하고 말았지만, 오리엔트 문명을 받아들여 그리스 문명으로 이어 준 징검다리 역할을 하였다.

그리스 인들은 외부 세력이 남쪽으로 밀고 내려오자 평야가 적고, 산지가 많은 더 남쪽으로 밀려날 수밖에 없었다. 그들과 침략해 들어온 도리아 인들은 부족 단위로 촌락을 형성하면서 정착하였다. 차츰 인구가 늘어나자 몇몇 촌락들을 합쳐 그 지역 안에서 방어하기 좋은 곳을 중심으로 모여 살았다. 이것을 도시국가 즉 '폴리스' 라고 한다. 이 도시국가들을 중심으로 그리스 문명이 생겨났다.

폴리스(도시)에서 가장 높은 언덕인 '아크로폴리스' 에는 각종 신전(파르테논 신전)이 있었고, 그 밑에는 시장이 열리거나 시민들이 모여서 토론도 하는 넓은 광장 '아고라' 가 있었다. 폴리스 성곽 바깥은 포도와 올리브를 주로 재배하는 농촌이었다. 각 폴리스는 정치 · 경제 · 군사적으로 독립되어 서로 다른 방식으로 살았으나, 같은 민족이라는 의식이 강하여 4년마다 올림피아 제전을 열었다.

탐구하기 기원전 12세기 무렵부터 4백여 년 동안을 '암흑시대'라고 부르는 까닭은 무엇일까요?

탐구 2 대표적인 폴리스, 아테네와 스파르타

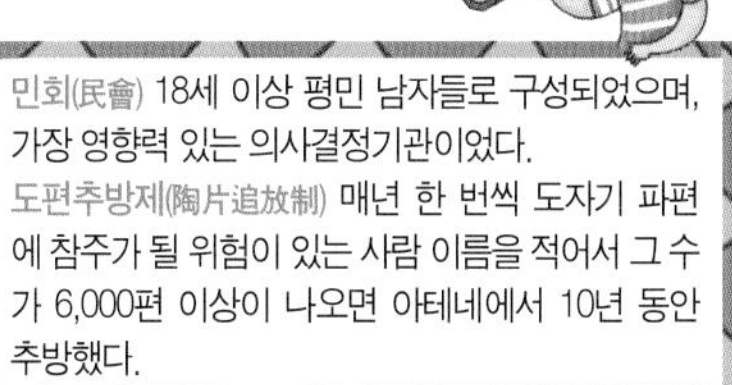

민회(民會) 18세 이상 평민 남자들로 구성되었으며, 가장 영향력 있는 의사결정기관이었다.
도편추방제(陶片追放制) 매년 한 번씩 도자기 파편에 참주가 될 위험이 있는 사람 이름을 적어서 그 수가 6,000편 이상이 나오면 아테네에서 10년 동안 추방했다.

아테네 원래 그리스에 살던 사람들이 세운 부유하고 문화적인 도시였다. 시민권은 군대에 갈 수 있는 자유 시민 남자에게만 주어졌다. 여자 · 노예 · 외국인은 시민이 될 수 없었다. 노동은 주로 노예들이 했기 때문에 시민들은 정치 · 토론 · 학문 · 예술 등에 전념할 수 있어서 철학 · 과학 · 문학 · 미술 등이 크게 발전했다.

정치적으로는 귀족계급이 권력을 잡고 행하는 귀족정, 몇몇 우두머리에게 권력이 집중된 과두(寡頭)정을 거쳐, 비합법적으로 왕이 된 사람이 독재를 하는 참주(僭主)정으로 이어졌다. 기원전 594년 솔론은 재산이 있는 평민 남자도 민회를 통해 정치에 참여할 수 있도록 했고, 클레이스테네스는 민회 권한을 강화하고 참주를 예방하기 위해서 도편추방제를 실시했다. 페리클레스는 재산이 없는 남자도 정치에 참여할 수 있게 하여 민주(民主)정을 이루어 냈다. 경제적으로는 농업생산을 기반으로 하면서도 해외 무역과 상공업이 발달하여 화폐경제가 발전했다.

스파르타 정복자인 도리아 인들이 세운 폴리스로 귀족(貴族)정이었다. 소수 지배층 10% 정도가 다수인 피지배층을 다스려야 했으므로 강한 군사력이 필요해 군사 공동체를 이루었다.

건강하지 않은 아이는 태어나자마자 버려졌고, 건강한 아이도 7세까지만 부모와 살았다. 20세까지는 단체생활을 하면서 전투에서 승리하기 위한 매우 엄격한 교육을 받았다. 철학이나 예술은 가르치지 않았다. 맨발로 다녔으며 먹을 것도 넉넉하게 주지 않았다. 20세가 되면 체력과 용기를 평가하는 시험을 통과해야만 군대에 들어갈 수 있었다. 30세에 정식 시민이 되어 결혼을 해도 잠만 집에서 잤다. 60세까지 15명이 조를 이루어 식사와 군사훈련을 함께 하며 공동생활을 했다. 여자들도 튼튼한 아이를 낳고, 남자들이 전쟁에 나가면 피지배인들을 다스리기 위해 강한 훈련을 받았다. 이렇게 강한 스파르타 교육은 스파르타 육군을 펠로폰네소스 지방에서 가장 강한 군인으로 만들었다.

스파르타 인들은 군사적인 일에만 매진하고 농업이나 상공업 활동은 피지배인들에게 시켰다. 시민은 누구나 국가로부터 토지를 균등하게 분배받았고, 귀금속이나 화폐사용은 억제되었다. 때문에 이들은 재물에 대한 욕심이 없었고, 나라를 위해 목숨을 바치는 것을 가장 영예로운 일로 여겼다.

탐구하기 아테네 민주주의 발전 과정을 완성해 보세요.

발전 단계				민주정
내 용	귀족계급이 권력을 잡음.	몇몇 우두머리가 독재를 함.	비합법적으로 왕이 된 사람이 독재를 함.	재산이 없는 남자도 정치에 참여함.

탐구 3 그리스 신화와 철학

그리스는 2백여 개로 이루어진 나라였다. 이들이 지중해 연안에 세운 식민 도시까지 합하면 1천 개가 넘었다. 사는 방식은 달랐지만 그리스어를 같이 사용했다. 그들은 자연과 사람, 이 세상이 어떻게 생겨났는지, 사계절이 왜 변하는지 궁금했다. 그래서 상상력을 동원하여 올림포스 산에 사는 12신 이야기인 '그리스 신화'를 만들어 냈고, 같은 신을 섬기면서 살았다.

기원전 8세기 무렵, 호메로스는 트로이 전쟁을 소재로 한 서사시인《일리아스》와《오디세이아》를 썼다. 기원전 7세기 무렵, 헤시오도스는 전해오는 신화를 모아 천지창조에서부터 신들이 탄생한 과정과 계보를 쓴《신통기》로 사람들에게 지식과 교훈을 전하였다.

신화에는 세계 창조에 관한 신과 영웅, 그리고 보통 사람들 이야기가 어우러져 있다. 제우스를 비롯한 신들은 영원히 늙지 않는 음식인 암브로시아를 먹고 넥타르를 마시며 질투하고, 싸우고, 사랑하면서 인간들 일에 끼어들기도 한다. 같은 이야기여도 오랫 동안 이야기가 만들어지고 보태지면서 내용이 조금씩 다르게 전해졌다. 선과 악은 구분되지만, 지금 우리 기준으로 보면 신화는 비도덕적이고 비윤리적인 이야기로 가득하다.

그리스는 신들이 인간 세계를 지배했다. 하지만 절대적 존재인 신들이 보잘 것 없는 인간과 너무 닮았다. 그래서 그리스 사람들은 근본적인 문제인 '나는 무엇인가?', '인간은 무엇인가?'에 대해 고민하기 시작했다. 신에 대한 사랑도 중요하지만 인간에 대해서도 알려고 했다. 인간과 신, 하늘과 땅, 윤리 등에 대한 질문을 신화에 의지하지 않고, 자연을 관찰하여 답을 찾는 '자연주의' 철학이 생겨났다.

시민이 정치에 참여하게 되자 자기 의견을 조리 있게 말하는 것이 중요해졌고, 이것을 가르치는 사람들인 소피스트('지혜로운 자'라는 뜻)가 생겨났다. 이들은 진리란 관찰과 경험을 통해서 얻게 되므로 사람마다 기준이 다르다는 '상대주의'를 주장하였다. 그 뒤 소크라테스는 인간은 이성을 통해 보편적 진리를 인식한다는 '절대주의'를 주장하였다. 이러한 그리스 철학은 서양 철학이 발전하는 밑거름이 되었다. 신화는 철학뿐만 아니라 문학과 미술 작품에 소재가 되었다. 훗날 그리스를 정복한 로마는 그리스 신화에 나오는 신들을 로마식 이름으로 바꾸어 부르면서 많은 이야기를 더해 '그리스 로마 신화'를 남겼다.

— 〈대표적인 그리스 문화〉 첨삭 지도 6쪽 설명 참조

탐구하기

그리스가 수백 개 도시국가로 이루어졌지만 같은 민족이라는 동질감 속에서 살 수 있었던 까닭은 무엇인지 두 가지 이상 쓰세요.

해석 아테네 지식인들은 스파르타를 왜 동경했나?

소크라테스 감옥 | 소크라테스가 재판을 받은 후 갇혀 있다가 죽음을 맞이한 곳이다.

일반적으로 우리는 민주주의는 좋고 독재주의는 나쁜 것으로 알고 있다. 하지만 당시 아테네 지식인들은 스파르타를 동경했다고 한다. 아테네에서는 어리석은 사람들이 숫자가 많다는 이유로 주도권을 잡았고, 법률에 대한 지식도 없는 시민들이 다수결로 판결을 내렸다. 민회에서는 좋은 정책이지만, 당장 불편하거나 힘든 것은 통과되지 못했고, 자기에게 유리한 주장만 했다. 이런 아테네 민주주의를 못마땅하게 여긴 지식인들은 체계적인 교육으로 금욕과 절제가 몸에 밴 강인한 시민을 길러내는 스파르타를 부러워했다.

소크라테스는 비판정신을 잃은 아테네 민주주의를 미워하며 스파르타를 은근히 찬양했다. 독배를 마시게 된 데에는 '사회 불순 세력' 이라는 혐의도 있었다.

플라톤은 철학을 아는 군인정치가가 지배하는 철인(哲人) 정치로 '이상국가(유토피아)' 를 이룩할 수 있다고 했다. 나라를 다스리는 철인 정치가는 전쟁에서 병사들을 지휘하고, 모든 백성을 교육시킬 의무를 가지고, 개인생활 없이 군대에서 병사들과 공동생활을 해야 한다고 했다. 그 모습이 스파르타 교육과 매우 비슷하다.

해석하기 아테네 지식인들이 스파르타를 동경한 까닭은 무엇일까요?

우리 나라에서는 우리 나라 사람들은 창세신화를 잘 모른다

우리 나라 창세신화에는 '마고할미' 이야기가 있다. 거인 여신인 마고할미가 자다가 일어나 오줌을 누어 강을 만들고, 강바닥을 손가락으로 죽죽 그어 산을 만들고, 바다도 만들었다고 한다. 여성이 가지고 있는 생산력을 중시하고, 우주를 거대한 것으로 보아 큰 것은 신성하다고 생각하여 거인 여신을 내세워 신화를 꾸며냈다. 제주도에서는 '설문대할망' 이라고 불린다.

하지만 우리 나라 사람들은 그리스 로마 신화는 많이 알고 있지만, 마고할미 이야기는 어린이들이나 알까 어른들 가운데 아는 사람은 오히려 드물다. 왜일까?

일제강점기 동안에 우리 나라 역사서 대부분이 불태워졌고, 우리는 일제가 강제로 뜯어고친 역사를 배워야했다. 36년이라는 긴 시간, 우리글과 역사는 엉망진창이 되었고, 그때 공부한 사학자들이 계속 잘못된 역사를 가르쳐왔기 때문에 사람들은 역사에 별로 관심이 없었다. 최근 일본 역사교과서 왜곡과 독도 영유권 문제, 그리고 중국 동북공정이 불거지면서 비로소 사람들이 우리 역사와 신화에 관심을 가지게되었다.

역사토론

아테네 민주주의가 가지고 있던 가장 큰 한계는 무엇이었을까?

토론 내용 민주주의는 아테네에서 시작되었다. 하지만 아테네 민주주의는 많은 문제점을 안고 있었다. 아테네 민주주의가 가지고 있던 문제점과 한계는 무엇이었을까?

토론 1 시민권이 남자에게만 있었다.

여자, 노예, 외국인에게는 시민권이 없었다. 아테네 전체 인구 가운데 14% 정도만이 참가하는 제한된 민주주의였다.

토론 2 능력도 없는 사람이 도편추방제에 참가했다.

아테네 장군이자 지도자였던 아리스티데스는 도편추방 투표장으로 가다가 문맹자를 만났다. 문맹자는 그에게 '아리스티데스'라고 써 달라고 부탁했다고 한다. 까닭을 묻자 "전혀 모르는 사람이지만, 사람들이 하도 '의인'이라고 하는 소리가 듣기 싫다."는 것이었다. 그는 자기 이름을 써 주었고, 그 해에 추방자로 결정되어 유배되었다고 한다. 글씨 쓸 능력도 없는 사람이 시민이라는 자격만으로 무조건 결정 권한을 가졌으니, 큰 문제였다.

토론 3 무분별한 다수결 원칙이 문제였다.

연구자들에 따르면 많은 도편이 같은 글씨체로 쓰여졌다고 한다. 누군가를 몰아내기 위해 아예 도편에 그의 이름을 쓰고 그것을 사람들에게 나누어주었다는 것이다. 그러니 다수결 원칙이 악용되어 정치가 제대로 이루어질 수 없었다.

토론 4 아테네 시민들끼리만 민주적이었다.

다른 민족이나 국가들에 대해서는 배타적이었고 돈을 빼앗다시피 했다. 자기 문화만 뛰어나다는 생각을 가졌고, 10만 명이 넘는 노예들은 사람이 아니라 도구일 뿐이었다.

토론하기

아테네 민주주의가 가지고 있던 가장 큰 한계는 무엇이었을까요? 자기 생각을 밝히고, 그 까닭을 쓰세요.

다음 글을 읽고, 물음에 대한 생각을 써 보세요.

➔ 강압적 교육인 스파르타식 교육과 대비되는 섬머힐 교육에 대해 생각해 봅시다.

아이들을 학교에 맞추는 대신 아이들에게 맞추는 학교, 섬머힐

섬머힐은 1921년에 영국 아동 심리학자인 A.S. 니일이 런던에서 약 100km 떨어진 레이스턴 마을에 세운 자유로운 국제 기숙학교이다. 이 학교는 교육이 아이들을 통제하고 억압하며 교사 중심으로 이루어지면 안 된다고 하며, '아이들은 선한 존재'라는 믿음으로 아이들이 가지고 있는 무한한 가능성을 존중한다.

입학 연령은 다섯 살에서 열다섯 살까지이며, 연령별로 나누어 생활한다. 다섯 살에서 일곱 살까지, 여덟 살에서 열 살까지, 열한 살에서 열다섯 살까지 세 그룹으로 이루어져 있으며, 각 집단에는 보모 한 명이 있다. 서너 명이 한 방에서 생활하는데, 방을 검사 받는 일도 없이 간섭받지 않고 자유롭게 산다.

수업과 시험도 아이들이 선택하기 때문에 자기가 좋아하는 것을 찾아 흥미에 따라 마음대로 노는 아이들도 많다. 대학을 가려는 아이들은 시험을 준비하는데, 대략 3년 정도 시험공부를 한다. 그러므로 시간표는 아이들을 위한 것이 아니라, 교사들을 위한 것이다.

하지만 섬머힐에도 규칙은 있다. 주말마다 전체 회의가 열리는데, 전체 학생과 교장 이하 모든 교사가 모여 똑같은 의결권을 가지고 규칙을 의논한다. 결정된 사항을 어기면 그 정도에 따라 벌을 주기도 하는데, 벌을 주는 사람도 이 회의에서 정하며 당번처럼 돌아가면서 한다. 벌은 경고, 식사배급 때 맨 뒷줄에 서기, 30분 정도 허드렛일 하기, 수영이나 외출 금지 등이다. 교직원들과 아이들은 모두 똑같은 음식을 먹고 같은 공동체 규칙을 따른다.

대가족 같은 분위기에서 아이들은 1년 가운데 8개월을 함께 산다. 조금씩 양보하고 참으면서 남을 배려하고, 자기 행동을 조절하면서 참된 자유를 누린다. 스스로 선택하는 자유 속에서 하고 싶은 공부에 모든 힘을 집중적으로 쏟을 수 있기 때문에 좋은 성적이 나온다. 졸업생들은 단순한 직업보다는 창의성을 필요로 하는 직업에 많이 종사한다.

생각 열기

섬머힐은 대안학교 모델이 되고 있습니다. 우리 나라 공교육이 갖고 있는 가장 큰 문제점은 무엇일까요? 자기 생각을 쓰세요.

논술 한 단계

학습 목표 논술 개념 익히기 6
학습 내용 이유와 근거 찾기

이유와 근거 찾기

– 이유는 감성적이거나 철학적인 까닭을 제시한 것입니다.
– 근거는 통계나 자료 등 객관적인 까닭을 찾아내는 것입니다.

트로이 전쟁

트로이 목마

바다 여신인 테티스와 인간인 페레우스가 올리는 결혼식에 '불화의 여신 에리스'는 초대받지 못했다. 에리스는 분해서 헤라와 아테나와 아프로디테가 있는 곳에 '가장 아름다운 여신께'라고 적힌 황금사과를 놓고 결혼식장을 떠났다.

세 여신은 서로 아름답다며 다투다가 트로이 왕자 파리스에게 심판을 내려 달라고 했다. 파리스는 '세상에서 가장 아름다운 여인을 아내로 맞게 해 주겠다'는 약속을 한 아프로디테에게 사과를 주었다. 아프로디테는 약속을 지키기 위해 파리스에게 스파르타 왕비인 헬레네에게서 사랑을 얻게 해 주었다. 헬레나와 파리스는 트로이로 도망갔다. 아내를 빼앗긴 스파르타 왕 메넬라오스는 형인 미케네 왕 아가멤논과 함께 트로이 원정길에 나섰다. 그리스군에는 아킬레우스와 오디세우스, 트로이군에는 파리스 형인 헥토르와 아이네이스 등 많은 영웅들과 신들이 두 편으로 나뉘어 10년 동안이나 싸웠다.

이 전쟁은 오디세우스가 세운 계책인 '트로이 목마'로 그리스군이 승리했다. 성벽을 뚫을 수 없었던 그리스군은 거대한 목마를 남기고 철수했는데, 트로이군은 목마를 성 안으로 들여놓고 승리를 축하하며 기뻐했다. 새벽이 되어 목마 안에 숨어 있던 그리스군이 빠져나와 성문을 열어 주었다. 트로이 제일 용장 헥토르가 아킬레우스에 의해 죽었고, 아킬레우스는 파리스가 쏜 독화살에 발뒤꿈치를 맞아 죽었다. 하지만 치열한 전투 결과, 트로이성은 함락되었다. 신화로만 전해지던 트로이 전쟁은 1870년 독일 사람 하인리히 슐리만이 트로이 유적지를 발굴하여 역사적인 사실로 인정받게 되었다.

1. 이유 찾기

(1) 불화의 여신 에리스가 화가 났다. ➜ 테티스와 페레우스 결혼식에 초대받지 못해서

(2) 파리스가 아프로디테에게 사과를 주었다. ➜ 아프로디테가 세상에서 가장 아름다운 여인을 아내로 맞게 해준다고 해서

(3) 그리스군이 목마를 남기고 철수했다. ➜ 성벽을 뚫을 수 없어서 트로이군을 속이려고

2. 근거 찾기

(1) 트로이 전쟁이 오래 계속되었다. ➜ 10년 동안이나 싸움.

(2) 트로이가 전쟁에 패했다. ➜ 트로이성이 함락됨.

(3) 트로이 전쟁이 역사적 사실이다. ➜ 1870년 하인리히 슐리만이 유적지를 발굴했다.

다음 글을 읽고 이유와 근거를 찾아 써 보세요.

김치는 우리 밥상에서 빠지지 않는 전통음식이다. 삼국시대부터 절인 무를 먹기 시작했는데, 이것을 '침채'라고 했고, '딤채'라고 부르다가 '김치'라고 부른다. 배추가 주원료로 쓰이기 시작한 것은 조선 시대 중기부터였고, 김치 종류만도 200여 가지나 된다. 김치는 각종 무기질과 비타민을 공급한다. 김치에 있는 유산균은 장 안에 있는 나쁜 세균이 번식하는 것을 막아 장을 깨끗이 하며, 식욕을 돋우기도 한다. 주재료로 쓰이는 채소는 대장암 예방효과가 있고, 마늘은 암을 막는 효과가 있다.

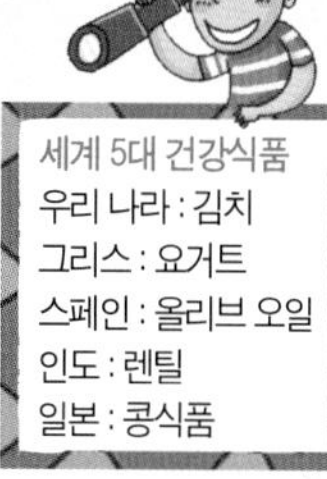

세계 5대 건강식품
우리 나라 : 김치
그리스 : 요거트
스페인 : 올리브 오일
인도 : 렌틸
일본 : 콩식품

2008년 1월 미국 건강잡지인 '헬스'는 김치를 세계 5대 건강식품으로 선정했다. 뉴욕타임스도 '절임음식의 왕'이라고 평가했다. 김치가 가장 좋은 발효식품으로 인정받은 것이다. 김치 국물 1㎖당 유산균은 요구르트보다 4배나 많은 1억 마리 생긴다. 이렇게 우수한 김치는 매운 맛 때문에 세계로 퍼져나가지 못했는데, 최근 조류인플루엔자(AI) 때문에 주목받기 시작했다. 동아시아에서 감염자가 수만 명이나 발생했지만, 김치를 즐겨 먹는 한국에서는 감염자가 없었기 때문이다. 실제로 한국식품연구원 김영진 박사팀은 '김치 발효 과정에서 만들어지는 어떤 물질이 감염을 막는 것으로 추정된다.'고 밝혔다.

그런데 요즘은 김치를 먹지 않는 사람들이 늘고 있다. 1인당 김치 소비량이 2003년 27.4kg에서 2006년 24.9kg으로 줄었다. 김치는 오히려 일본에서 미용과 다이어트 식품으로 인기를 끌고 있다. 김치에 들어 있는 매운 맛이 몸속에 있는 노폐물을 땀으로 내보내 피부도 깨끗해지고 몸도 날씬해진다는 것이다. 우리 나라에서 수출하는 김치 가운데 90% 이상이 일본으로 간다는 점이 이 사실을 뒷받침해 준다.

정부에서는 한국 식품개발 연구원 안에 김치연구사업단을 따로 만들어 수출 전략 품목으로서 본격적인 연구를 시작했다. 빨갛지만 매운 맛이 덜한 고추 품종을 개량하고, 맛을 유지하기 위한 숙성과 저장 방법 등 원료에서부터 포장과 유통에 이르기까지 김치에 대한 모든 것을 연구하고, 생산 기계화와 자동화 연구도 함께 진행되고 있다.

1. 이유 찾기

(1) 김치가 몸에 좋다. ➔

(2) 김치가 조류인플루엔자 때문에 주목받기 시작했다. ➔

(3) 김치가 미용과 다이어트 식품으로 인기를 끌고 있다. ➔

2. 근거 찾기

(1) 건강식품으로 인정받았다. ➔

(2) 김치 소비량이 줄었다. ➔

(3) 정부에서도 김치에 대해 본격적인 연구를 시작했다. ➔

흑해
카스피해
사르데스
니네베(아시리아의 수도)
지중해
수사(페르시아의 수도)
바빌론
카이로
예루살렘
이집트
페르시아만
페르세폴리스
마케도니아
마르마라해
올림푸스산
트로이
에게해
테르모필레 전투
살라미스 해전
마라톤 전투
에페소
올림피아
아테네
밀레투스
스파르타
이오니아해

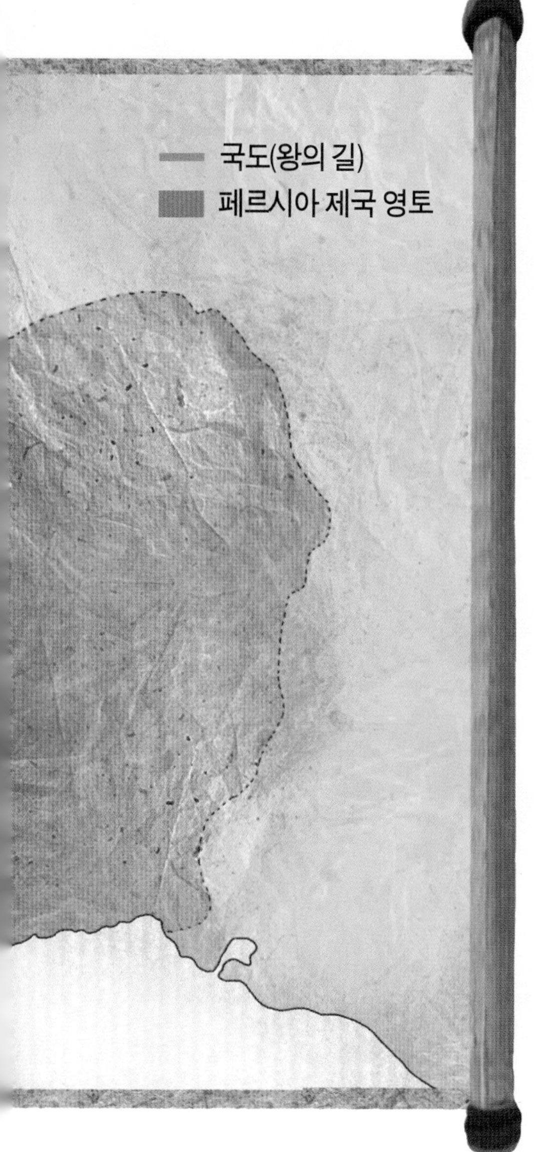

07

페르시아 제국과 아테네 멸망

역사 연대기

기원전 558년 | 키루스가 페르시아 왕이 되어 대제국 건설이 시작됨.
기원전 509년 | 로마에 공화정 시대가 시작됨.
기원전 490년 | 그리스와 페르시아 사이에 전쟁이 시작됨.
기원전 403년 | 중국에 전국 시대가 시작됨.
기원전 331년 | 그리스 알렉산드로스 왕에 의해 페르시아가 멸망함.

학습 목표

1. 페르시아가 세계 대제국으로 성장해 가는 과정을 알 수 있다.
2. 페르시아 전쟁 과정과 결과에 대해 알 수 있다.
3. 아테네 멸망에 대해 알 수 있다.
4. 페르시아의 패배에 대해 생각해 볼 수 있다.
5. 논술문에서 주제문 찾기를 배워 논술 개념을 익힐 수 있다.

심화 학습

도서 읽기
- 세계 역사를 뒤흔든 20가지 전쟁 1
  (이광희 지음, 조장호 그림/웅진씽크하우스)
- 세계역사 첫발
  (정명숙 지음, 유인주 그림/문공사)

탐구 1 세계 최초 대제국 페르시아

'페르시아' 는 이란 남서부 지방을 가리키는 옛 이름인 파르스에서 비롯되었다. 기원전 559년에 생겨나 기원전 333년 마케도니아 왕 알렉산더에게 멸망하기까지 세계 최초로 대제국을 세웠던 나라였다.

페르시아 첫 번째 왕은 아케메네스왕조 키루스이다. 구약 성서에 '고레스' 라는 이름으로 나오기도 하며 유대인들에게는 메시아로 여겨지고 있다. 그는 메디아와 신바빌로니아 제국을 정복하고 메소포타미아마저도 손에 넣은 뒤, 시리아와 페니키아, 팔레스타인까지 차지하여 대제국을 세우는 기틀을 마련했다. 그는 정복을 계속해 나가 소아시아에 있는 그리스계 도시들과 인더스 강 언저리까지 땅을 넓혀 크고 강력한 대제국을 세웠다.

키루스는 예전에 아시리아나 바빌로니아가 잔인하게 식민지를 통치하던 것과는 다르게 '관용정책' 으로 다스렸다. 강제 노역을 없애고, 지배당하는 민족들이 가진 정치체제 · 종교 · 관습을 존중하면서 문화를 인정해 주었다. '바빌론 유수' 로 비참한 노예 생활을 하고 있던 헤브라이 인들도 모두 고향으로 돌려보내 주었다.

키루스를 이어 캄비세스 2세가 왕위에 올라 이집트 원정에 성공하였으나, 고국에서 일어난 반란 소식을 듣고 페르시아로 돌아오다 병에 걸려 죽고 말았다. 이에 제국은 큰 혼란에 휩싸이는데 다리우스 1세(기원전 550~486년)가 혼란을 수습하고 왕위에 올랐다. 그는 거대한 제국을 효과적으로 통치하기 위해 전국을 이십 개 행정구역으로 나눈 뒤 총독을 파견해 다스리게 했으며, 본국과 식민지 구석구석을 연결하기 위한 길을 닦았다. 그 가운데 가장 빠른 길인 '왕의 길' 은 3천 킬로미터나 되는 거리임에도 단 2주일 만에 오갈 수 있었다. 또한 우편제도를 만들어 왕이 내리는 명령과 각 지역 소식이 잘 전달되도록 했으며, 화폐를 발행하여 물자유통을 원활하게 했다.

이렇게 하여 그는 중앙 집권체제를 완전히 갖추었다. 또한 수도 페르세폴리스를 건설하고, 나일강과 홍해를 연결하는 수로를 만들기도 했다. 그리고 계속해서 정복사업을 벌여 에게해 북쪽에 있는 트라키아 지방을 점령했으며, 그리스 원정에도 나서 그 북부 지역을 정복하였다. 이로써 페르시아는 오리엔트 전 지역과 인도, 트라키아와 마케도니아까지 포함하는 대 제국을 건설하였다.

탐구하기 다리우스 왕이 펼친 제국 통치법에는 어떤 것이 있나요?

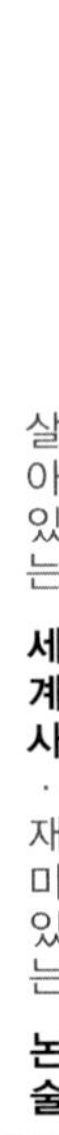

탐구 2 페르시아 전쟁

페르시아 전쟁은 고대 그리스 도시국가 연합군과 페르시아 제국 사이에 일어난 전쟁이다. 기원전 490년, 페르시아 왕 다리우스 1세와 기원전 480년부터 479년까지 크세르크세스 1세가 두 차례에 걸쳐 그리스 본토를 침략한 것을 말한다. 전쟁은 지중해 동쪽에 있는 이오니아 지방에서 일어난 반란이 원인이었다. 페르시아는 이 반란을 가라앉히고, 이 기회에 에게해 동쪽 섬들까지 세력을 넓히는 한편, 그리스 원정에 나서 트라키아와 마케도니아를 차지했다.

기원전 490년에는 이오니아 반란을 지원한 아테네 공략에 나섰다. 엄청난 페르시아군 침략에 아테네는 스파르타에 지원군을 파견해 달라고 했으나, 스파르타는 보름달이 뜰 때는 전쟁에 나가는 것을 금지한다는 전통을 이유로 지원군을 보내지 않았다. 아테네는 혼자 힘으로 방어에 나섰다. 수적으로 크게 앞선 페르시아군은 바다와 육지 양쪽에서 아테네로 쳐들어왔다.

두 세력은 마라톤 평야에서 맞붙었다. 페르시아군은 가운데에 뛰어난 군사를 배치했지만, 아테네군은 길게 보병을 배치하고, 좌우 양 날개에 최고로 뛰어난 군사를 배치했다. 전투가 시작되자 아테네군 좌우 부대가 페르시아군을 에워싸고 동시에 공격하여 결국 아테네가 승리하였다.

마라톤 전투 이후 페르시아에서는 다리우스 1세가 죽고, 그 아들 크세르크세스 1세가 왕위에 올랐다. 그는 약 4년에 걸친 준비 끝에 기원전 480년 직접 그리스 원정에 나섰다. 페르시아군은 트라키아와 마케도니아를 지나 남쪽으로 향했고, 해군도 해안선을 따라 육군과 보조를 맞추어 남쪽으로 내려갔다. 그리스는 아테네와 스파르타를 중심으로 연합군을 만들고 각각 해군과 육군을 지휘했다. 그리스 연합군은 넓은 테살리아 평원에서는 전투가 불리하다고 판단하고 좁고 험한 산악지역인 테르모필라이에서 싸우기로 했다. 그리스 육군은 격렬하게 저항했지만, 배신한 그리스 인이 협곡을 돌아갈 수 있는 샛길을 페르시아군에게 알려 주어 결국 뒤쪽에서 공격을 받은 그리스 연합군은 패배했다. 스파르타 왕 레오니다스와 300명 전사들은 그 곳에서 함께 싸우다 모두 죽고 말았다.

한편 좁은 살라미스 해협으로 페르시아 함선을 유인한 그리스 해군은 배 옆구리를 들이받는 작전으로 쳐부수었다. 덩치가 큰 페르시아 배들은 한꺼번에 움직이려다 오히려 자기들끼리 부딪혀 침몰했다. 이듬해에 그리스 연합군은 테베 근처 플라타이아 평원에서 남아 있던 페르시아군과 전투를 벌여서 이겼고, 바다에서도 페르시아 해군을 물리침으로써 완전히 승리했다.

탐구하기 그리스와 페르시아 사이에 일어난 전투에서 페르시아가 승리한 곳은 어디인가요?

탐구 3 아테네 멸망

아테네는 페르시아와 전쟁에서 이긴 뒤에 민주정치가 더욱 발전하고, 경제적으로 번영을 이루게 되었다. 또 문화도 발전하여, 여러 나라로부터 학자와 예술가들이 모여들어 그리스 학문과 예술 중심지가 되었다. 신전도 많이 지어졌으며, 조각 · 회화 같은 미술도 발전하였다.

아테네는 그리스 여러 폴리스를 설득하여 '델로스 동맹'을 맺었다. 그리고 델로스 동맹 도시들 사이에서 정치 · 경제 · 군사적으로 강력한 힘을 휘둘렀다. 그러자 아테네가 부리는 횡포에 반발하여 여러 도시국가와 스파르타가 힘을 합쳐서 전쟁을 일으켰다. 이것이 '펠로폰네소스 전쟁'이다. 27년 동안이나 전쟁을 한 끝에 스파르타가 승리하였다. 델로스 동맹은 해산되고 배는 몰수되었으며, 아테네는 그리스를 지배하는 자리에서 물러났다.

하지만 스파르타도 강압적인 지배를 하자, 이에 불만을 품은 테베 · 코린토스 등 폴리스들이 아테네를 앞세워 또 다시 '코린토스 전쟁'을 일으켰다. 이 전쟁에서는 스파르타가 패배하였으며, 아테네는 에게해 여러 폴리스와 제2회 해상 동맹을 맺었다. 아테네는 '델로스 동맹'에서 실패한 경험을 살려 여러 정책을 시도했으나, 역시 동맹 도시들에게 불만을 사서 '동맹시 전쟁'을 겪어야 했다. 이 무렵 북방에 마케도니아가 강력하게 등장하였다. 필요한 곡물의 반 이상을 흑해 연안에서 들여오던 아테네로서는 커다란 위협이었다. 마케도니아에 반대하는 파는 민회를 움직여 마케도니아 왕 필리포스에게 선전포고를 하였지만, 아테네 · 테베 등 그리스 연합군은 마케도니아에게 패배하였다. 아테네는 전쟁에 진 뒤에도 자치와 독립이 허락되긴 하였으나, 완전한 독립국가로서의 아테네 역사는 끝이 났다.

탐구하기 **아테네가 멸망하게 된 결정적인 전쟁은 무엇인가요?**

그 무렵 우리 나라에서는 위만이 고조선 왕이 되다

기원전 221년, 진나라가 중국 대륙을 통일하자, 연나라와 제나라, 조나라 백성들이 고조선으로 망명을 오기 시작하였다. 이 무렵, 연나라에서 무리 1천여 명을 이끌고, 머리에 상투를 틀고, 조선인 옷을 입은 위만이라는 사람이 고조선을 찾았다. 위만이 서쪽 변방에서 국경을 지키며 살겠다고 해서 허락했으나, 중국에서 넘어오는 사람들 및 토착민들과 힘을 합쳐서 왕위를 넘보게 되었다. 준왕에게 한나라가 열 길로 나누어 쳐들어온다고 거짓으로 말하고 수도인 왕검성으로 들어오도록 허락해 줄 것을 요청하였다. 준왕이 허락하자, 왕을 내쫓고 자신이 왕위에 올랐다. 이때가 기원전 198년이다.

해석 마라톤 전투, 작은 국가가 승리한 전쟁

지중해 지역을 호령하던 페르시아에겐 이오니아 반란을 지원한 아테네가 위협적인 존재였다. 페르시아 왕 다리우스 1세는 그리스 전체를 정복하기로 하고, 기원전 490년에 그리스 마라톤 해안에 상륙했다. 마라톤 해안은 페르시아군 목적지인 아테네에서 가깝고 긴 해안선과 넓은 평원이 있어서 배에서 짐을 내리고 막사를 설치하기에 좋았다. 또 평원 한쪽엔 커다란 호수가 있어 군사와 말이 식수로 사용할 수 있었다. 아테네도 성 밖에서 적을 무찌르는 것이 유리하다고 판단해 중무장 보병을 거느리고 마라톤 평원으로 달려갔다.

양군은 약 일주일 동안 아무런 싸움 없이 마라톤 평원에서 맞섰다. 언덕에 자리 잡은 아테네군은 높은 곳에 자리를 잡은 채 지원해 줄 스파르타군이 올 때까지 시간을 벌려고 하였다. 페르시아군은 많은 병력을 관리하기 편한 해안가에 자리를 잡고 있었다. 전투가 벌어지지 않자, 페르시아군은 아테네군이 마라톤 평원에 나와 있어서 무방비 상태인 아테네를 침공하기로 하고, 보병 일만여 명만을 남겨둔 채 나머지 군사들을 배에 태우고 아테네로 향했다. 이를 알아차린 아테네군은 빨리 승리를 거두고 돌아가야 한다고 판단하고 먼저 공격을 시작했다.

군사 수가 적은 아테네군은 군대 폭이 좁아지더라도 길이가 페르시아군과 비슷해 보이도록 병사들을 길게 늘어세웠다. 그리고 중앙이 아니라 좌우에 가장 뛰어난 군사를 배치하였다. 원래 아테네군은 사각형으로 군대를 늘여 세우는 방법을 많이 썼다. 하지만 그런 군사 배치는 길게 늘어선 페르시아군에게 포위될 가능성이 높았다. 그래서 병사들을 길게 늘어서도록 배치한 것이다.

처음에 아테네군은 가운데가 밀리면서 지는 듯했다. 하지만 시간이 지나자 페르시아 병사들은 양 끝에서 포위하고 들어오는 아테네군을 당해내지 못하고 우왕좌왕하기 시작했다. 더군다나 아테네군은 머리에서 다리까지 갑옷을 입고 긴 창과 방패로 무장하였지만, 페르시아군은 갑옷도 입지 않고 짧은 창과 가벼운 칼로 무장하여 아테네군에게 밀릴 수밖에 없었다. 마라톤 전투에서 승리한 아테네군은 쉴 틈도 없이 아테네로 달려갔다. 아테네를 침략하는 페르시아군을 막아야 했기 때문이다. 35킬로미터를 쉼 없이 달려가 페르시아군보다 먼저 도착한 아테네군은 해안에 진을 치고 페르시아군을 기다렸다. 이를 본 페르시아군은 상륙을 시도하지도 않고 돌아가 버렸다.

해석하기 아테네군이 승리한 까닭은 무엇인가요?

역사토론

거대 제국이었던 페르시아가 작은 나라인 그리스에 질 수밖에 없었던 까닭은 무엇일까?

토론 내용 페르시아는 오리엔트 지역과 그리스 북부 마케도니아까지 아우르고 강력한 군대와 부를 축적한 세계 대제국이었다. 그런데도 전쟁에서는 작은 국가인 그리스에 패하고 말았다. 그 까닭은 무엇일까?

토론 1 전략과 전술이 부족했기 때문이다.

페르시아군은 군사 수만 믿고 전략을 제대로 짜지 않았다. 마라톤 전투에서도 아테네군이 펼치는 전술을 잘 알지 못했고, 또 아테네를 침공하려고 군사를 두 군데로 나눈 것도 큰 실수였다. 게다가 방패를 서로 겹쳐 벽을 만들고 모든 군사가 하나로 뭉쳐 밀어 붙이는 팔랑크스 전법에도 제대로 대처하지 못했다. 살라미스 해전에서도 지형 특성을 제대로 파악하지 않고 좁은 해역에 무작정 들어가 그리스 연합군에게 지고 말았다.

토론 2 무기에서 차이가 났다.

페르시아군은 일반 식민지 시민이 칙령에 따라 그때그때 소집되는 방식이라 장비가 좋지 않았다. 또 먼 길을 이동해 가야 했기 때문에 무거운 갑옷과 무기를 들 수 없었다. 그러다보니 두꺼운 갑옷을 입고 긴 창과 방패로 무장한 그리스군을 당해내지 못했다.

토론 3 자발적 군인과 식민지 군인은 마음가짐부터 달랐다.

페르시아군은 식민지 시민이 명령에 따라 그때그때 모집된 군인이었지만, 그리스군은 자발적으로 지원해서 스스로 중장비까지 갖추고 가족을 지키기 위해 싸움에 나선 군인이었다. 명령에 따라 싸움에 나선 페르시아 군인은 싸움에 대한 의지도 부족하고, 조금만 어려운 상황이 와도 쉽게 당황하고 패배의식에 사로잡혀 그리스군에게 밀릴 수밖에 없었다.

토론하기

페르시아가 그리스에 비해 몇 배나 많은 군사를 거느리고도 패한 까닭은 무엇일까요? 자기 생각을 밝히고, 그 까닭을 쓰세요.

다음 글을 읽고, 물음에 대한 생각을 써 보세요.

➔ 고대 페르시아 왕들은 식민지를 통치하면서 다양한 정치적, 문화적, 종교적 자유를 허락하였습니다. 자신들 종교나 언어를 강요하지 않고, 관용과 유화정책으로 자율성을 최대한 보장해 주었습니다. 그 결과 여러 문화가 다양하게 어우러져 찬란한 페르시아 문화를 꽃피울 수 있었습니다. 다른 문화권에 대한 차이를 이해하고 존중하는 일에 대해 생각해 봅시다.

문화에도 옳고 그름이 있는가

아마존 유역에 있는 자파테크(Japatek) **족**은 예로부터 나체로 살았다. 그런데 이곳에 선교를 하러 온 유럽 가톨릭 신부들이 이들에게 강제로 옷을 입게 했다. 옷을 벗고 있는 것은 굉장히 부끄러운 일이라고 생각하였기 때문이었다.

하지만 이곳은 기온이 높고, 습기가 많은 지역이어서 갑자기 옷을 입은 원주민들은 대부분 피부병에 걸리고 말았다. 또한 그들이 나체로 있었을 때에는 몸에 여러 가지 장식을 하여 신분을 표시하였으나, 옷을 입게 되자 신분체계가 붕괴되었다. 신분체계가 붕괴하자 가치관에 혼란이 오고, 사회 질서가 문란해졌다.

바미얀 석불은 아프가니스탄 중부 힌두쿠시 산맥에 있는 세계최대 마애석불이다. 원래 있는 바위를 깎아 고운 석회로 마무리한 사암 마애석불로, 불교 성지이자 동서 문화가 교차하는 실크로드에서 중요한 곳이었다.

그러나 2001년, 극단적 이슬람 원리주의를 신앙하는 탈레반들은 '우상숭배'라며 공개적으로 바미얀 석불을 파괴할 것을 공언하고, 국제사회가 간절하게 요청했는데도 소중한 인류 문화유산인 바미얀 석불을 완전히 산산조각 내버렸다.

탈레반의 석불 파괴 모습

생각 열기

자기 생각에 맞게 상대 문화를 고치려 하거나 없애는 일에 대해 생각해 보고, 자기 생각을 써 보세요.

논술 한 단계

주제문 찾기

– 주제문은 글을 통해 글쓴이가 나타내고자 하는 생각이 담긴 문장입니다.

마라톤 경기 유래에 관한 진실

마라톤 경기는 '마라톤 전투'에서 아테네가 이겼다는 소식을 알리기 위해 30여 km를 쉬지 않고 달렸던 페이디피데스를 기리는 뜻에서 시작된 것으로 알려져 있다. 그러나 역사가 헤로도토스에 따르면,

"기원전 490년 아테네는 페르시아군이 마라톤에 상륙한다는 소식을 듣고, 스파르타에 도움을 청하기 위해 전령 페이디피데스를 보냈다. 페이디피데스는 약 200km를 쉬지 않고 달려, 이틀 만에 스파르타에 도착하였다. 스파르타는 위급한 상황을 듣고 지원군을 보내는데 동의했지만, 보름달이 뜰 때는 전쟁에 나가는 것을 금지한다는 전통 때문에 군대를 보내지 않았다. 아테네는 스파르타 도움 없이 페르시아군을 물리쳤다."라고 기록하고 있다.

여기서 헤로도토스는 페이디피데스가 '마라톤 전투'에서 이겼다는 소식을 아테네에 전했다는 사실을 말하지 않았다. 역사에 관한 많은 기록을 남긴 헤로도토스가 '페이디피데스가 승전소식을 알리고 죽었다는 사실'을 기록하지 않았다면 처음부터 그런 일은 없었던 것일 수도 있다.

역사가들은 그리스 사람들이 마라톤 전투에서 승리한 자부심으로 이런 극적인 이야기를 지어낸 것으로 보고 있다. 실제로 아테네에서는 '페이디피데스가 스파르타로 달려가던 중 팬(판)신이 나타나 아테네가 승리하도록 해 주겠다는 약속을 했고, 이를 기리기 위해 아테네에서는 횃불을 들고 달리는 행사를 해마다 열었다'고 한다. 이러한 행사가 '아테네 병사들이 마라톤 전투에서 승리를 거두자, 이를 알리기 위해 아테네까지 쉬지 않고 달려온 것을 기리기 위해 그 거리만큼 달리기를 했다'는 이야기로 바뀌었을 것이라고 짐작한다.

그러므로 우리가 알고 있는 마라톤이 생기게 된 유래는 후대에 지어냈거나 다른 이야기가 변형된 것일 수도 있다.

주제문

우리가 알고 있는 마라톤이 생기게 된 유래는 후대에 지어냈거나 다른 이야기가 변형된 것일 수도 있다.

다음 글을 읽고, 주제문을 찾아 써 보세요.

주제문 찾기 1

날이 갈수록 애완견을 기르는 사람들이 늘어나고 있다. 동물을 사랑하고 아끼는 것은 좋은 일이다. 하지만 아파트나 공동주택에서는 주위 사람들에게 피해를 줄 수 있기 때문에 아주 조심해야 한다. 애완견을 싫어하는 사람들도 있고, 개가 짖는 소리는 소음공해일 수 있기 때문이다.

외출할 때는 목줄을 채우고 다녀야 하며, 장갑과 비닐을 휴대하여 배설물을 깨끗이 치워야 한다.

또 귀엽다고 열심히 돌보다가 애완견이 병들고 싫증나면 남몰래 버리는 사람들도 있다. 애완견을 키우는 사람들은 주인의식과 책임감을 가지고 주위에 피해를 주지 않도록 조심해서 키워야 한다.

주제문

주제문 찾기 2

현재 우리 나라는 저출산 고령화로 인해, 일할 수 있는 젊은 인구는 줄어들고 노인 인구만 늘어나고 있어서 사회적으로 문제가 되고 있다. 이는 소득이 불안정해지고 생활비가 많이 들어 결혼과 출산을 망설이는가 하면, 가치관이 많이 바뀌어서 결혼이나 출산을 꼭 안 해도 된다는 생각이 퍼지고 있기 때문이다. 또한 맞벌이 부부가 늘면서 가정과 일 모두를 잘 하기 어려워 출산을 기피하기도 한다.

주제문

주제문 찾기 3

과자에는 몸에 안 좋은 각종 합성 물질이 들어 있다. 표백제, 방부제, 색소, 향료, 조미염, 트랜스 지방 등 이루 셀 수 없이 많은 유해 물질이 들어 있다. 이러한 물질들은 우리 몸속에 들어와 면역기능 저하, 알레르기, 비만, 당뇨병, 심장병, 뇌세포 어지럽힘 등 많은 질병들을 일으킨다.

그러므로 되도록 과자를 멀리해야 하며 특히 어린이들은 주의해야 한다.

주제문

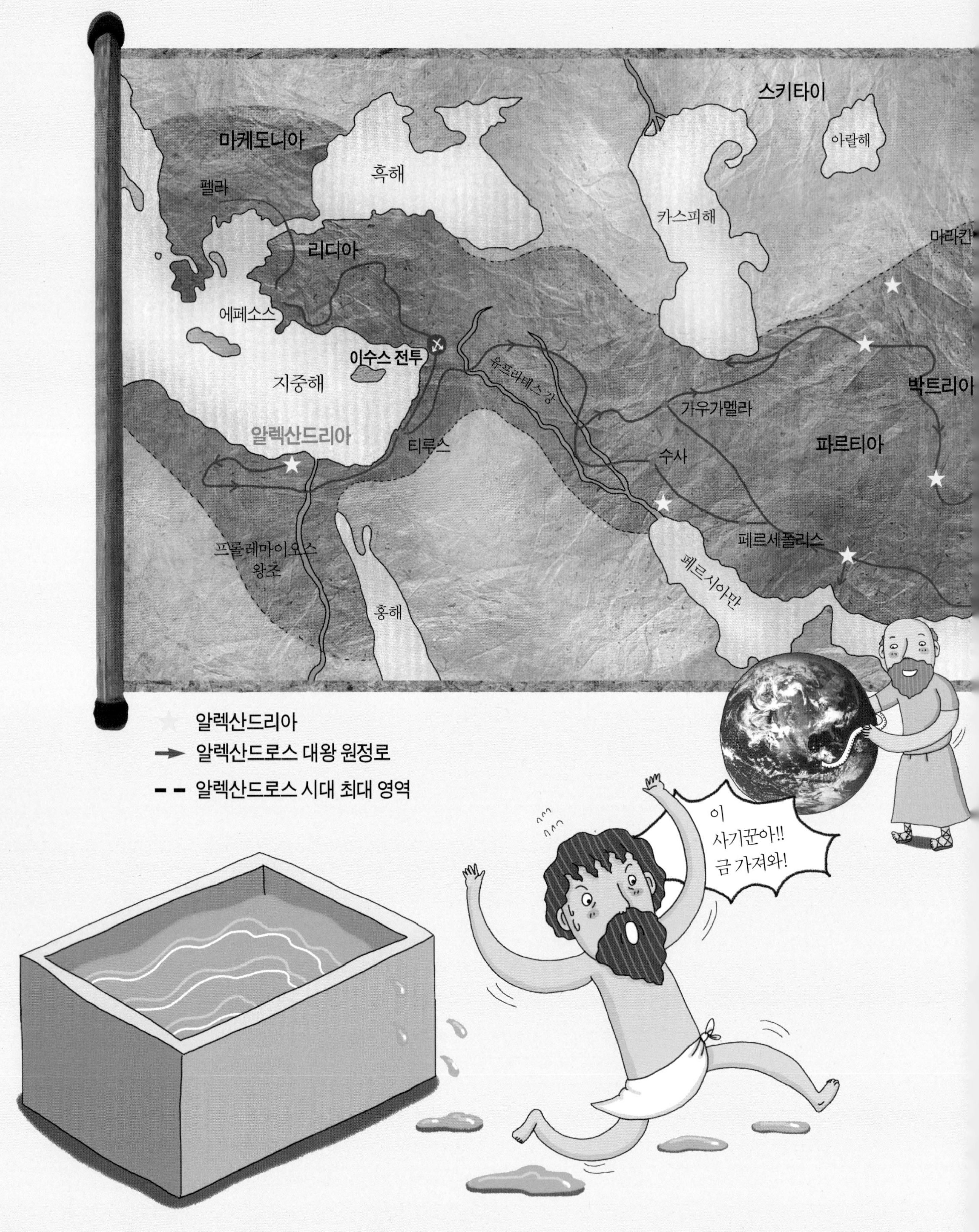

스키타이
마케도니아
흑해
아랄해
펠라
카스피해
리디아
마라칸
에페소스
이수스 전투
유프라테스 강
지중해
박트리아
가우가멜라
알렉산드리아
티루스
파르티아
수사
프톨레마이오스 왕조
페르세폴리스
페르시아만
홍해
알렉산드리아
알렉산드로스 대왕 원정로
알렉산드로스 시대 최대 영역
이 사기꾼아!! 금 가져와!

08

알렉산드로스와 헬레니즘

역사 연대기

기원전 336년 | 알렉산드로스가 마케도니아 왕이 됨.
기원전 319년 | 인도 마우리아 왕조가 건국됨.
기원전 300년 무렵 | 우리 나라에 철기 문화가 들어옴.

학습 목표

1. 알렉산드로스가 대제국을 건설하는 과정을 알 수 있다.
2. 헬레니즘 문화에 대해서 알 수 있다.
3. 그리스 조각과 석굴암 석불이 서로 닮은 까닭을 알 수 있다.
4. 알렉산드로스에 대해 평가해 볼 수 있다.
5. 그리스와 마케도니아 사이에 분쟁이 일어나는 까닭을 알 수 있다.
6. 문제를 제기하는 방법(1)을 배워 논술 개념을 익힐 수 있다.

심화 학습

도서 읽기 • 알렉산드로스 대왕
(피터 크리스프 지음/문학동네어린이)
• 정복왕 알렉산드로스
(페니 웜스 지음/꼬마이실)

탐구 1 새로운 지도자 탄생, 알렉산드로스

그리스 북부에 있던 마케도니아는 필립포스 2세가 왕이 되면서 세력을 크게 키웠다. 그는 아테네와 스파르타가 서로 싸우는 동안 오랜 전쟁으로 지친 그리스 도시국가들을 정복해 버렸다. 그런 다음 그리스 도시국가들과 동맹을 맺고 페르시아 제국까지 점령하려고 했지만, 암살당하고 말았다.

뒤를 이어 아들인 알렉산드로스가 스무살에 새로운 왕이 되었다. 알렉산드로스가 왕위에 오르자, 그동안 불만이 쌓여 있던 그리스 도시국가들이 반란을 일으켰다. '테베'에서 가장 먼저 일어났고, 아테네를 비롯한 다른 도시국가들도 뒤를 따르려고 하였다. 그는 즉시 테베에서 일어난 반란을 진압하고, 시민 6천 명을 무참히 처형시켰다. 또 살아 남은 자는 모두 노예로 팔아버리고 도시를 완전히 파괴해 버렸다. 이 소식이 전해지자, 다른 도시국가들은 겁에 질려 모두 항복하였다.

그리스를 평정한 알렉산드로스는 기원전 334년에 마케도니아와 그리스 연합군 4만여 명을 이끌고 페르시아 원정길에 올랐다. 그라니코스 강변에서 60만 페르시아군과 싸워 승리하고, 페르시아에게 지배당하고 있던 그리스 여러 도시를 해방시켰다. 이듬해에는 이수스 전투에서 페르시아 다리우스 3세와 싸워 크게 이겼다.

그리고 시리아, 페니키아를 정복한 다음 이집트로 쳐들어갔다. 오랫동안 페르시아 제국 지배를 받던 이집트는 알렉산드로스를 구원자로 여겨 환영하였다. 이집트에서는 나일 강 하구에 자기 이름을 따서 알렉산드리아라는 도시를 건설하고, 아몬 신전에서 신관으로부터 '신의 아들'이라는 칭호를 받았다. 다시 다리우스 군대와 싸우기 위해 이집트를 떠나 페르시아로 간 알렉산드로스 군대는 아테네를 불태운 것에 대한 보복으로 페르시아 수도 페르세폴리스를 불태워 버렸다. 도망가던 다리우스 3세는 부하에게 살해되어 마침내 페르시아 제국은 멸망하였다. 이때가 기원전 330년이었다.

아몬 신전 이집트에서 신들의 왕으로 숭배된 신 아몬을 모시고 있는 신전이다.

디오니소스 신전

아르테미스 신전

아테나 신전

아폴로 신전

제우스 신전

페르시아를 정복한 뒤 인도로 쳐들어간 알렉산드로스는 인도 서북부 지역을 다스리던 포루스 왕이 이끄는 코끼리 부대를 물리치고 승리를 거두었다. 알렉산드로스는 더욱 더 동쪽으로 가려고 했지만, 험난한 지형과 기후 때문에 지친 군인들은 더 이상 전쟁을 하지 않으려고 했다. 결국 알렉산드로스는 인도 원정을 포기하고 바빌론지역으로 돌아왔다.

이 원정으로 알렉산드로스는 이집트, 인도 서북부 일부까지 진출하여 동서양에 걸치는 대제국을 건설하였다. 하지만 그는 바빌론으로 돌아온 지 1년 만에 죽고 말았다. 갑작스런 죽음으로 아무런 유언을 남기지 않았기 때문에 후계자 문제를 둘러싸고 싸움이 벌어졌다. 이후 수십 년 간 후계자들이 서로 세력을 다투느라 제국은 혼란에 빠졌다. 결국 영토는 마케도니아, 시리아, 이집트 세 나라로 갈라졌고, 나중에 모두 로마에게 정복당했다.

알렉산드로스 대왕

라오콘 군상 | 두 마리 거대한 뱀이 트로이 신관인 라오콘과 그 두 아들을 감아 질식시키고 있는 모습은 인간고통을 사실적으로 표현하고 있다.

탐구하기 알렉산드로스가 죽은 후 제국은 어떻게 되었나요?

그 무렵 우리 나라에서는

한반도에 철기가 들어오다

기원전 5세기 무렵 우리 나라에 철기가 보급되기 시작했다. 처음에는 청동기와 함께 사용되다가 기원전 1세기 무렵부터 철기를 본격적으로 사용하였다. 철은 주로 생활 도구와 무기를 만드는 데 이용되었다.

고조선은 정치, 문화에서 중심 역할을 하면서 세력을 확장해 나가다, 기원전 4세기 무렵에는 요녕 지방을 중심으로 만주와 한반도 북부를 잇는 넓은 지역을 통치하는 국가로 발전하였다. 중국 전국시대 칠웅(七雄)가운데 하나인 연나라와 동등하게 맞섰으나, 기원전 3세기 후반이 되자 동쪽으로 밀려난 연나라 때문에 고조선도 동쪽으로 밀려났다. 그때 연나라 장군 진개(秦開)가 고조선 영역으로 쳐들어와 고조선 서쪽 2천리 땅을 빼앗았다.

탐구 2 헬레니즘 문화

알렉산드로스가 동방 원정을 시작하여 그가 죽은 뒤 분열된 세 왕국이 로마에 흡수되기까지 약 300년 동안을 '헬레니즘 시대' 라고 한다. 헬레니즘은 '그리스 문화와 같은 문화' 라는 뜻이다. 알렉산드로스가 동서양에 걸친 대제국을 건설하면서 퍼트린 그리스 문화가 오리엔트 문화와 만나면서 새로운 문화인 헬레니즘을 탄생시켰다. 그리스 철학자 아리스토텔레스에게 교육을 받은 알렉산드로스는 그리스 문화가 가장 훌륭하다고 생각하였기 때문에 그리스 문화를 알리는 데 노력하였다.

헬레니즘 문화 중심지는 알렉산드리아로, 알렉산드로스가 정복한 지역에 자기 이름을 따서 세운 도시였다. 많은 그리스인 학자, 예술가, 상인들을 이곳으로 보내 페르시아 여성과 결혼시켰는데 알렉산드로스 자신도 다리우스 3세 딸인 공주를 왕비로 삼았다. 또한 이곳을 중심으로 페르시아 도시를 정복하면서 얻은 수많은 금과 은을 화폐로 만들어 유통시켜 상공업과 무역을 발전시켰다. 지금도 이집트 알렉산드리아에는 70만 권이 넘는 책을 가지고 있는 도서관이 있어 여러 나라 학자들이 와서 공부를 한 덕분에 과학과 수학이 발전할 수 있었다. 유클리드가 기하학 체계를 세웠고, 아르키메데스는 물건이 물에 뜨는 부력 원리를 발견하였다.

헬레니즘 문화 특징은 세계시민주의와 개인주의를 들 수 있다. 폴리스 중심인 그리스 문화와는 달리 대제국이 건설되었기 때문에 국가나 민족은 별로 중요하지 않다고 생각했다. 이러한 생각은 공동체보다 개인 행복을 추구하는 철학을 발전시켰는데, 쾌락을 중시하는 에피쿠로스 학파와 금욕주의를 주장하는 스토아 학파가 대표적이었다.

미술에서도 그리스에서 중요시했던 조화와 균형보다는 인간 육체와 감정을 사실적으로 드러내는 관능적인 미를 추구하였다. 밀로가 만든 '비너스' 와 '라오콘 군상'이 대표 작품이다. 헬레니즘 미술은 인도 간다라 미술에 영향을 주었다. 간다라 미술은 중앙아시아를 거쳐 중국, 한국, 일본까지 전파되었다. 헬레니즘 문화는 나중에 로마 제국을 거쳐 유럽에 전해졌고, 유럽 문화 발달에 큰 영향을 끼쳤다.

탐구하기 헬레니즘 문화의 특징을 쓰세요.

분야		특 징
철학	에피쿠로스 학파	
	스토아 학파	
미술	대표적인 특징	
	대표작	
	영향	

해석 그리스 조각과 석굴암 석불이 닮은 까닭은?

"우리 인도 간다라 지역에 그리스 사람들이 이주해 오기 전에는 불상을 조각하지 않았어요. 부처님은 무한한 덕을 가지고 있고 성스러운 존재인데 조각으로 만들어 버리면 조각된 그 모습뿐인 줄 알잖아요? 그래서 우리는 부처님 얼굴이나 몸을 그리지 않고 보리수나무, 발자국, 비어 있는 보좌, 진리의 바퀴 같은 상징물로만 표현해 왔지요. 그런데 어느 날 그리스에서 온 조각가들을 만나보니 그 사람들은 자신들 신을 인간 모습을 한 조각상으로 만들더군요. 그래서 우리 간다라 지역에서도 그들처럼 부처님을 인간 모습으로 조각하기 시작했어요. 그들처럼 부처님 옷도 그리스 사람들이 입는 것으로 새겼고요."

간다라 지역은 파키스탄 북부에 있는 페샤와르 지방을 말하며, 이곳을 중심으로 한 서북 인도에서 5세기 무렵까지 발달한 미술을 간다라 미술이라고 한다. 헬레니즘 미술이 인도에 전해져 간다라 미술을 낳았는데, 그 영향이 중국과 한반도 및 일본에까지 미쳤다. 불상은 간다라에서 처음으로 만들어졌다. 간다라 미술 대부분이 불상조각이며, 그 불상모양은 그리스 조각양식을 닮았다. 그래서 얼굴이 눈언저리가 깊고 콧대가 우뚝한 것이 마치 서양 사람을 닮았다.

간다라 양식 영향은 우리 나라 석굴암 석불에서도 찾아볼 수 있다. 불상 옷자락 주름을 사실적으로 묘사한 부분이나 불상모습이 서양인처럼 머리카락이 물결모양인 것을 보면 알 수 있다.

석굴암 석불

간다라 불상

밀로의 비너스

해석하기 그리스 조각과 석굴암 석불 모습이 비슷한 까닭은 무엇일까요?

역사토론

알렉산드로스는 문화 전파자일까, 문화 파괴자일까?

토론 내용 세계적인 대제국을 건설한 영웅들인 칭기즈 칸, 나폴레옹, 카이사르 같은 정복자들은 항상 역사에 따라서 상반된 개념으로 평가되어 왔다. 마케도니아라는 작은 국가 왕으로 페르시아를 정복하고 헬레니즘 문화를 전파시킨 알렉산드로스 대왕에 대한 평가도 다양한 시각이 있다. 과연 그는 문화 전파자일까, 문화 파괴자일까?

토론 1 문화 전파자이다.

그리스 문화를 세계 각지에 전파하였고, 그 결과 그리스 문화와 오리엔트 문화를 혼합한 헬레니즘 문화를 탄생시켰다. 특히 인도에 전해진 간다라 미술은 인도뿐만 아니라 중국, 한반도에까지 영향을 끼쳤다.

토론 2 아니다. 문화 파괴자이다.

페르시아가 아테네를 불태운 데 대한 보복으로 페르시아 수도인 페르세폴리스를 불태워 버렸다. 따라서 페르시아를 대표하던 화려한 도시와 문화유산이 사라져 버렸다.

토론 3 아니다. 그래도 문화 전파자이다.

오리엔트 각지에 70개가 넘는 알렉산드리아 도시를 세우고 그리스 인들을 이주시켜 그리스 문화를 보급하는 문화 중심지로 삼았다. 또한 그리스 인과 페르시아 여성을 결혼시켜 자연스럽게 동양과 서양 문명을 교류하게 하고 융합시켰다. 이것은 그가 무분별한 문화 파괴자가 아니었다는 사실을 나타내 준다.

토론 4 아무리 그래도 문화 파괴자이다.

역사는 항상 승리자에게 유리하도록 기록되기 마련이다. 그리스와 페르시아는 원수 사이였고, 전쟁에 이긴 건 그리스였다. 결과적으로 역사는 승리자인 그리스 시각으로 기록되었다. 또한 19세기 제국주의자들이 알렉산드로스를 서양문화에 동양문화를 전달해 준 메신저로 평가하면서 자신들이 동양을 식민지로 만드는 것을 정당화하려는 목적으로 알렉산드로스 업적을 멋있게 꾸몄다.

토론하기

알렉산드로스 대왕은 문화 전파자일까요, 문화 파괴자일까요? 자기 생각을 밝히고, 그 까닭을 쓰세요.

다음 글을 읽고, 물음에 대한 답을 써 보세요.

➔ 그리스와 마케도니아공화국 간에 '마케도니아'라는 나라 이름을 사용하는 것 때문에 일어난 분쟁이 17년째 이어지고 있으며 갈등이 장기화되고 있습니다. 역사의 정통성을 어떻게 보는가에 따라 각각 입장이 달라지는 것에 대해 생각해 봅시다.

마케도니아와 마케도니아공화국

마케도니아라는 나라 이름이 나토(북대서양조약기구)에 가입하려는 마케도니아공화국을 막고 있다고 중앙일보가 보도하였다. 2008년 4월 2일 루마니아 부쿠레슈티에서 개막한 나토 정상회의는 그리스 반발로 마케도니아 가입 문제를 나중에 다시 논의할 것이라고 밝혔다. 나토 가입은 26개 기존 회원국 전체가 동의해야 하기 때문에 그리스가 반대하면 마케도니아는 나토에 가입할 수 없다.

옛 마케도니아 왕국 영토

그리스는 나토 정상회의 개막 전부터 마케도니아가 자기 나라 북부 지방 이름을 나라 이름으로 사용할 경우 나토 가입을 반대하겠다고 경고해 왔다. 마케도니아란 나라 이름이 문제가 된 까닭은 그 상징성 때문이다.

기원전 4세기 알렉산드로스 대왕이 부흥시킨 '마케도니아 왕국'은 현재 마케도니아와 그리스 북부, 불가리아 일부 등을 아우른 지역에 본거지를 두고 있었다. 그리스 국민은 알렉산드로스 대왕이 태어난 그리스 북부 마케도니아가 자랑스러운 역사적 유산이며, 알렉산드로스 대왕도 당연히 '그리스 왕'이라고 여긴다. 하지만 마케도니아 교과서는 '마케도니아 알렉산드로스'라고 명시하고 있다. 그리스 정부는 "마케도니아가 이 이름을 고집하는 것은 그리스 북부지역을 차지하려는 욕심이 있기 때문"이라며 강하게 반발하고 있다.

반면 1991년 옛 유고 연방에서 독립할 때부터 '마케도니아공화국'이란 이름을 써온 마케도니아는 "나라 이름은 국가 정체성 문제"라며 "수천 년간 살아온 이 땅의 이름을 절대 포기할 수 없다"는 입장이다. 93년 그리스 외교력에 밀려 '옛 유고마케도니아공화국'이란 이름으로 유엔에 가입했지만 더 이상 '옛 유고'라는 꼬리표는 필요 없다는 것이다.

생각 열기

마케도니아공화국이 사용하는 '마케도니아'라는 명칭은 옛 그리스 영토이자 지방 이름과 같을 뿐이고 알렉산드로스 시기에 있었던 고대 마케도니아와는 관계가 없습니다. 오늘날 마케도니아공화국에 사는 민족은 그리스 인들이 아닌 슬라브 민족으로 오랜 세월이 흐르는 동안 북쪽에서 이주하여 이곳에 자리 잡은 민족입니다. 그런데도 이 나라가 '마케도니아'라는 명칭을 고집하는 까닭은 무엇일지 자기 생각을 써 보세요.

1. 문제 제기 1

– 논술문에서 다루려고 하는 주제가 어떤 상황에 처해 있는지 밝히는 과정입니다.

그리스를 평정한 알렉산드로스

마케도니아 왕 필립포스 2세가 암살되자 알렉산드로스가 스무살에 새로운 왕이 되었다. 알렉산드로스가 왕위에 오르자 그동안 불만에 쌓여 있던 그리스 도시국가들이 반란을 일으켰다. '테베'에서 가장 먼저 일어났고, 아테네를 비롯한 다른 도시국가들도 뒤를 따르려고 하였다. 그는 즉시 테베에서 일어난 반란을 진압하고, 시민 육천 명을 무참히 처형시켰다. 또 살아남은 자는 모두 노예로 팔아버리고 도시를 완전히 파괴해 버렸다. 이 소식이 전해지자 다른 도시국가들은 겁에 질려 모두 항복하였다.

주제 알렉산드로스가 그리스를 평정하다.

상황 제시 (1) 알렉산드로스가 마케도니아 새로운 왕이 되었다.
(2) 그동안 불만에 쌓여 있던 그리스 도시국가들이 반란을 일으켰다.
(3) 가장 먼저 반란이 일어났던 '테베'를 완전히 파괴해 버리자 다른 도시국가들은 모두 항복하였다.

고르디우스 매듭

프리지아 사람들은 신으로부터 이륜마차를 타고 오는 첫 번째 사람이 나라를 구하고 왕이 될 것이라는 신탁을 받았다. 어느 날 농부였던 고르디우스가 이륜마차를 타고 나타나자 왕으로 추대되었다. 고르디우스는 왕이 된 기념으로 자신이 타고 온 마차를 제우스 신전에 묶어 놓고 이것을 푸는 자는 아시아 전체를 다스리는 왕이 될 것이라고 예언했다. 많은 사람들이 매듭을 풀어 보려 했지만, 밧줄 매듭이 매우 복잡하여 모두 실패하였다. 알렉산드로스가 페르시아 원정길에 이곳을 지나가다 그 매듭을 보았고 매듭에 얽힌 예언을 들었다. 그도 매듭을 풀 수가 없자, 칼을 뽑아 매듭을 잘라버렸다. 예언대로 그는 아시아 전체를 손에 넣게 되었다. 그러나 칼에 잘린 매듭이 여러 조각으로 나뉜 것처럼 그가 정복한 땅도 여러 지역으로 나뉘었다.

주제 알렉산드로스가 고르디우스 매듭을 해결하다.

상황 제시 (1) 고르디우스는 마차 매듭을 푸는 자는 아시아를 다스리는 왕이 될 거라고 예언했다.
(2) 많은 사람들이 매듭을 풀어 보려고 했지만 모두 실패하였다.
(3) 알렉산드로스는 칼로 매듭을 잘라버렸고, 예언대로 아시아 지배자가 되었다.

다음 주제에 맞는 상황을 제시하고, 글로 이어서 써 보세요.

주제 우리 반 회장

상황 제시 (1)

(2)

(3)

글로 이어서 쓰기

주제 우리 반 회장

브리타니아
런던
대서양
게르마니아
라인 강
파리
디뉴브 강
빈
갈리아
다키아
흑해
에스파냐
(히스파니아)
포에니 전쟁
로마
비잔티움
페르가몬
카르타고
악티온 해전
아테네
마우레타니아
누미디아
지중해
카레나이카
알렉산드리아
아라우시오
알프스산맥
피레네산맥
코로시카섬
지중해
로마
칸나이
사군둠
샤르데냐섬
크로토네
카르타고
시칠리아섬
노바
자마
AD14 아우구스투스 황제 시대 영역
포에니 전쟁 전 로마
트라야누스 황제 시대 영역
카르타고 한니발 경로
로마장군 스키피오 경로
포에니 전쟁

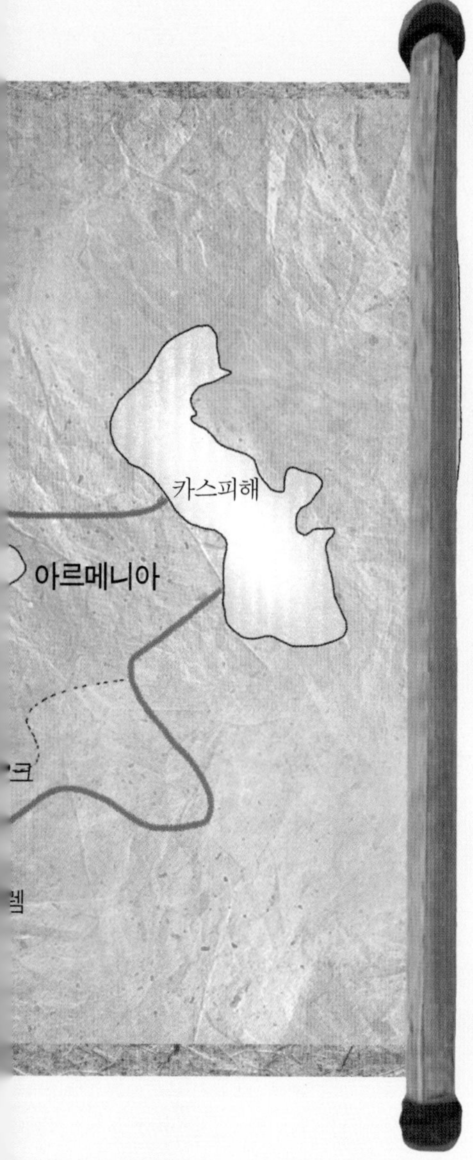

09 로마와 포에니 전쟁

역사 연대기

기원전 753년 | 로마가 건국됨.
기원전 6세기 말 | 로마 공화정이 실시됨.
기원전 264년 | 포에니 전쟁이 시작됨.
기원전 221년 | 중국 최초 통일왕조 진나라가 건국됨.
기원전 146년 | 포에니 전쟁이 끝남.
기원전 2세기 말 | 그라쿠스 형제가 토지개혁을 실시함.
기원전 108년 | 고조선이 멸망함.

학습 목표

1. 로마 공화정이 발전한 과정을 알 수 있다.
2. 포에니 전쟁이 로마에 끼친 영향을 알 수 있다.
3. 로마가 도시국가에서 세계제국으로 발전한 과정을 알 수 있다.
4. 로마 공화정이 몰락한 까닭을 알 수 있다.
5. 문제를 제기하는 방법(2)을 배워 논술 개념을 익힐 수 있다.

심화 학습

도서 읽기 • 로마사 이야기
(초등역사교사모임 지음 / 늘 푸른 아이들)

탐구 1 초기 로마와 공화정

기원전 753년, 로물루스가 이탈리아반도 중부, 테베레 강 근처 언덕 위에 로마를 세웠다. 처음 로마는 작은 도시국가로 출발하였고, 점점 세력을 넓혀 주변 부족들을 합쳐나갔다. 기원전 7세기 무렵에는 에트루리아 사람들이 남쪽으로 내려와 로마를 다스렸다. 그리스 문화에 큰 영향을 받은 에트루리아 사람들은 로마에 그리스 문화를 전해주었다. 그들은 선거로 왕을 뽑았다. 기원전 6세기 말에 에트루리아 사람들과 왕을 쫓아내고 공화정 시대를 열었다. 공화정이란 두 사람 이상이 같이 나라를 다스려 나가는 것을 뜻하며, 로마 공화정은 왕정(집정관 2명)과 귀족정(원로원), 민주정(평민회)이 서로 균형을 이루어 어느 한 쪽이 지나친 힘을 갖지 못하도록 하는 정치형태였다.

공화정 초기에는 땅과 재산에 따라 투표권을 가질 수 있었기 때문에 정치적으로 중요한 결정을 내리는 직책인 원로원과 집정관 2명은 모두 귀족이 맡았고, 평민들은 정치에 참여할 수 없었다. 그러나 기원전 5세기 중엽, 평민이 중장보병으로 정복전쟁에 많이 참여하면서 평민들도 지위가 높아지자 자기들 권리와 이익을 보호하기 위해 평민회를 만들었다. 이를 통해 평민을 대표하는 호민관을 뽑아 원로원이나 집정관이 내리는 결정을 거부하기 시작했고, 나중에는 법을 만드는 권리도 가지게 되었다. 그리고 귀족들이 자신들에게만 편하도록 관습법을 이용하지 못하도록 로마 최초로 성문법인 12표 법을 만들었다.

집정관 행정 · 군사 최고권을 가지며 임기는 1년
원로원 귀족들 가운데에서 뽑은 귀족대표

기원전 4세기 중엽에는 호민관 리키니우스가 집정관 2명 가운데 1명은 평민 중에서 뽑도록 하였고, 기원전 3세기 무렵에는 귀족과 평민이 법률적으로 평등한 지위를 갖게 되었다. 이런 로마 공화정은 로마 시민들을 하나로 뭉치게 하였고, 영토를 넓히는 커다란 힘이 되었다.

기원전 4세기 말에서 기원전 3세기 초까지 벌인 전쟁에서 이탈리아 반도 남동쪽에 있는 삼니움을 정복하였다. 기원전 272년에는 그리스 식민도시인 타렌툼을 점령하였고, 기원전 270년에 이탈리아 반도 전체를 통일하였다.

로마는 정복한 도시를 자기 지배 아래 두지 않고 스스로 다스리는 자치권을 인정하였으며, '로마 연합'이라는 동맹에 가입시켰다. 또한 정복한 땅에서 로마로 옮겨 온 사람들에게는 로마 시민권을 주었다. 이러한 정책은 공화정과 더불어 로마가 세계 대제국으로 발전하는 기틀이 되었다.

탐구하기 로마 공화정은 로마 시민들에게 어떤 영향을 끼쳤을까요?

탐구 2 포에니 전쟁(기원전 264~기원전 146)

포에니 전쟁은 지중해 해상권을 차지하기 위해 로마와 카르타고가 세 차례에 걸쳐 벌인 전쟁이다. 포에니란 라틴어로 '페니키아 사람'을 뜻한다. 페니키아는 여러 곳에 식민도시를 만들었는데, 카르타고는 아프리카 북쪽해안에 세운 도시이다. 카르타고는 지중해 주변에 있는 나라들과 물건을 사고파는 해상무역으로 발전한 도시였다.

로마가 이탈리아 반도를 통일해 가는 동안 카르타고는 북아프리카에서 힘을 키워 나갔다. 그 무렵 지중해 해상권은 그리스와 카르타고가 손아귀에 쥐고 있었다. 로마가 그리스 식민도시인 타렌툼과 벌인 전쟁 때만 해도 그리스와 맞서고 있던 카르타고는 로마를 도와 그리스 세력을 몰아내는 등 두 나라는 서로 사이가 좋았다.

로마가 타렌툼을 정복하며 남이탈리아에 있던 그리스 식민도시들을 차지하자 카르타고와 사이가 나빠졌다. 시칠리아 섬 동쪽에서 메시나와 시라쿠사가 벌인 전쟁에 두 나라가 뛰어들면서 제1차 포에니 전쟁이 시작되었다. 이 전쟁에서 승리한 로마는 카르타고로부터 많은 배상금과 시칠리아, 사르데냐, 코르시카 땅을 얻었다.

제2차 포에니 전쟁은 카르타고 장군 한니발이 이베리아 반도 동해안에 있는 로마 동맹시인 사군툼을 공격하면서 시작되었다. 로마는 주요 싸움터가 이베리아 반도나 남부갈리아가 될 것이라 생각하고 마르세유에 군대를 보냈다. 그러나 한니발은 로마가 예상했던 길을 피해 코끼리 40여 마리와 보병, 기병을 이끌고 피레네산맥과 알프스산맥을 넘어 북이탈리아를 공격하였다. 세 번에 걸친 전투를 승리로 이끈 한니발은 기원전 216년 칸나에 전투에서 로마군을 크게 무찔렀다.

전쟁은 오랫동안 이어졌고, 이탈리아 반도는 점점 황무지로 변해갔다. 그러자 로마 장군 스키피오는 한니발이 차지하고 있던 이베리아 반도를 점령한 뒤 카르타고로 쳐들어갔다. 이에 당황한 카르타고는 한니발을 본국으로 불러들여 로마군대와 싸우게 하였다. 기원전 202년 스키피오는 자마전투에서 한니발 군대를 크게 무찌르고 제2차 포에니 전쟁에서 승리하였다.

그 뒤 카르타고는 제3차 포에니 전쟁에서 로마에게 지는 바람에 완전히 멸망하였다. 로마는 포에니 전쟁에서 승리함으로써 북아프리카와 이베리아 반도를 비롯한 서지중해 해상권을 차지하면서 세계제국으로 발전하게 되었다.

탐구하기 **로마가 작은 도시국가에서 세계제국으로 발전하는 계기를 마련한 것은 무엇인가요?**

탐구 3 포에니 전쟁 뒤 변화한 로마 사회

로마는 포에니 전쟁으로 서지중해를 차지하였고, 마케도니아를 비롯한 헬레니즘 세계 정복으로 동지중해를 차지하면서 대제국으로 발전하였다. 그러자 로마 사회에는 커다란 변화가 생겼다.

로마가 영토를 늘리는 과정에서 가장 큰 공을 세운 것은 농민들이었다. 하지만 나라에서 보상을 제대로 해 주지 않았다. 그들은 자기 돈을 들여 무기를 갖추었고, 전쟁에 나가 싸우느라 농사를 짓지 못하였다. 전쟁에서 돌아왔지만, 땅은 황폐해졌다. 그런데다가 정복한 나라로부터 값싼 곡식들이 들어오자 농사를 지어도 먹고 살 수가 없었다. 그 바람에 수많은 농민들이 땅을 잃고 로마로 몰려들었다.

지배층은 몰락한 농민들이 내 놓은 땅을 헐값에 사들여 '라티푼디움' 이란 커다란 농장을 이루었고, 정복한 나라에서 데려온 노예들을 그 농장에서 일하게 하였다. 당시 로마는 농경사회로 농민들이 군대를 가는 '병 · 농 일치 사회' 였고, 재산에 따라 거느리는 군인 수를 정하였다. 또 전쟁에 나갈 때는 모든 군인들이 적과 싸울 창, 방패 등의 무기나 갑옷을 스스로 마련해야했다. 그런데 재산을 가진 농민이 줄어들자 로마는 군인을 모을 수 없어서 국방력은 점점 약해져 갔다. 나중에는 돈을 주고 사 들이는 군인인 용병을 쓰게 되었다. 게다가 전쟁이 끝나고 갑자기 늘어난 노예들은 자기들을 함부로 다루는 로마귀족들에 대항해 반란을 일으키기도 했다. 로마는 점점 혼란스러워졌고, 공화정도 위기를 맞았다.

기원전 2세기 말, 그라쿠스 형제는 이러한 혼란을 극복하기 위해 불법으로 땅을 차지하고 있는 지주들로부터 땅을 거두어들여 농민들에게 나누어 주는 토지개혁을 추진하였다. 그러나 원로원이 반대하여 실패하고 말았다. 그 뒤 로마사회는 귀족들과 평민들 사이에 대립이 더욱 심해졌으며, 5백여 년 동안 이어져 왔던 공화정 시대가 서서히 막을 내리기 시작하였다.

탐구하기 **포에니 전쟁이 끝난 뒤 로마에 일어난 변화들은 무엇인가요?**

그 무렵 우리 나라에서는 **고조선, 내분으로 멸망하다**

고조선이 빠르게 성장하자 한나라는 위협을 느끼고 쳐들어 왔다. 고조선은 왕검성에서 1년이 넘게 맞서 싸웠다. 처음 전쟁이 일어나자 역계경이 우거왕에게 '일단 화해를 하자' 고 건의하였다가 받아들여지지 않자 진국(삼한)으로 망명해 버렸다. 또 전쟁이 점점 진행되면서 왕권강화책에 불만이 있던 고위 관료들과 귀족들도 불만을 드러냈다. 그들은 중앙 집권력이 갈수록 강해지자 중앙 지시를 거스르기 힘들었고, 한나라가 침공하자 가장 소중한 군대와 양식을 왕검성을 지키는데 바쳐야 했기 때문이다. 우거왕 세력은 한나라와 계속 싸우자고 주장했고, 고위 관료들과 귀족들은 싸움을 멈추자고 주장했다. 결국 그들은 우거왕을 살해하고 한나라에 항복하고 말았다. 이로써 왕검성은 무너지고 고조선은 멸망하고 말았다.

해석 로마 공화정은 왜 몰락하였을까?

로마 공화정은 로마가 세계제국으로 뻗어나갈 수 있는 힘을 마련해준 제도였다. 그런데 로마가 땅을 넓혀나가면서 로마 공화정은 서서히 몰락하기 시작하였다. 로마 공화정은 왜 몰락하였을까?

첫째, 로마 공화정 내부 분열 때문이다. 로마 공화정은 집정관 두 명과 원로원 귀족들, 평민들이 서로 세력을 견제하면서 시민공동체라는 생각을 가지고 이끌어 나갔던 정치체제였다. 그러나 세계제국으로 발전한 뒤 로마사회는 농민층이 몰락하게 되어 귀족과 농민 사이에 빈부차이가 점점 심해져 갔고, 노예들이 반란을 일으키는 등 여러 가지 문제점들이 생겨났다. 이러한 때에 원로원은 현실에 맞는 개혁을 못하고, 오히려 원로원을 중심으로 자기 세력을 유지하려는 귀족파와 평민들을 위하여 힘쓰는 평민파로 나누어져 싸우게 되었다.

둘째, 병사들이 밀어주었던 군인들이 정치에 뛰어들었기 때문이다. 공화정 시대에 원로원은 전쟁이 끝나고 집으로 돌아가는 병사들에게 아무런 보상도 해주지 않았다. 포에니 전쟁이 끝나고 집으로 돌아온 병사들은 땅이 황폐해져 농사를 지을 수 없게 되자 가난뱅이가 되어 도시를 떠돌아다녔고 사회에 많은 불만을 가지게 되었다. 이 무렵 마리우스 장군은 재산이 없는 시민들을 병사로 받아들여 집과 농사지을 땅을 주는 '마리우스 군제개혁'을 실시하였다. 그러자 병사들은 장군 개인에게 충성을 바치게 되었고, 선거에서도 장군을 뽑아 주었다. 이렇게 해서 힘을 얻은 군인들이 정치에 뛰어들었고 카이사르, 폼페이우스, 크라수스가 로마를 이끄는 삼두정치가 시작되었다.

셋째, 로마 공화정은 세계제국으로 발전한 로마에는 어울리지 않는 것이었다. 나라가 작았을 때에는 중요한 문제에 대한 해결책을 400명으로 이루어진 원로원에서 의논하는 것이 가장 좋았다. 그러나 나라가 커지면서 속주에서 그때그때 해결해야 하는 문제들을 풀어나가는 데는 적당하지 않았다. 또한 원로원 안에서 세력다툼이 일어나자 공화정으로는 더 이상 커다란 제국을 다스릴 수 없게 되었다. 그러자 로마는 혼란 상태로 들어가게 되고, 그 뒤 카이사르를 거쳐 옥타비아누스 때에 이르러서는 공화정이 끝나고 황제가 나라를 다스리는 제정으로 들어가게 되었다.

해석하기 로마 공화정이 사라지게 된 까닭은 무엇일까요?

첫째,

둘째,

셋째,

역사토론

로마가 나라를 넓힌 것은 좋은 일이었을까, 나쁜 일이었을까?

토론 내용 이탈리아 반도에 있던 작은 도시국가 로마는 포에니 전쟁에 이기면서 많은 땅을 차지하였고, 또한 지중해 해상권도 차지하였다. 그런데 나라가 커지면서 여러 가지 사회문제가 생기게 되었다. 그 때까지 이어져 왔던 로마 공화정에 위기가 찾아오고 시민들이 서로 싸우는 혼란기로 접어들었다. 나라가 커지면 좋은 점이 많을까, 나쁜 점이 많을까?

토론 1 좋은 일이다.

로마는 땅이 넓어지면서 식민지에서 많은 세금과 여러 가지 물자들이 들어왔다. 그리고 정복한 나라에서 데려온 사람들을 노예로 부려 농장이나 다른 일터에서 일하게 하였다. 그러면서 로마는 이전보다 더 부자나라가 되었다.

토론 2 아니다. 나쁜 일이다.

정복한 나라들로부터 값싼 곡물이 들어오자 자영농민들이 몰락하고 말았다. 몰락한 농민들 땅을 부자들이 사들여 더 큰 농장을 가지게 되는 라티푼디움이 생겨났다. 그러면서 돈이 많은 사람들과 가난한 사람들은 점점 그 사이가 벌어지게 되었다.

토론 3 그래도 좋은 일이다.

포에니 전쟁 뒤 나라가 커지면서 로마는 농사를 주로 하던 농업국에서 여러 나라들과 물건을 사고파는 상업국으로 변하였다. 나라가 발전하기 위해서는 농업보다는 상업이 발달하는 것이 더 나은데 로마가 커지면서 농업국에서 상업국으로 발전하였다.

토론 4 아무리 그래도 나쁜 일이다.

자영농민들은 농사를 지어 나라에 세금을 바쳤고, 병사로서 전쟁에 나가 싸웠던 사람들이었다. 그런데 자영농민들이 몰락해 버리자 그들을 중심으로 이루어진 로마 군대에서는 더 이상 병사들을 모을 수 없게 되었고, 로마 국방력이 약해졌다. 그런 가운데 사회는 점점 불안해져 로마 공화정이 위기에 빠지는 결과를 가져왔다.

토론하기

로마가 커지면서 좋은 점이 많았을까요, 나쁜 점이 많았을까요? 자기 생각을 밝히고, 그 까닭을 쓰세요.

다음 글을 읽고, 물음에 대한 자기 생각을 써 보세요.

'노블레스 오블리주'란 귀족, 신분이 높은 사람을 의미하는 '노블레스'와 책임이 있다는 것을 뜻하는 '오블리주'를 합친 단어입니다. 우리말로 풀면 한 사회에서 높은 신분에 있는 사람들이 지녀야 할 도덕적 의무를 말합니다. 여러분이 생각하는 '노블레스 오블리주'에는 어떤 것이 있는지 생각한 뒤 글로 적어 봅시다.

노블레스 오블리주 실천

1982년 포클랜드 전쟁 때 영국 앤드류왕자가 가장 위험하다는 헬리콥터 조종사로 참전했던 일이 있었다. 그 때 영국과 싸운 아르헨티나가 가지고 있었던 엑조세미사일은 전파교란이 통하지 않아서 영국 군함이 아주 위험해졌다. 바닷물 위에 바짝 붙어서 날아오는 엑조세미사일을 어지럽게 하려면 헬기조종사가 목숨을 걸고 직접 미사일이 날아오는 방향에 쇳가루를 뿌려 미사일이 군함 쪽으로 가지 않고 위로 솟구치도록 끌어당기는 방법밖에 없었는데, 이 위험한 일을 앤드류왕자가 직접 맡았다고 한다.

2006년 6월, 세계에서 두 번째 부자인 워렌 버핏은 세계최고 부자인 빌게이츠 재단에 370억 달러에 이르는 엄청난 재산을 기부하여 세계 사람들을 놀라게 하였다. 자신보다 먼저 죽은 부인과 자식들이 운영하는 재단이 여러 개 있었다. 하지만 오로지 빌게이츠가 믿음이 가고, 또 도움이 필요한 곳에 자신보다 더 쓸모 있게 사용할 것이라며, 다른 사람 재단에 선뜻 기부한 것이다. 또 버핏은 많은 재산을 살아 있을 때 기부하기로 했다고 한다. 이를 계기로 "기부활동을 하려면 살아 있을 때 하자."는 움직임이 미국 부자들 사이에 퍼지고 있다고 한다. 때문에 큰 부자가 아닌 사람들 사이에서도 "살아 있을 때 기부하자."는 생각이 점점 늘어나고 있다고 한다.

생각 열기

나라가 발전하기 위해서는 그 사회를 이끌어나가는 사람들이 각자 사회적인 지위에 따르는 책임을 생각하고, 앞장서서 사회에서 일어나는 문제점을 해결해 나가려는 노력이 필요합니다. '노블레스 오블리주'를 실천하는 방법에는 어떤 것들이 있는지 자기 생각을 써 보세요.

문제 제기 2

– 논술문에서 다루고자 하는 주제가 어떤 모습인지 사건이나 자료를 제시하여 구체적으로 드러내면 됩니다.

스파르타쿠스 노예반란 "우리도 사람답게 살고 싶다!"

스파르타쿠스 노예반란은 기원전 73년, 카푸아에 있던 검투사양성소에서 검투사노예 70여 명이 달아나면서 시작되었다. 그들은 지도자인 스파르타쿠스와 함께 베수비오 산에 숨어 군사훈련을 하면서 그들을 잡으러 온 로마군대를 잇달아 물리쳤다. 이 소식을 들은 수많은 노예들이 농장에서 달아나 베수비오 산으로 몰려들었고, 먹고살기 힘들었던 몰락한 농민들도 같이 참여하면서 그 세력이 갑자기 커졌다. 노예군은 이탈리아 반도를 휩쓸고 다니면서 로마를 공포에 떨게 하였다.

반란에 참여한 노예들은 대부분 갈리아나 트라키아에 살다가 잡혀온 전쟁포로였으며, 이들은 사람대접을 받지 못하고 '말하는 도구'로만 여겨져 로마 시민에 딸린 재산이나 물건쯤으로 생각되었다. 그들은 검투장에서 로마사람들을 즐겁게 하기 위해 동료와 싸우다가 상대방을 죽이거나, 사자와 같은 맹수들과 싸워야했고, 또 야생동물들에게 먹이로 던져지기도 하였다. 견디다 못한 노예들은 사람다운 삶과 자유를 얻기 위해 이탈리아를 빠져나가 자기들이 태어난 나라로 돌아가려고 하였다.

로마는 여러 번 군대를 보내 노예군을 막으려고 하였지만 실패하였다. 시민들은 수만 명 이상으로 늘어난 노예군을 이끄는 지도자 스파르타쿠스를 보고 "한니발이 다시 왔다."고 하면서 두려워하였다. 그러자 원로원은 모든 수단을 써서 그들을 물리치려 하였고, 크라수스를 총사령관으로 삼아 8개 군단을 주어 노예군을 산 속에 가두는데 성공하였다. 스파르타쿠스는 바다를 건너 시칠리아로 가서 로마를 빠져 나가려고 해적과 협상을 하였으나 실패하고 말았다. 그 뒤 노예군은 점점 궁지에 몰리게 되어 기원전 71년에는 크라수스가 이끄는 로마정부군에게 크게 졌고, 스파르타쿠스도 이 싸움에서 죽고 말았다. 살아남은 노예군 6천 명은 카푸아와 로마 사이에 있는 아피아 거리에서 모두 십자가에 매달려 죽었다.

주제 사람답게 살고 싶어 일어난 스파르타쿠스 노예반란

상황 제시 (1) 로마에 잡혀온 노예들은 사람대접을 받지 못하고 '말하는 도구'로 여겨졌다.

(2) 견디다 못한 노예들이 기원전 73년 스파르타쿠스를 중심으로 노예반란을 일으켰다.

(3) 노예군이 수만 명으로 늘어나자 로마 원로원은 모든 수단을 써서 그들을 물리치려 하였다.

다음 글을 읽고, 주제와 상황을 제시해 보세요.

고령화 사회

의학 기술과 산업이 발달하면서 사람들은 예전보다 더 오래 살게 되었다. 앞으로도 사람이 살 수 있는 나이는 더 늘어날 것으로 보이는데, 그에 따라 노인인구가 점점 늘어나는 '고령화 사회'를 맞이하게 되었다.

이러한 현상은 우리 나라에도 나타난다.

1960년까지만 해도 65세 이상 노인인구 비율은 전체인구에서 2.9%에 지나지 않았다. 통계청에서 조사한 바에 따르면 우리 나라 전체인구에서 노인인구가 차지하는 비율이 2000년에 7.2%를 넘어서면서 우리 나라도 '고령화 사회'로 접어들었다고 한다. 2007년에는 4,810만 명으로 9.9%를 넘어서 우리 나라 인구 10명 가운데 1명이 노인인구라고 한다.

2016년 무렵에는 0세~14세에 들어가는 나이 어린 유년인구보다 노인인구가 더 많아질 것으로 미루어 짐작하고 있다. 그리고 2018년에는 14.3%로 늘고, 2026년에는 20.8%로 '초 고령화 사회'에 이를 것으로 내다보고 있다.

이와는 반대로 우리 나라는 결혼한 여성들이 아기를 낳지 않거나 하나만 낳으려는 '저출산 현상'으로 새로 태어나는 인구가 점점 줄어들고 있다. 그런 까닭에 우리 사회에서 일할 젊은 노동인구는 점점 줄어들고 노인인구는 계속 늘어나고 있다고 한다. 그러면서 저출산 현상과 고령화 사회에 대한 문제를 어떻게 풀어나갈지에 대한 것이 심각한 사회문제로 떠오르고 있다.

*UN에서 나누어 정한 고령화는?
- 고령화 사회 : 전체인구 중 65세 이상 인구비율이 7%이상~14% 미만인 사회
- 고령사회 : 전체인구 중 65세 이상 인구비율이 14%이상~20% 미만인 사회
- 초고령화 사회 : 전체 인구 중 65세 이상 인구비율이 20% 이상인 사회

주제

상황 제시 (1) 의학 기술과 산업이 발달하면서 사람들은 예전보다 더 오래 살게 되었고, 노인인구가 점점 늘어나고 있다. 그에 따라 '고령화 사회'가 시작되었다.

(2)

(3)

이미 주사위는
던져졌다!!
게르마니아
스키타이
대서양
갈리아
알프스산맥
다키아
일리리아
트라기아
로마
에스파냐
마케도니아
에페이로스
페르가몬
그리스도시국가
지중해
마우레다니아
카르타고
누미디아
브루투스 너마저!
알렉산드리아

10

카이사르와 삼두정치

역사 연대기

기원전 100년 | 카이사르가 태어남.
기원전 60년 | 제1차 삼두정치가 시작됨.
기원전 44년 | 카이사르가 암살당함.
기원전 43년 | 제2차 삼두정치가 시작됨.

학습 목표

1. 카이사르에 대해 알 수 있다.
2. 로마 삼두정치에 대해 알 수 있다.
3. 카이사르가 로마에 가져온 변화에 대해 알 수 있다.
4. 원인을 분석하는 방법(1)을 배워 논술 개념을 익힐 수 있다.

심화 학습

도서 읽기 • 카랑카랑 카이사르
(믹 고워 지음/주니어 김영사)

탐구 1 카이사르(Gaius Julius Caesar)

기원전 100년, 이름 있는 가문에서 태어난 율리우스 카이사르는 어린 시절 어머니에게서 라틴어와 그리스어, 수사학 등을 배우고, 아버지로부터는 체육을, 좀 더 자라서는 가정교사들로부터 문학, 문법, 수사학 등을 집중적으로 배웠다.

민중파 지도자인 고모부 마리우스가 죽고 원로원파 지도자 술라가 정권을 차지해, 민중파들을 몰아내면서 생긴 위기를 빼고는 카이사르는 큰 어려움을 겪지 않았다. 이후 카이사르가 살아온 과정은 그가 남긴 유명한 말 '이미 주사위는 던져졌다', '왔노라 보았노라 이겼노라', '브루투스, 너마저' 이 세 문구에 모두 담겨 있다.

자기 위치를 확실히 하기 위해 크라수스와 폼페이우스를 설득하여 삼두정치를 이끌어낸 그는 크라수스가 동방원정에서 목숨을 잃자, 폼페이우스와 대립하게 되었다. 폼페이우스는 갈리아 원정을 성공적으로 마쳐 인기가 오르는 카이사르를 견제하기 위해 원로원과 손을 잡고 카이사르를 갈리아 총독에서 물러나게 하고 로마로 돌아올 것을 명령했다. 하지만 카이사르는 자신이 혼자 돌아가면 목숨을 잃을 것이라는 것을 알고 자기 군대를 이끌고 '이미 주사위는 던져졌다'는 말과 함께 루비콘 강을 건너 로마로 진격해 폼페이우스를 몰아내고 권력을 차지하였다. 그리고 빠르게 로마를 안정시키고 동방원정을 성공적으로 마치고 난 후 '왔노라 보았노라 이겼노라'라는 말을 통해 자기 승리를 과시했다. 이후에도 주변지역을 정복하여 로마 영토를 크게 확장시켰다.

크라수스가 죽고 폼페이우스마저 사라진 로마에서 더 이상 카이사르와 대항할 세력이 없었다. 카이사르는 반대파를 모두 몰아낸 다음에는 누구도 살해하거나 추방하지 않는 관용정치를 펼쳤다. 그러나 종신독재관에 올라 왕과 같은 권력을 누렸다. 점점 시민들에게 너무 많은 지지를 받는 카이사르가 로마 공화정을 무너뜨리고 왕위에 오를까 걱정하는 사람들이 생겨나기 시작했다. 대표적인 사람이 카시우스였다. 그는 로마 시민들에게 카이사르 못지않게 정의로운 사람으로 존경과 신뢰를 받고 있는 브루투스를 끌어들이고, 카이사르를 로마 공화정에 대한 적이라고 하였다. 그리고 기원전 44년 3월 15일 파르티아 원정을 앞두고 원로원회의에 오던 카이사르를 암살했다. 40여 명이 동시에 달려들어 카이사르를 찌르자 '브루투스, 너마저'라는 말을 남기고 폼페이우스 동상 밑에 쓰러져 삶을 마감했다.

탐구하기 카이사르가 남긴 유명한 말에는 어떤 것들이 있나요?

탐구 2 삼두정치

삼두정치는 세 사람이 중심이 되어 정치를 좌우한다고 해서 생긴 말이다. 기원전 60년에 크라수스, 카이사르, 폼페이우스가 손을 잡고 로마를 다스렸는데, 이를 두고 삼두정치라고 불렀다.

삼두정치는 1차와 2차로 나뉘는데 1차는 기원전 60년에 카이사르와 크라수스, 폼페이우스가 비밀리에 힘을 합쳐 원로원에 맞설 강력한 세력을 만들었던 시기를 말한다. 그러나 폼페이우스가 갈리아 원정에서 승리한 카이사르에게 밀려날 것을 두려워 해 사사건건 시비를 걸었다. 그러자 크라수스가 폼페이우스에게 맞섰다. 이후 세 사람 사이가 나빠지자 루나에서 모여 크라수스는 시리아 총독, 폼페이우스는 에스파냐 총독이 되고 카이사르는 갈리아 군사지휘권을 5년 더 가지기로 약속하였다. 하지만 기원전 53년에 크라수스가 동방원정에서 전사하자 1차 삼두정치는 막을 내렸다.

2차 삼두정치는 카이사르가 암살당한 뒤 양자인 옥타비아누스와 부하인 안토니우스, 레피두스가 힘을 합쳐 정권을 잡았던 시기를 말한다. 그들은 협정을 맺고 영토를 나눠가졌으나, 카이사르를 암살한 원로원이 힘이 약해지고 레피두스가 밀려나자 2차 삼두정치도 막을 내리게 되었다.

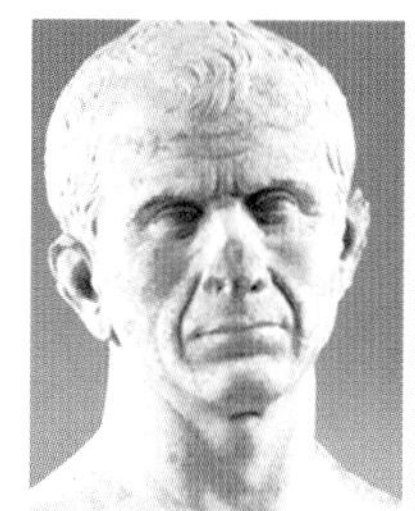
카이사르

크라수스

폼페이우스

옥타비아누스

안토니우스

레피두스

크라수스 개인 소방서가 있을 정도로 돈이 많았던 부자였다. 기원전 72년 스파르타쿠스가 일으킨 노예반란을 진압하고 기원전 70년에 폼페이우스와 함께 집정관에 올랐다. 기원전 60년부터 폼페이우스 및 카이사르와 제1차 삼두정치를 시작하였으며, 기원전 53년 파르티아 원정에 나갔다가 사망하였다.

폼페이우스 아버지로부터 물려받은 배경을 중심으로 이베리아 반도에 있는 세르토리우스를 토벌한 뒤 스파르타쿠스가 일으킨 노예반란을 진압하고, 크라수스와 함께 기원전 70년에 집정관이 되었다. 기원전 67년에 로마를 괴롭혔던 해적을 지중해에서 소탕하여 인기가 높아졌다. 카이사르와는 장인과 사위 관계였다. 기원전 60년 크라수스, 카이사르와 함께 제1차 삼두정치를 시작했으나 크라수스가 죽고 난 뒤 카이사르와 싸웠는데 패배하여 이집트로 도망하고 거기에서 암살당하였다.

옥타비아누스 아버지가 죽은 뒤 카이사르로부터 보호를 받았다. 기원전 44년 카이사르가 암살된 뒤 유언장에 양자 및 후계자로 지명되어 있음을 알고, 가이우스 율리우스 카이사르 옥타비아누스로 이름을 바꾸었다. 기원전 43년 안토니우스, 레피두스와 함께 제2차 삼두정치를 시작했다. 기원전 42년에는 필립피 전투에서 카이사르 암살 주모자인 브루투스와 카시우스를 물리치고 로마를 3등분하여, 안토니우스는 동방을, 옥타비아누스는 서방을, 그리고 레피두스는 아프리카를 각각 다스렸다. 그러나 레피두스를 탈락시킨 후부터는 안토니우스와 경쟁했고, 기원전 31년 안토니우스와 클레오파트라 연합군을 악티움 해전에서 물리친 후 권력을 잡았다. 기원전 27년에는 아우구스투스라는 칭호를 원로원으로부터 받았으며, 공화정 형태를 유지하면서 실질적인 제정을 시작하였다.

안토니우스 카이사르 부하로 기원전 49년 호민관에 뽑혔다. 기원전 44년 집정관이 되었고, 그해 3월 15일 카이사르가 암살되자 카이사르가 남긴 유언장을 발표하였다. 추모 연설을 통해 암살 세력이 권력을 잡는 것을 막고, 카이사르를 따르는 세력들로부터 지지를 얻어내는데 성공하였다. 기원전 43년에 옥타비아누스, 레피두스와 더불어 제2차 삼두정치를 시작했고, 필립피 전투에서 브루투스와 카시우스를 이기고 승리를 거두어 이름을 날렸다. 이집트 여왕 클레오파트라를 아내로 삼고 넓은 영토를 나누어 주었다. 기원전 31년 악티움해전에서 옥타비아누스에게 패하여 이집트로 도망쳐 자살하였다.

레피두스 카이사르 부하로 법무관, 에스파냐 장관을 거쳐 기원전 46년에는 집정관이 되었다. 카이사르가 암살당한 뒤 안토니우스를 지지하였다. 기원전 43년에는 안토니우스, 옥타비아누스와 함께 제2차 삼두정치를 결성하였다.

탐구하기 **제1차 삼두정치와 제2차 삼두정치를 이끌었던 인물들은 각각 누구인가요?**

그 무렵 우리 나라에서는 **고조선 멸망 이후의 한반도**

기원전 194년 고조선 서쪽 국경수비를 맡고 있던 위만이 준왕을 내쫓고 왕이 되었다. 위만을 이어 왕이 된 손자 우거왕 때에는 고조선 둘레에 있던 여러 나라들이 한나라와 직접 교역하지 못하게 하고, 고조선을 통해서만 무역을 하도록 하는 중계무역으로 많은 이익을 차지하였다. 그러자 한 무제가 고조선을 침략하였다. 수도였던 왕검성 안에서는 한나라와 맞서 싸울 것을 주장하는 쪽과 평화적인 해결을 주장하는 쪽으로 나뉘어져 분열이 일어났고, 기원전 108년, 왕검성이 무너지면서 고조선이 멸망하였다. 그 뒤 한나라는 고조선 땅에 한사군(낙랑 · 임둔 · 진번 · 현도군)을 두어 한나라 사람을 보내 다스렸다.

해석 카이사르가 로마에 가져온 변화는 무엇인가?

지도자가 갖추어야 할 조건에는 지성, 설득력, 지구력, 자제력, 지속적인 의지 등 다섯 가지가 있다고 한다. 이 모든 자질을 갖추고 있었던 인물은 카이사르뿐이라고 이탈리아 고등학교 교과서에서는 말하고 있다. 이렇듯 좋은 평가를 받고 있는 카이사르가 등장함으로써 로마에 생긴 변화에는 어떤 것이 있으며, 그는 로마를 어떻게 바꾼 것일까?

첫째, 그는 일보제도를 만들어 원로원이 토론한 내용을 공개하였다. 그래서 원로원 의원들 사이에서 일어나는 거래나 발언을 조작하는 것이 사라지게 하였다. 의원들은 자신들이 한 발언이 시민들에게 손해가 갈지 안 갈지를 생각해 보아야 했으므로 그들이 가진 특권 하나가 무너졌다. 현재 새로운 소식을 뜻하는 영어 NEWS도 동 · 서 · 남 · 북에서 일어난 일들을 모아서 알린다는 뜻으로 카이사르가 만든 말이다. 신문이 생겨나게 된 바탕을 만들어 준 셈이다.

둘째, 그는 355일로 계산하던 일 년을 4년마다 윤달이 들어가는 365일로 하는 율리우스력을 만들었다. 1582년 로마 교황 그레고리 8세가 조금 수정하기는 했지만, 오늘날까지도 사용되고 있다. 그래서 농사를 짓는 농민들에게 도움을 주고, 로마 인들이 살아가는 방식을 재정비했다.

셋째, 로마 제국을 건설할 수 있는 발판을 마련하였다. 수많은 정복전쟁으로 갈리아 지역과 브리타니아, 소아시아에 이르기까지 영토를 넓히고 국력을 키웠다. 이로 인해 로마는 막강한 국력을 가진 나라가 되었고, 카이사르 이후에 제국으로 변화하는데 어려움이 없었다. 넓어진 영토를 다스리는 데 더 적합한 제정으로 가는 길을 열어준 것이었다. 자신은 반대파가 많아서 왕이나 황제로 취임하지는 못했지만, 바꾸어 놓은 제도로 인해 옥타비아누스가 황제시대를 여는 데 많은 도움을 준 것이다.

넷째, 국유지 분배법을 시행하여 토지를 시민들에게 나누어주고, 복지정책을 시행하여 민중들로부터 지지를 얻었다. 또한 항만정비, 도로 건설 등을 지속적으로 추진하여 시스템을 구축하였고, 원로원 의원 수를 늘려 민심이 반영되도록 하였다.

다섯째, 황제를 칭하는 차르, 카이저, 시저라는 명칭이 생겨났고, 그가 태어난 과정에서 제왕절개라는 말도 생겨났다.

그가 이러한 일들을 해낼 수 있었던 것은 정치하는 기본을 알았고, 특권계층보다는 시민들에게 도움이 되는 정책 위주로 일을 했기 때문이다. 또한 말을 잘했고 기록을 중요하게 여겼으며, 다른 사람과 손을 잘 잡았기 때문이다.

해석하기 카이사르가 로마에 가져온 변화는 무엇인가요?

역사토론

카이사르가 암살당한 까닭은 무엇일까?

토론 내용 로마 사람들이 말하는 영웅이자 뛰어난 지략가이면서 정치가였던 카이사르는 로마 사회를 개혁하고 갈리아를 비롯해서 많은 영토를 정복해서 국력을 키웠지만, 원로원 의원들에 의해 암살당하였다. 카이사르가 암살당한 까닭은 무엇일까?

토론 1 원로원 의원들 때문이다.

카이사르가 갈리아 전쟁에서 승리하고 한 번도 정복해 보지 못한 브리타니아까지 차지하여 시민들에게 인기를 많이 얻자, 원로원 의원들이 그동안 카이사르를 반대한 자신들을 죽일지도 모른다는 막연한 두려움에 휩싸였기 때문이다. 그리고 카이사르가 많은 인기를 얻는 만큼 자신들이 가진 권력이 줄어드는 것을 싫어했기 때문이다.

토론 2 아니다. 카이사르가 독재를 하려고 했기 때문이다.

로마는 왕정을 폐지하고 공화정을 수립하면서 에트루리아 지배로부터 벗어났다. 그래서 원로원 의원들은 공화정을 지켜가는 것이 로마 전통을 지키는 것이라고 생각했다. 하지만 카이사르는 원로원을 무시하고 자기 마음대로 정치를 이끌어 나가는 독재를 하려고 했기 때문이다.

토론 3 그래도 아니다. 원로원 의원들 때문이다.

카이사르가 집권하고 나서 원로원 의원 수를 늘리고, 외국인들에게 시민권을 부여하고, 사회 개혁을 통해 시민들 지지가 높아져 원로원 의원들이 설 자리가 없었기 때문이다. 그들은 자신들이 가진 권력을 잃기 싫어해 카이사르를 암살한 것이다.

토론 4 아무리 그래도 카이사르가 독재를 하려고 했기 때문이다.

카이사르는 이집트로 건너가 이집트 정치에 참여하였고, 클레오파트라와 결혼하여 아들을 낳은 후 로마로 돌아와서 그들을 로마로 초청하는 등 독재를 하고 왕이 되기 위해 노력했다. 그러자 원로원 의원들이 위기의식을 느끼고 공화정을 무너뜨리려 한다고 생각했기 때문이다.

토론하기 **카이사르가 암살당한 까닭은 무엇일까요? 자기 생각을 밝히고, 그 까닭을 쓰세요.**

다음 글을 읽고, 물음에 대한 자기 생각을 써 보세요.

➔ 역사 속에 등장하는 인물은 어떤 관점에서 바라보느냐에 따라 그 평가가 많이 달라집니다. 카이사르와 안토니우스에게 사랑받았던 클레오파트라는 많은 사람들에게 아름다운 여자라는 점만 얘기되고 있습니다. 하지만 역사가들은 클레오파트라를 다른 관점에서 평가하고 있습니다. 클레오파트라를 오늘날 관점으로 생각해 봅시다.

새로운 여자 탄생, 알파 걸

알파 걸이란 말은 미국 하버드대 아동심리학과 댄 킨들런 교수가 2006년 출간한 〈새로운 여자의 탄생, 알파 걸〉이란 책에서 처음 사용하였다. 알파 걸은 모든 면에서 남자보다 뛰어난 행동을 보이는 우수한 여성을 말한다. 알파 걸은 남녀평등을 외치고 자기 주장이 강하며 모든 면에서 남성과 여성을 구별하지 않는 자유로운 세대이다. 가정이나 학교에서 차별당하지 않고 당당하며 남학생들보다 더 씩씩하게 생활하고 적극적이며 자부심이 강한 여성을 말한다.

클레오파트라 초상화
*출처 : 파피루스닷컴

사회에서 성공하는 것을 중요하게 여기며 과학, 공학, 비즈니스에 관심이 많으며 모든 일에서 합리성과 이성적 판단을 중요시한다. 하지만 아직까지도 사회는 여성을 남성 밑에 두고 하급 직원으로 근무하게 하고 업무와 관련지어 출세나 승진 등에서 공평한 기회를 주지 않는 경우가 많은 것이 사실이다.

로마 역사가들은 클레오파트라가 자기 야망을 이루기 위해 남성들을 유혹하는 여인이라고 생각했지만, 요즘 역사가들은 그녀가 현실을 정확히 파악하고 뛰어난 외교 감각을 가진 정치가였다고 평가하고 있다. 그녀는 알렉산드로스가 이집트 원정을 하고 난 후부터 이집트를 지배한 마케도니아 프톨레마이오스 가문 출신으로, 어려서부터 그리스 문학을 배우고 과학, 기학, 천문학, 의학 수업을 받았으며, 예능 교육으로 그림, 노래, 현악 연주, 승마 등을 배워 다재다능했다. 뛰어난 말솜씨와 재치로 강대국인 로마를 이용하여 왕권을 안정시키고 이집트가 로마 속국이 되는 것을 막으려 했다. 이처럼 고대 여성 중에서도 기록에 많이 남아 있지는 않지만 남성보다 더 많은 지식과 교양을 겸비한 현대판 알파 걸과 같은 존재들이 많았다. 클레오파트라가 좋은 예라고 할 수 있겠다.

생각 열기 클레오파트라를 알파 걸이라고 할 수 있는 까닭은 무엇인가요?

원인 분석하기 1

– 상황 제시에 대한 원인을 찾아내어 정리하는 과정입니다.

알몸으로 말을 탄 고다이바

관습과 상식을 깨는 정치행동을 이르는 고다이버즘이라는 말이 있다. 중세 봉건 영주는 자신이 다스리는 영지 내에서는 왕과 다름없었다. 그래서 자신이 원하는 것은 대부분 얻을 수 있었다. 하지만 영주 가족 중에도 영주가 하는 행동을 못마땅해 하고 농노들을 불쌍히 여기며, 문제제기를 하는 사람들이 있었다. 영국에 이 말이 유래하게 된 사연은 다음과 같다.

11세기 영국 중부지방 코번트리에 잔인하면서도 백성들을 괴롭히는 레오프릭이라는 영주가 있었는데 그에게는 마음씨가 아름다운 부인 고다이바가 있었다. 고다이바는 남편에게 내야 하는 무거운 세금 때문에 나날이 몰락해가는 농노들을 보면서 가슴이 아팠다. 독실한 믿음을 가졌던 고다이바는 남편에게 가난한 농노들이 세금을 내느라 굶어 죽어가는 것을 볼 수 없어서, 세금을 줄여 농노들과 함께 살 수 있는 방법을 생각해 보라고 이야기했다. 그러자 영주인 남편은 당신이 알몸으로 말을 타고 마을 한 바퀴를 돈다면 세금을 덜 내도록 해주겠다는 조건을 말하였다.

고다이바는 농노들을 위하는 마음으로 남편이 말한 조건을 받아들였다. 이 사실이 마을 사람들에게 알려지자, 마을 사람들은 고다이바가 알몸으로 마을 한 바퀴를 도는 날에는 누구도 밖을 돌아다녀도 안 되고, 창밖을 내다보아서도 안 되며, 커튼을 치고 그녀가 지나가는 모습을 보지 않기로 약속하였다. 코번트리 마을 사람들은 고다이바가 벌이는 알몸 시위가 빨리 끝나기만을 조용히 기다리고 있었다.

주제 고다이바가 알몸으로 마을을 한 바퀴 돌아야 했던 원인

원인 분석 (1) 남편인 영주에게 내야 하는 많은 세금 때문에 마을 사람들이 굶어 죽어가는 것을 보고 있을 수 없어 남편과 내기를 했기 때문이다.

(2) 마을 주민들을 살리기 위해서는 남편이 내건 조건을 행동으로 옮겨야 했기 때문이다.

다음 글을 읽고 주어진 상황에 대한 원인을 찾으세요.

신데렐라 이야기

옛날에 얼굴도 예쁘고 마음씨도 착한 여자 아이가 있었다. 하지만 이 아이는 어머니가 일찍 죽자 아버지가 재혼을 해서 새어머니와 살게 되었다. 새어머니는 마음씨가 아주 나빠서 데리고 온 의붓언니들과 함께 이 아이를 매일 괴롭히고 심부름을 시키는 등 일만 하게 했다. 그래서 이 아이는 부엌데기가 되고, 이름도 '재로 뒤덮힌 아이' 라는 뜻으로 신데렐라가 되었다.

그러던 어느 날, 궁궐에서 무도회가 열렸다. 새어머니와 언니들은 옷을 예쁘게 차려입고 무도회에 참석하지만, 신데렐라는 집안일을 해야 했다. 무도회에 가고 싶은 마음 때문에 슬픔에 잠겨 있는 신데렐라 앞에 요정이 나타나 마법으로 호박을 마차로, 생쥐를 마부로 만들어 신데렐라를 무도회장으로 보냈다. 집안일은 미리 깔끔히 정리했다.

갑자기 무도회장에 나타난 아름다운 소녀를 보고 왕자는 첫눈에 사랑에 빠졌다. 그러나 요정이 12시가 지나면 마법이 풀리기 때문에 12시까지는 반드시 집으로 돌아와야 한다고 했다. 12시가 가까워오자 신데렐라는 서둘러서 무도회장을 빠져나왔다. 이때 신데렐라가 급히 서두르다가 유리 구두 한 짝을 무도회장에 떨어뜨리고 왔다. 다음날부터 유리 구두 주인을 찾아 헤매던 왕자는 신데렐라를 찾아 결혼하여 행복하게 잘 살았다.

원인 분석

(1) 신데렐라가 온갖 집안일을 다 해야 했던 원인은

(2) 신데렐라가 무도회장에서 급히 빠져 나온 원인은

(3) 신데렐라가 왕자와 결혼을 할 수 있었던 원인은

안티오크
시리아
예루살렘
사해
아라비아
홍해

11

예수와 크리스트교 박해

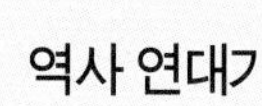

역사 연대기

기원전 31년 | 악티움 해전이 일어남.
서기 25년 | 후한이 세워짐.
서기 45년 | 쿠샨 왕조가 세워짐.

학습 목표

1. 예수에 대해서 알 수 있다.
2. 크리스트교가 박해받은 역사를 알 수 있다.
3. 크리스트교가 박해받은 까닭에 대해서 생각할 수 있다.
4. 종교가 하는 사회적 기여에 대해 알 수 있다.
5. 원인을 분석하는 방법(2)을 배워 논술 개념을 익힐 수 있다.

심화 학습

도서 읽기 • 목수의 아들 예수(최선주 지음 /산하)

탐구 1 예수

예수는 베들레헴에서 태어났다. 예수를 낳은 마리아는 목수인 요셉과 결혼하기로 약속한 사이였지만, 예수가 요셉과 마리아 사이에서 태어난 것은 아니다. 크리스트교에서는 성령으로 잉태되었다고 한다.

예수는 두 살 때까지 나사렛마을에서 살았으나, 왕이 될 인물이 태어났다는 말을 들은 헤롯왕이 두 살 미만인 아이들을 모두 죽이라고 명령하였다. 그대로 있다가는 생명이 위급해질 것을 두려워한 예수 가족은 애굽으로 피해가서 살다가 헤롯왕이 죽은 뒤에 다시 나사렛으로 돌아왔다.

어릴 때는 부모를 도와 목수 일을 하며 살다가 서른 살에 요한에게서 세례를 받고 광야에서 40일 동안 금식하며 수행하였다. 그리고 예수는 자신이 하나님 아들이며 하나님을 대신해 인간들 죄를 구원하러 온 구세주(메시아)라고 하였다. 예수는 사람이 지켜야 할 도리를 가르치고, 종교지도자들이 저지르는 잘못을 비판하였다. 또 환자들을 치료하였다.

예수가 가르치는 크리스트교는 점점 퍼졌고, 사람들은 예수를 구세주라고 불렀다. 또 열두 제자를 비롯하여 따르는 사람들이 많아졌고, 가는 곳마다 모여 들어 가르침을 받으려고 하였다.

이때는 로마가 대제국을 건설하여 유럽과 서아시아를 지배하던 시절이었다. 이스라엘도 로마 지배를 받고 있었다. 로마 황제는 크리스트교를 믿는 이스라엘 사람들이 한 마음으로 뭉쳐서 로마에 대항할지도 모른다는 걱정을 하게 되었다. 유대인들은 예수가 하나님 아들이며, 구세주라고 하는 것은 하나님을 모독하는 것이라고 여겼다. 또 유대인이 하나님에게 선택받았다는 것을 부정하고 성전을 파괴하자 예수를 고발하였다. 로마는 예수를 잡아들였고, 법정에서 사기죄와 미신 선동죄를 씌워 골고다 언덕에서 십자가에 못 박아 사형에 처했다.

탐구하기 예수를 사형시키기 위하여 씌운 죄는 무엇인가요?

그 무렵 우리 나라에서는 **삼국이 세워지다**

기원전 57년에 박혁거세가 서라벌에 사로국을 세웠는데, 나중에 신라가 되었다. 기원전 37년에는 주몽이 동부여에서 졸본으로 가서 고구려를 세웠다. 그리고 기원전 18년에는 고구려 주몽 아들인 온조와 비류가 무리를 이끌고 남쪽으로 내려와 백제를 세웠다. 이렇게 세워진 삼국은 신라가 삼국을 통일하면서 서기 660년 백제가 멸망하고, 668년 고구려가 멸망할 때까지 700여 년 동안 이어졌다.

탐구 2 크리스트교 박해

예수가 십자가에 못 박혀 처형된 다음에도 로마는 크리스트교를 박해하였다. 네로는 헬레니즘 문화를 바탕으로 한 예술도시로 만들려고 로마시 전체에 불을 질렀다. 화난 시민들이 궁전으로 몰려가자, 크리스트교 인들에게 죄를 뒤집어 씌웠다. 크리스트교 인들이 우상을 받들지 않으려고 불을 질렀다며 그들을 짐승들에게 던지거나, 십자가에 매달고, 불에 태워 죽였다. 그 뒤에도 로마 황제들은 전통 종교를 이용해 다스리는 것을 크리스트교가 반대한다며 박해하였다.

도미티아누스, 하드리아누스, 마르쿠스 아우렐리우스, 셉티미우스 세베루스 등은 전통 종교를 이용하여 혼란에 빠진 로마를 바로잡으려고 했다. 또 황제 자신이 전통 종교들이 섬기는 신들을 지배하는 신이라며 자신을 받들라고 하였다. 로마가 다스리는 땅에서 온 사람들이 세운 만신전처럼 황제도 신상을 세우고는 그 황제 신상에 절하도록 하거나 황제에게도 헌금을 하라고 하였다.

크리스트교는 우상을 숭배하지 않기 때문에 당연히 거부하였다. 그러자 크리스트교가 로마를 혼란에 빠뜨리는 종교이며, 크리스트교 인들은 반역자나 다를 바 없다면서 크리스트교를 박해하였다. 발레리아누스는 질병이 퍼지고 흉년이 들자, 크리스트교가 로마 전통 신들을 섬기지 않았기 때문에 신들이 화를 내는 것이라고 여겼다. 그 바람에 크리스트교 인들은 집회를 금지당하고, 땅과 재산을 빼앗겼으며, 감독, 목사, 장로, 집사들은 사형을 당하거나 유배를 가야 했다.

트라야누스는 아무리 흉악한 범죄를 저지르거나 사람을 죽였다고 하더라도 크리스트교 인만 아니라면 사형에 처하지 않는다는 법을 발표하였다. 반대로 크리스트교 인이라면 무조건 죽였다.

디오클레티아누스 시절에 크리스트교 신자들이 스스로 군대에 들어갔는데 크리스트교 지도자들은 그것을 반대했다. 그러자 이미 들어간 신도들이 군대에서 도망치기 시작했고, 이들은 군사재판을 받고 사형을 당했다. 이 문제로 군대 사기가 떨어질 것을 염려하여 군대 안에 있는 크리스트교 신자들을 모두 내쫓았다. 나아가 관직에 있는 크리스트교 인들도 높고 낮음을 떠나 모두 그만 두도록 하였다. 황실에 근무하는 크리스트교 신자들에게도 로마 전통 신들에게 제사를 올리라고 명령하였다. 로마 수상이었던 도로테우스를 비롯한 많은 사람들이 그것을 거부하여 죽음을 당했고, 수많은 교회와 크리스트교 문서들이 파괴되고 불탔으며, 크리스트교 인들은 무참하게 살해되었다.

탐구하기 로마 황제들이 크리스트교를 탄압한 까닭은 어떤 것들이 있나요?

탐구 3 크리스트교가 바꾼 세상

로마 황제들이 아무리 박해하여도 크리스트교 인들은 가난하고, 힘없고, 병든 사람들을 정성껏 돌보고, 그들을 위해 신에게 기도해 주었다. 신분이 높고 낮음에 상관없이 모두 형제, 자매라고 부르며 평등하게 대했다. 그러자 로마 사람들도 점점 크리스트교를 이해하고 따르기 시작했다.

섬기는 사람이 많아지자 교리나 생각이 제도로 자리 잡기 시작하였다.

첫째는 십자가 사형제도가 없어졌다. 크리스트교 인들은 예수가 처형된 십자가를 거룩하게 여겼다. 크리스트교를 믿는 로마 사람들이 많아지자 그 거룩한 십자가에 사람을 매달아 죽이는 것을 없애달라고 하였다.

두 번째는 어린아이를 죽이지 못하게 하였다. 로마는 아이가 태어났을 때 아버지가 그 아이를 원하지 않으면 숨을 막거나 길에 버릴 수 있는 법이 있었다. 그러나 크리스트교 인들은 모든 사람을 사랑하라는 크리스트교 정신에 어긋나는 일이라며 이 법을 강력하게 반대하였다. 그래서 모든 어린이들을 어른들이 보호하여 키우도록 하였다.

세 번째는 사람을 바치는 제사를 없앴다. 로마 사람들이 믿는 종교제사에는 사람 심장, 간, 신장 등을 제물로 바치기도 하였다. 크리스트교 세력이 점점 커지면서 그런 제사 풍습도 점점 사라지게 되었다.

네 번째는 노예제도를 개선하였다. 로마에는 수많은 노예들이 있었는데 로마 시민 절반 이상이 노예였던 적도 있었다. 크리스트교는 교회 돈으로 주인에게 몸값을 주고 해방시켜 나갔다. 그리고 노예들도 같은 형제로 대우하였다. 그러자 노예를 함부로 대해서는 안 된다는 생각을 하게 되었고, 노예를 보호하는 법을 만들었다. 노예들은 함부로 대하는 주인에게 맞설 수 있게 되었고, 결혼도 하고 아기도 낳고, 휴가도 갈 수 있게 되었다. 나중에는 아예 노예제도가 없어졌다.

다섯 번째는 검투사 시합을 폐지시켰다. 로마 황제나 귀족들은 자기 힘을 뽐내기 위하여 노예들을 검투사로 훈련시켰다. 그리고 서로 싸움을 붙이고는 구경하는 것을 즐겼다. 검투사들은 목숨을 걸고 싸워야 했고, 주인이 지라고 하면 일부러 져야 했다. 검투사들 목숨은 황제와 귀족들, 그리고 시민들을 위한 구경거리에 불과했다. 크리스트교가 노력하여 노예들 지위가 높아지게 되면서 검투사들도 점점 없어지고 검투사 시합도 없어졌다.

해석하기 크리스트교가 바꾼 로마의 사회 모습을 정리하여 쓰세요.

해석 왜 크리스트교를 이해하지 못했나?

유대교와 로마가 크리스트교를 박해한 것은 크리스트교를 제대로 이해하지 못했기 때문이었다.

예수를 사기꾼이라고 여긴 유대인

유대교에서는 자신들을 구원할 구세주가 올 것이라는 예언을 조상대대로 들어왔다. 기다리던 구세주가 드디어 왔다는데, 그가 겨우 가난한 목수 아들이라는 것에 매우 실망하였다. 그가 요한에게서 세례를 받은 다음 하나님 아들임을 선포하고 환자를 치료하는 기적을 일으키자 혹시나 진짜 구세주가 아닐까하고 기대를 걸기도 하였다. 그러나 예수가 아무런 저항도 하지 못하고 허무하게 죽자, 유대 민족을 속인 사기꾼이라고 여기게 되었다.

크리스트교 인들도 유대인이 자기 종교를 모독하였으며, 민족과 국가가 분열된 것은 예수를 십자가에 못 박히게 한 유대인 때문이라고 여겨 같은 하나님을 섬기는, 같은 민족이면서도 서로 갈라져서 대립하였다.

크리스트교를 낮은 종교로 여긴 로마

로마는 만신전을 세워 정복한 땅에서 온 사람들에게 자기들이 섬기는 신들 형상을 마음대로 만들어 세울 수 있게 하였다. 크리스트교와 유대교는 형상이 있는 신이 아니라면서 만신전에 신상을 세우지 않았다. 그러자 다른 종교를 믿는 로마 사람들은 유대교와 크리스트교가 자기들을 모독한다고 여겼다.

만신전 로마가 지배한 지역 사람들이 자기들이 믿는 신을 상으로 만들어 세운 것이다.

거기에다 유대교는 오래된 종교이니 그나마 익숙하였지만, 크리스트교는 새로 생긴 종교라서 잘 알지 못하였다. 크리스트교 인들이 서로를 형제, 자매라고 부르는 것과 성찬식을 올릴 때 예수 그리스도의 피와 살을 먹는다고 말하는 것을 이해하지 못하고 사람을 먹는다고 오해하였다.

로마 사람들은 논리적이며 합리적인 생각을 하는 사람들이었으니 크리스트교가 말하는 '능력이 최고이며 세상에 하나 밖에 없는 신' 이라는 것이 이해가 되지 않았다. 그렇게 위대한 신이 아들을 말구유에서 태어나게 했다는 것과, 변변하게 구원할 시간도 주지 않고 힘없이 죽게 했다는 것이 말이 안 되는 이야기였다. 그러다 보니 다시 살아나서 하늘로 올라갔다는 것도 나중에 세상을 심판하러 온다는 것도 믿을 수가 없었다. 말도 안 되는 소리를 하는 수준 낮은 종교로 여겼다.

해석하기 로마 인이나 다른 종교를 믿는 사람들이 크리스트교를 무시한 까닭은 무엇인가요?

역사토론

크리스트교가 박해를 받은 가장 큰 까닭은 무엇일까?

토론 내용 크리스트교에서 신은 오직 하나님 한 분 뿐이라고 한다. 성부인 여호와, 성자인 예수, 그리고 성령을 모두 하나로 보고, 그것을 삼위일체라고 한다. 다른 종교들은 다른 신을 인정하였으나, 크리스트교는 유일신을 고집하였다. 그래서 유대교와 로마 등으로부터 심한 박해를 받았다. 그 까닭은 무엇일까?

토론 1 크리스트교 때문이다.

세상에 신은 오직 여호와 하나님 한 분 뿐이며 다른 신들은 우상이라고 하였다. 다른 신을 섬기는 사람들 입장에서는 기분이 나쁘다. 자기 종교를 종교도 아니라고 하는 크리스트교가 좋을 리 없기 때문이다. 자기 종교가 존중받으려면 다른 종교도 인정하고 존중해 주어야 하는데 크리스트교는 다른 신을 우상이라고 하였다. 그래서 다른 종교나 로마가 크리스트교를 미워한 것이다.

토론 2 유대인들 때문이다.

유대인들은 하나님이 유대인을 구원하기 위하여 보낸 예수가 가난한 목수 아들이라는 것을 부끄럽게 여겼다. 하나님에게서 선택받은 민족인 유대인을 구하러 온 구세주가 겨우 마구간에서 태어났을 리가 없다고 생각했다. 그런데다가 아무런 저항도 못하고 십자가에 못 박혀 사형 당하자 예수는 구세주가 아니라 여기고 크리스트교와 크리스트교 인을 미워하였다.

토론 3 로마 때문이다.

로마는 정치가 어려워지면 종교에 기대서 나라를 바로 세우려고 하였다. 황제를 신처럼 여기도록 하기도 하였다. 모든 백성에게 황제가 정한 신상이나 황제를 신으로 여기고 절하게 하였으며 신에게 바치듯이 황제에게도 헌금을 바치라고 하였다. 크리스트교가 그때마다 우상을 숭배할 수 없다면서 황제가 하려는 정책에 반대하고 황제에게 절하지도 않고 헌금도 바치지 않자 목숨을 빼앗고 박해를 하였다.

토론하기

크리스트교가 박해 받은 가장 큰 까닭은 무엇일까요? 자기 생각을 밝히고, 그 까닭을 쓰세요.

다음 글을 읽고, 물음에 대한 자기 생각을 써 보세요.

크리스트교는 모든 사람이 하나님 앞에 평등하며 누구나 서로 사랑하라고 가르칩니다. 자원봉사자들이 힘을 합쳐 가난한 사람들에게 집을 지어 주는 해비타트 운동도 크리스트교 정신을 실천하는 활동입니다. 크리스트교 정신을 실천하는 일에 대해 생각해 봅시다.

해비타트 운동

전 세계에서 집 없는 사람들에게 집을 지어 주는 해비타트(Habitat) 운동은 밀라드 풀러(Millard Fuller)라는 한 미국인 변호사로부터 시작되었다. 독실한 크리스트교 인이던 그는 벤처기업을 해서 서른이 되기도 전에 이미 백만장자가 되었다.

그런데 돈만 벌려고 사는 것은 아무런 의미가 없다면서 아내가 별거를 하자고 했다. 돈 버는 일에만 정신이 팔려 있던 밀라드 풀러는 가정을 지키고 크리스트교 정신을 실천하기 위하여 1965년에 전 재산을 팔아 가난한 사람들에게 나누어 주었다.

1973년 아프리카 자이레로 가서 가난한 흑인들을 위해 집을 지어 주기 시작했고, 1976년에 국제해비타트를 창설했다. 세계 곳곳에서 24분마다 한 채씩 해비타트 주택이 지어지고 있으며, 2005년에는 미국 테네시주 낙스빌에서 20만 번째 해비타트 주택이 세워졌다. 전 세계에서 집이 없는 사람들 1백만 명에게 집을 주어 희망찬 삶을 살도록 해 주었다. 지금도 전 세계에서 해비타트 운동이 활발하게 벌어지고 있다. 자원봉사자 수천 명이 집지어주기 운동에 참여하여 가난한 사람들에게 집을 지어 주고 있다.

해비타트, 사랑의 집짓기 건축 과정

*사진 제공 : www.habitat.or.kr.

생각 열기 해비타트 운동을 벌이는 크리스트교 인들에 대한 자기 생각을 쓰세요.

원인 분석 2

– 제시된 상황에 맞는 원인을 여러 가지로 찾아내어 체계적으로 정리하면 됩니다.

예수를 왜 마구간에서 낳았을까?

유대인들은 자기들은 하나님이 선택한 민족이며, 언젠가는 자기들을 구원하러 구세주가 올 것이라는 말을 조상대대로 들으면서 살아왔다. 그리고 드디어 그 구세주가 왔다고 했다. 그런데 그 구세주가 귀족은 고사하고 가난한 목수 아들로 태어났다고 했다. 거기에다가 마구간에서 낳았고, 말구유에 눕혔다고 했다. 유대인들에게는 이만저만 실망스러운 소식이 아니었다. 하지만 예수가 마구간에서 태어난 것과 말구유에 눕혀진 것은 집도 없이 가난하기 때문이 아니었다.

유대인들은 유월절, 오순절, 장막절 이렇게 일 년에 세 번은 하나님을 경배하기 위해 예루살렘으로 가야 했다. 9월 중순에서 10월 중순까지는 나팔절, 속죄절, 장막절을 지키러 예루살렘으로 가는 시기였다. 요셉과 마리아도 그때 살던 집을 떠나 예루살렘으로 갔던 것이다.

그때 예루살렘에는 많은 순례자들이 몰려 요셉과 마리아가 편안하게 묵을 곳을 구할 수가 없었다. 그런데 마리아가 아기를 낳으려고 하니 어쩔 수가 없었다. 지금도 예루살렘에 순례자들이 몰리는 날이 되면 너무 많은 사람들 때문에 정신없이 복잡해진다. 예수가 태어나던 날도 그런 복잡한 날이었고, 요셉과 마리아는 명절을 보내러 예루살렘으로 온 사람이었던 것이다.

주제 예수가 마구간에서 태어나 말구유에 눕혀진 원인

원인 분석 (1) 요셉과 마리아가 집을 떠나 예루살렘으로 하나님을 경배하러 갔기 때문이다.

(2) 예루살렘에 순례자들이 몰려서 묵을 곳을 구할 수가 없었기 때문이다.

주어진 주제에 맞게 원인을 분석하여 써 보세요.

주제 다른 사람에게 자기 종교를 강요하면 안 된다.

원인 분석 (1)

(2)

(3)

위에서 밝힌 원인을 글로 이어서 쓰세요.

주제 다른 사람에게 자기 종교를 강요하면 안 된다.

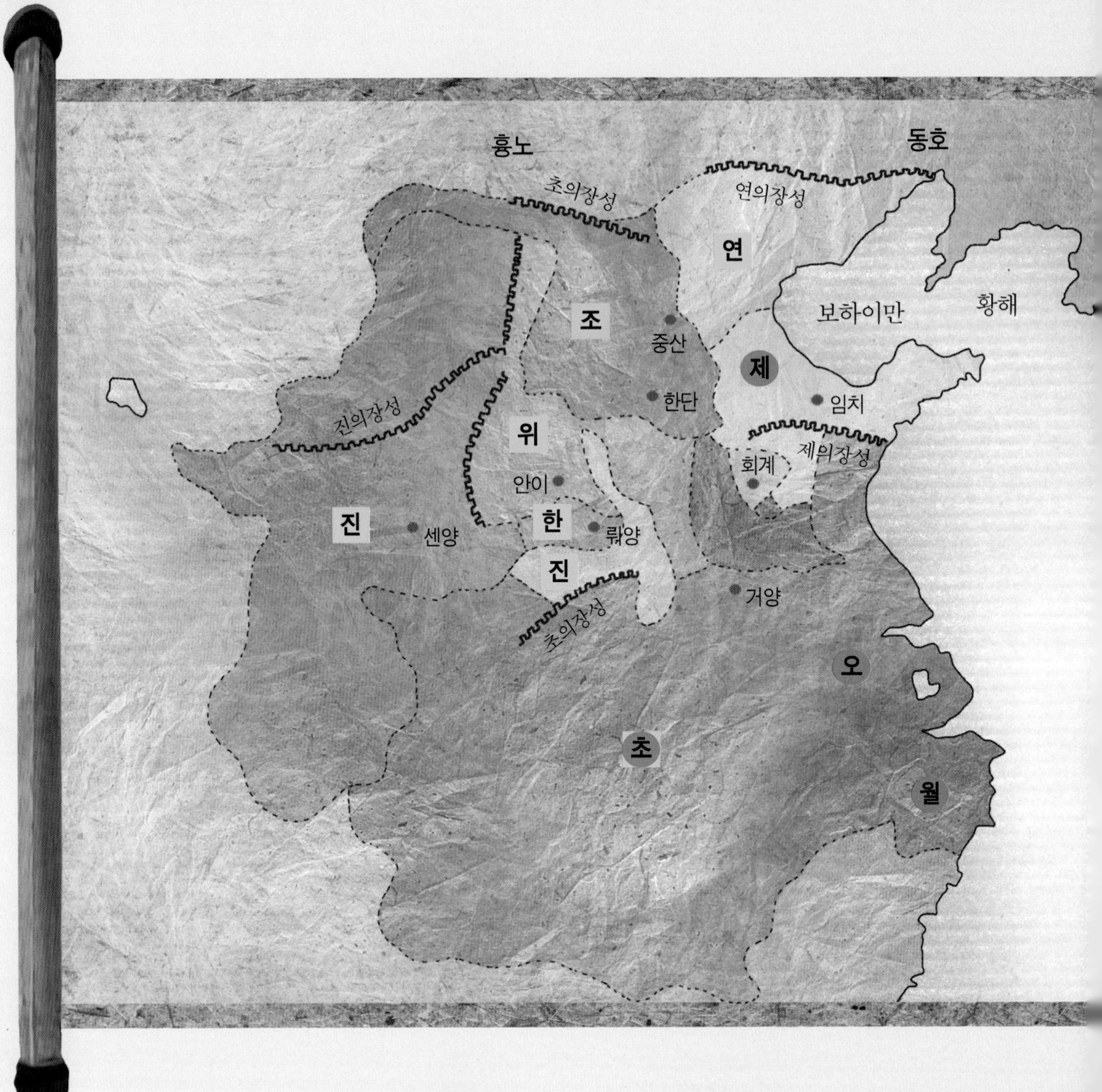

흉노
동호
초의장성
연의장성
연
보하이만
황해
조
중산
제
한단
임치
진의장성
위
회계
제의장성
안이
진
센양
한
뤄양
진
거양
초의장성
오
초
월

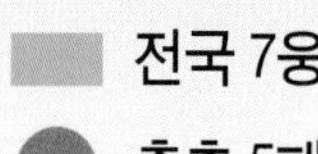

전국 7웅

춘추 5패

12

춘추전국시대와 제자백가

역사 연대기

기원전 770년 | 주나라가 수도를 호경에서 낙읍으로 옮김(동주시대).
기원전 753년 | 로마가 건국됨.
기원전 492~479년 | 페르시아 전쟁이 일어남.
기원전 431~404년 | 펠로폰네소스 전쟁이 일어남.
기원전 403년 | 전국 시대가 시작됨.
기원전 334~323년 | 알렉산드로스가 동방으로 원정함.
기원전 221년 | 진나라 시황제가 중국을 통일함.

학습 목표

1. 춘추전국시대에 대해 알 수 있다.
2. 제자백가에 대해 알 수 있다.
3. 성선설과 성악설에 대해 알 수 있다.
4. 유교가 종교인가에 대해 생각해 볼 수 있다.
5. 대안 제시하는 방법(1)을 배워 논술 개념을 익힐 수 있다.

심화 학습

도서 읽기 • 사마천의 사기이야기 2 : 춘추오패
(유중하 지음/웅진주니어)
• 사마천의 사기이야기 3 : 전국칠웅
(유중하 지음/웅진주니어)

탐구 1 춘추 5패, 전국 7웅

춘추전국시대란 춘추시대와 전국시대 약 550년간을 말한다.

춘추시대

공자가 쓴 《춘추》에서 따온 말이며, 기원전 770년 주나라가 서북방 부족인 견융족에게 밀려 수도를 호경에서 동쪽 낙읍으로 옮긴 때(동주시대)부터 진(晉)나라가 한(韓) · 위(魏) · 조(趙)로 독립한 기원전 403년까지를 말한다.

주나라 왕실이 약해지자 170여 개가 넘는 제후국들은 스스로 힘을 키워 자기 영토를 다스리고 약한 제후들을 무너뜨리며 세력을 점점 넓혀갔다. 하지만 주나라는 '하늘에서 뜻을 받은 사람이 왕이 된다'는 천명(天命) 사상을 강조했기 때문에 제후들은 왕을 함부로 하지 못했다. 따라서 '왕실을 높이고 오랑캐를 물리친다'는 존왕양이(尊王攘夷)와 봉건제는 유지되었다.

이 시대를 이끈 다섯 나라인 제(齊) · 진(晉) · 초(楚) · 오(吳) · 월(越)을 가리켜 춘추 5패라고 부른다.

전국시대

유향이 쓴 《전국책》에서 따온 말로, 진(秦)나라가 중국을 통일한 기원전 221년까지를 말한다. 주나라 왕실의 영향력이 남아 있던 춘추시대와는 달리 제후들은 더 이상 주나라 왕실 권위를 인정하지 않았고, 스스로 왕이 되었다.

전쟁에서 지면 멸망하였으므로 살아남기 위해 치열하게 싸울 수밖에 없었다. 패권을 잡기 위해서는 강한 군사력과 막대한 경제력이 필요했다. 그래서 각 나라 왕들은 세금을 늘릴 방법을 궁리했다. 농업 생산력을 높이기 위해 새로운 농토를 만들고 관개시설을 발전시켰으며, 철제 농기구가 보급되고 소를 농사에 이용하면서 생산력이 크게 높아졌다. 남는 생산물은 가공하여 팔았기 때문에 수공업과 상업이 발전하였다.

봉건제 대신에 넓어진 땅을 강력하게 지배하기 위해 전국을 여러 군과 현으로 나누고 지방관을 보내서 다스리는 중앙집권적 군현제(郡縣制)가 등장하였다. 신분에 관계없이 능력에 따라 인재를 등용하는 관료제가 세워졌다. 이 시대를 이끈 일곱 나라인 제(齊) · 초(楚) · 진(秦) · 연(燕) · 위(魏) · 한(韓) · 조(趙)를 가리켜 전국 7웅이라고 부른다.

탐구하기 춘추시대와 전국시대가 정치체제에 큰 차이가 나는 이유는 무엇인가요?

탐구 2 제자백가 사상

춘추전국시대에는 많은 나라들이 세워지고 사라졌다. 각 나라는 훌륭한 인재를 기르고 국력을 키우기 위해 노력했고, 어지러운 세상을 바로잡기 위해 뜻 있는 학자들이 많이 생겨나 싸우는 방법과 정치하는 방법을 연구했다. 이들을 제자백가(諸子百家)라고 한다. '子'는 위대한 스승에게 붙이는 존칭으로 '諸子'란 여러 학자들이란 뜻이다. '家'는 스승을 따르며 사상체계를 세웠다는 것으로 '百家'란 수많은 학파를 뜻한다. 대표적인 학파로는 유가, 도가, 묵가, 법가 등이 있다.

유가(儒家) | (=유교, 유학) 공자, 맹자, 순자

공자는 주나라 왕실 전통이 강했던 노나라에서 태어나 일찍 고아가 되었고, 독학으로 공부했다. 그는 세상이 어지러운 것은 주나라를 섬기는 '예(禮)'를 잃었기 때문이라고 생각했다. 그래서 '예'를 다시 세우기 위한 방법으로 '인 · 서 · 정명'을 제안했다. 공자는 제자가 3천 명이나 되었는데, 주로 학문을 익힌 뒤 관리가 되려는 평민들이었다.

공자가 죽고 100년쯤 뒤에 태어난 맹자는 공자가 펼친 가르침을 이어받았다. '어진 정치'만이 전혼란을 바로잡을 수 있다고 하며, 백성을 '덕(德)'으로 다스리는 '왕도(王道) 정치'를 주장했다.

> 인(仁) 사람을 사랑하는 마음이다.
> 서(恕) 자신이 원하지 않는 것을 남에게도 행하지 말라.
> 정명(正名) 임금은 임금답고 신하는 신하다우며, 아비는 아비답고 자식은 자식다워야 한다.

전국시대 말기 사람인 순자는 통일을 바랐기 때문에 다른 사상가들보다는 현실적인 이론을 내세웠다. 그는 '강제적이고 제도적인 예'를 내세웠다.

도가(道家) | (=도교) 노자, 장자

노자는 우주 만물이 가지고 있는 본체를 '도(道)'라 불렀다. 도를 얻는 방법은 '인(仁)'이나 '예(禮)'를 지켜서 얻는 것이 아니라, 아무 목적 없이 자연스럽게 행동하여 얻는 것이라고 했다. 또한 '통치제도 안에 들어오면 사랑으로, 제도 밖에 남으려고 하면 폭력으로 통치해야 한다'는 생각은 한(漢)나라를 거쳐 지금까지도 이어져오고 있다.

장자는 노자가 펼친 학설을 잘 발전시켰다. 노자는 정치에 관심이 많았지만, 장자는 개인이 마음을 편안히 하고 삶을 보존하는 데 관심을 두었다. 또 편견과 선입견을 버려야 사회적 갈등과 대립을 없앨 수 있다고 했다.

묵가(墨家) | 묵자

묵자는 그 무렵 혼란이 일어난 원인을 인간이 서로 사랑하지 않기 때문이라고 보고, 자신을 사랑하듯 남을 사랑하면 전쟁은 일어나지 않을 것이라고 하며, 전쟁을 반대하였다. 또 왕위는 아들에게

물려 주는 것이 아니라 훌륭한 인재에게 물려 주어야 하며, 왕은 굶주린 백성에게 먹을 것을, 추운 백성에게 옷을, 지친 백성에게 휴식을 주어야 한다고 했다.

유가에서 말하는 '인(仁)'이 사람에 따라 그 친함에 차이를 두고 사랑하는 차별적 사랑인 것과 달리, 묵자는 모든 사람을 차별 없이 평등하게 사랑해야 한다는 '겸애(兼愛)'를 주장하였다. 또 유가가 '예(禮)'를 강조해 의례와 형식을 따르게 하여 백성들에게 재산을 소모시켜 가난하게 만든다고 하였다. 그러므로 절약하고 생산에 힘쓰며 소비를 줄일 것을 강조했다.

법가(法家) | 한비자

춘추시대까지만 해도 '법(法)'은 '예(禮)'를 보완하는 정도였으나, 전국시대가 되어 급격한 혼란과 사회변동 등을 겪으면서 '예(禮)'와 맞서게 되었다.

전국시대 말기, 순자에게서 학문을 공부한 한비자는 그때까지 나온 법가 사상을 모두 모아서 정리하고 순자가 주장한 '성악설'을 이어받아 법가를 완성했다. 순자는 인간은 본성이 악하여 경제적 이익을 계산하는 존재이므로, '예(禮)'에 의한 교육과 학습이 없었다면 사회는 혼란에 빠지게 될 것이라고 했다. 이에 한비자는 국가 통치를 위해 '법'이란 상을 내리는 것과 벌을 내리는 조건을 확실하게 정하여 국가를 튼튼하게 만들어야 한다고 했다.

한비자가 주장한 모든 사상은 진나라 시황제에 의해 받아들여졌고, 한비자가 생각한대로 천하가 통일되어 전쟁은 끝났다. 하지만 진나라가 15년 만에 망하자 법가 사상에 대해서도 다시 생각하게 되었다.

모든 사상은 시대 상황을 보고 이해해야만 한다. 제자백가 사상은 한나라 7대 황제인 무제(통치 기간 : 기원전 141~87년)가 "모든 제자백가를 물리치고 유학만 숭상한다"고 선언하자 유학이 중국을 지배하게 되었다. 한나라 무제는 공자 무덤을 순례하고 사당을 세웠다. 이때부터 공자는 성인으로 받들어졌고, 많은 학자들이 유학을 연구하여 송나라 때인 13세기 무렵 성리학(性理學)으로 발전했다.

탐구하기 **춘추전국시대에 많은 사상과 학파가 나타난 까닭은 무엇일까요?**

해석 '성선설(性善說)'과 '성악설(性惡說)'은 어떻게 다른가?

공자에서 시작된 유가 사상은 맹자를 거쳐 순자에서 체계가 갖추어졌다. 맹자와 순자는 모두 도덕을 지키자고 했으나, 인간 본성에 대해서는 서로 다르다고 생각했다.

맹자는 인간에게 선한 본성이 있다는 '성선설(性善說)'을 주장했다. 태어나면서부터 사단을 가지고 있어, 이것이 '인(仁)·의(義)·예(禮)·지(智)'라고 하는 '덕(德)'이 된다고 하였다. 하지만 욕망과 환경에 의해 나쁜 짓을 저지를 수도 있으므로 끊임없는 자기 수양을 강조하였다.

순자는 인간 본성은 악하지만 배우고 노력해서 선해진다는 '성악설(性惡說)'을 주장하였다. 인간이 가지고 있는 욕망은 끝이 없으며 그것을 만족시켜 줄 물질은 한계가 있으니 욕심을 조절하기 위해 성인이 만든 것이 '예(禮)'라고 했다. '예'를 노력하여 배워야 하고, 국가가 억누르지 않으면 세상은 무질서해진다고 주장했다.

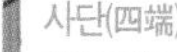

사단(四端)
측은지심(惻隱之心): 불쌍히 여기는 마음
수오지심(羞惡之心): 부끄러움을 아는 마음
사양지심(辭讓之心): 사양하는 마음
시비지심(是非之心): 옳고 그름을 아는 마음

해석하기 맹자와 순자는 '예(禮)'를 어떻게 다르게 보았나요?

맹자

순자

우리 나라에서는 우리 나라에 들어온 유교

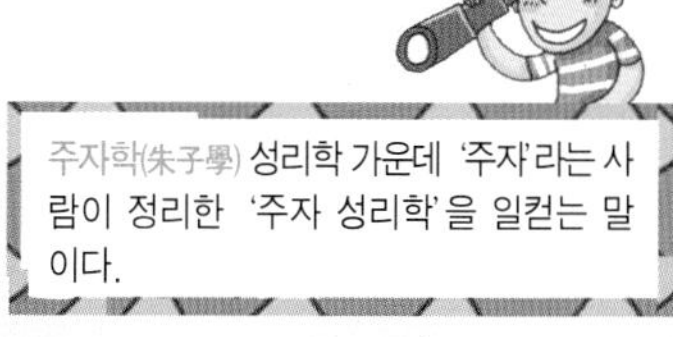

주자학(朱子學) 성리학 가운데 '주자'라는 사람이 정리한 '주자 성리학'을 일컫는 말이다.

기원전 108년, 한나라 무제가 위만조선을 멸망시키고 한사군이 설치되면서 중국 문물이 들어올 때 유교도 함께 들어왔고, 삼국시대에 널리 퍼졌다. 고구려 소수림왕은 유교 경전을 가르치는 태학을 세웠고, 백제는 오경박사를 두고 일본에까지 유교 사상을 전했다. 또한 신라 청년들은 유교경전을 배우고 실천할 것을 맹세한 임신서기석을 세웠다.

고려시대에는 과거제도를 비롯한 국가의례제도 등에 영향을 주었고, 김부식이 지은 《삼국사기》에도 유교 사상이 들어 있다. 고려 말인 충렬왕 때 안향이 원나라로부터 주자학을 들여와 이색, 정몽주 같은 학자들이 널리 퍼뜨렸다.

이성계가 조선을 세울 기틀을 마련한 정도전은 유교를 적극적으로 받아들였고, 조선은 유교를 숭상하여 불교를 누르는 숭유억불정책을 썼다. 유학자들 사이에 당파가 생겼고, 권력 다툼 속에서 여러 차례 사화를 겪기도 했다.

유교 기본 윤리인 삼강오륜은 우리 나라에서 오랫동안 사회윤리로 존중되어 왔고, 충효를 강조함으로써 나라와 가정을 올바르게 세우도록 했다. 지금도 유교는 우리 사회 많은 부분에 영향을 주고 있다.

역사토론

유교는 우리에게 철학인가, 종교인가?

토론 내용 중국에서 시작된 유가 사상은 학문적 의미로는 '유학'이라고 하고, 사회질서에 영향을 미치는 종교를 의미할 때는 '유교'라고 부른다. 그렇다면 조선 시대부터 우리 사회를 지배하고 있는 유교는 종교일까, 철학일까?

토론 1 유교는 철학이다.

우리 나라에서는 충과 효를 강조한 유교가 끼친 영향으로 많은 사람들이 자기가 믿는 종교와는 상관없이 조상에게 제사를 지낸다. 유교는 종교라기보다는 우리 나라 사람들 정서 밑바닥에 깔려 있는 사상이므로 철학이다.

토론 2 아니다. 유교는 종교다.

종교라는 말 자체를 한자로 풀어 보면 '으뜸 종(宗)', '가르칠 교(敎)'로 '학문 가운데 가장 으뜸인 가르침'을 뜻한다. 조상신이 있다고 믿으면서 지내는 제사는 보이지 않는 세계를 믿는 것이고, 가르침도 있으니 제사 의식을 종교 의식으로도 볼 수 있다.

토론 3 그래도 유교는 철학이다.

종교에는 죽은 뒤에도 삶이 계속된다는 내세관이 있어야 하는데 유교에는 없다. 공자는 "살아서 할 일도 다 모르는데, 죽어서 일까지 어떻게 알겠냐?"고 했다. 제사도 4대까지만 지내서 실제로 고조할아버지 윗대 조상에 대한 호칭도 없다. 고조할아버지는 후손이 죽어 5대가 되면 그냥 사라지는 것이다. 제사는 조상에게 예를 지키는 것일 뿐, 종교로 볼 수 없다.

토론 4 아무리 그래도 유교는 종교다.

유교는 서울에 있는 성균관을 중심으로 각 시도별로 향교 재단이 있고, 그 아래 향교가 있는 형태로 조직을 이루고 있다. 또 유교를 믿는 사람들 단체인 '유교회'가 있고, 신문인 '유교신보'를 격주간으로 발행하고 있다. 종교단체별 신도 수 조사에 의하면 불교, 개신교, 천주교를 이어 유교 신도가 많다.

토론하기 **유교는 철학일까요, 종교일까요? 자기 생각을 밝히고, 그 까닭을 쓰세요.**

다음 글을 읽고, 물음에 대한 자기 생각을 써 보세요.

➔ 춘추전국시대는 나라끼리 서로 먹고 먹히는 약육강식 시대였습니다. 지금도 세계에는 티베트, 바스크 등 분리 · 독립하려는 여러 나라가 있습니다. 그 가운데 한 나라인 그린란드 독립을 살펴보면서 독립이 반드시 좋은 것인가에 대해 생각해 봅시다.

북극 얼음이 녹자 독립을 꿈꾸는 나라, 그린란드

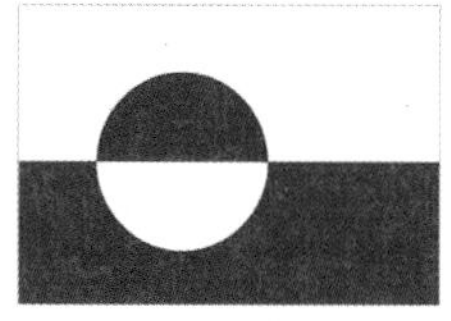

그린란드 국기

세계에서 제일 큰 섬은 북극해에 있는 덴마크령 그린란드(Greenland)다. 본국인 덴마크 땅보다 50배나 더 넓은 이곳은 풀이나 나무가 거의 없다. 면적 가운데 80%가 두꺼운 얼음으로 덮여 있어 사람이 살 수 없는 땅으로, 남서부에만 6만여 명이 살고 있다. 1979년 덴마크 정부로부터 자치권을 얻어냈고, 1998년에는 그린란드 사람들이 원하는 대로 완전한 독립을 승인받았다. 그러나 국가 재정 절반 이상과 외교, 국방 부문을 덴마크에 의존하고 있기 때문에 아직도 독립하지 못하고 있다.

온난화는 지구를 위기에 빠뜨려 기상이변으로 인한 재해가 끊이지 않고, 북극곰을 비롯한 많은 생물이 살아갈 터전을 잃게 되어 멸종될 것이라고 하지만, 그린란드 사람들은 독립에 대한 기대로 부풀었다고 한다.

얼음이 녹자 얼음 밑에 묻혀 있던 엄청나게 많은 다이아몬드, 금, 은, 아연, 니켈 등 천연자원을 캐낼 수 있게 되었다. 녹는 만년설을 수력발전에 이용할 수도 있고, 자원을 개발하면 일자리도 만들 수 있다는 것이다. 쓸모없는 땅으로 버려졌던 그린란드가 온난화 덕분에 달러를 벌게 되어 덴마크로부터 완전히 독립할 수 있을 것이다.

그렇다고 그린란드 독립이 밝은 것만은 아니다. 강대국들은 북극자원을 차지하려고 치열한 경쟁을 벌이고 있어 이들이 저지른 횡포에 원주민들이 희생될 수도 있기 때문이다. 또 어업과 사냥 등 전통적인 생활양식으로 살아가는 원주민들은 이미 온난화로 살아갈 터전을 잃고 있어 생존을 걱정할 정도가 되었다고 한다. 그래서 섣부른 독립이 오히려 독이 될 수도 있다는 조심스런 충고도 나오고 있다.

＊출처 : 〈경향신문〉(2007년 10월 5일)

생각 열기

그린란드는 1998년에 독립을 보장받았지만, 아직도 덴마크령으로 남아 있습니다. 분리 · 독립하려는 나라들이 독립국가가 되기 위해 갖추어야 할 조건에는 어떠한 것이 있을지 자기 생각을 써 보세요.

대안 제시 1

– 상황 제시에서 내세운 문제점에 대한 해결 방법을 제시하는 과정입니다.

맹모삼천지교(孟母三遷之教, 교육에 있어서 환경이 중요함을 이르는 말)

전국 시대 노나라 사람인 맹자는 어렸을 때 아버지가 죽고 어머니 손에 자랐다. 어머니는 교육에 관심이 많았다. 맹자네 집은 공동묘지 근처에 있었는데, 어린 맹자는 날마다 장례지내는 모습을 흉내 내며 놀았다. 이것을 본 맹자 어머니는 아이가 살 곳이 못된다며 시장 근처로 이사를 갔다. 맹자는 날마다 장시꾼들이 물건을 사고파는 것을 흉내 내며 놀았다. 맹자 어머니는 이곳도 아이 교육에 좋지 못하다며 다시 서당 옆으로 이사하였다. 그러자 비로소 맹자는 공부놀이를 하며 놀았다. 맹자 어머니는 이곳이야말로 맹자를 올바르게 키울 수 있는 동네라 생각하고 오래 살았다고 한다.

단기지교(斷機之教, 학문을 중간에 그만두면 아무 쓸모가 없다는 뜻)

어른이 된 맹자는 집을 떠나 공부하였다. 그러던 어느 날, 소식도 없이 맹자가 집으로 돌아왔다. 마침 베틀에 앉아 길쌈을 하고 있던 어머니는 반가워하기는커녕 이렇게 물었다.

"그래 공부는 다 했느냐?"

"열심히 하다가 왔습니다."

맹자가 대답하자 어머니는 짜고 있던 베를 가위로 싹둑 잘라버리고는 아들을 꾸짖었다.

"공부를 하다가 중도에 그만두는 것은 짜던 베를 중간에 잘라버린 것과 같은 것이다."

맹자는 그 길로 다시 스승에게 돌아가 공부하였고, 위대한 유학자가 되었다고 한다.

문제점 **맹자 어머니가 아들 교육에서 느낀 문제점**

(1) 공동묘지 근처에서 살아 날마다 장례지내는 모습을 흉내 내며 놀았다.

(2) 시장 근처에서 살아 날마다 물건을 사고 파는 것만 흉내 내며 놀았다.

(3) 학업을 마치지 않고 집으로 돌아왔다.

대안 제시 **맹자 어머니가 문제점을 해결하기 위해 제시한 대안**

(1) 시장 근처로 이사했다.

(2) 서당 옆으로 이사했다.

(3) 맹자에게 잘못을 깨닫게 하기 위해 짜고 있던 베를 가위로 잘라버렸다.

주어진 문제를 해결하기 위한 대안을 제시하여 써 보세요.

1. 문제점 석유 가격이 폭등했다.

대안 제시 (1) 가까운 거리는 걸어 다닌다.

(2)

(3)

2. 문제점 스트레스로 인해 병이 생긴다.

대안 제시 (1)

(2) 음악 감상으로 흥분된 마음과 굳어진 근육을 풀어준다.

(3)

3. 문제점 아이들이 싸구려 불량식품을 사 먹는다.

대안 제시 (1)

(2)

(3) 불량식품이 건강에 얼마나 나쁜 것인지 학교와 가정에서 교육한다.

4. 문제점 장마철이 되면 홍수가 날까봐 불안하다.

대안 제시 (1)

(2)

(3)

5. 문제점 물가가 올라 서민 생활이 점점 더 어려워지고 있다.

대안 제시 (1)

(2)

(3)

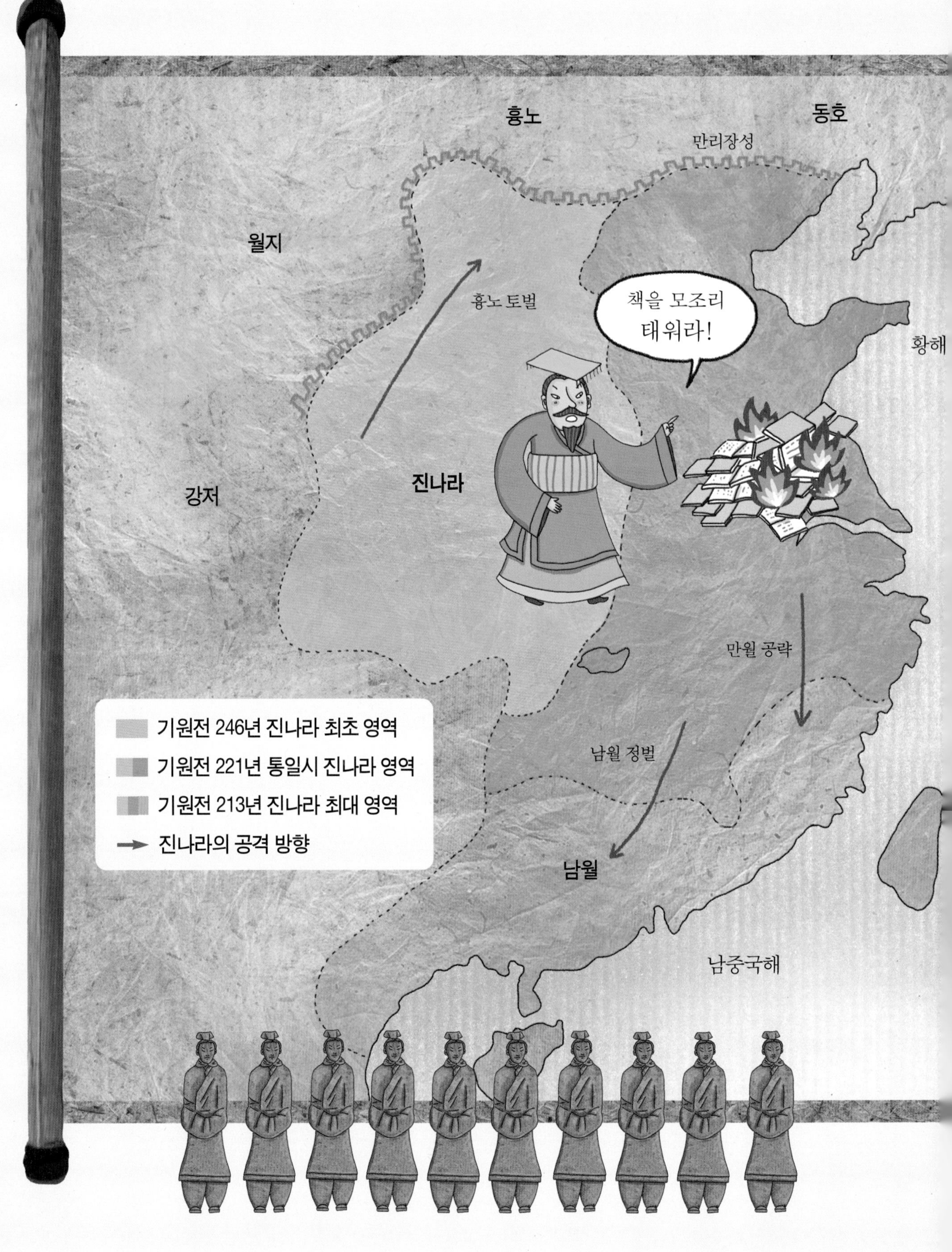
흉노
동호
만리장성
월지
흉노 토벌
책을 모조리 태워라!
황해
강저
진나라
만월 공략
기원전 246년 진나라 최초 영역
기원전 221년 통일시 진나라 영역
기원전 213년 진나라 최대 영역
진나라의 공격 방향
남월 정벌
남월
남중국해

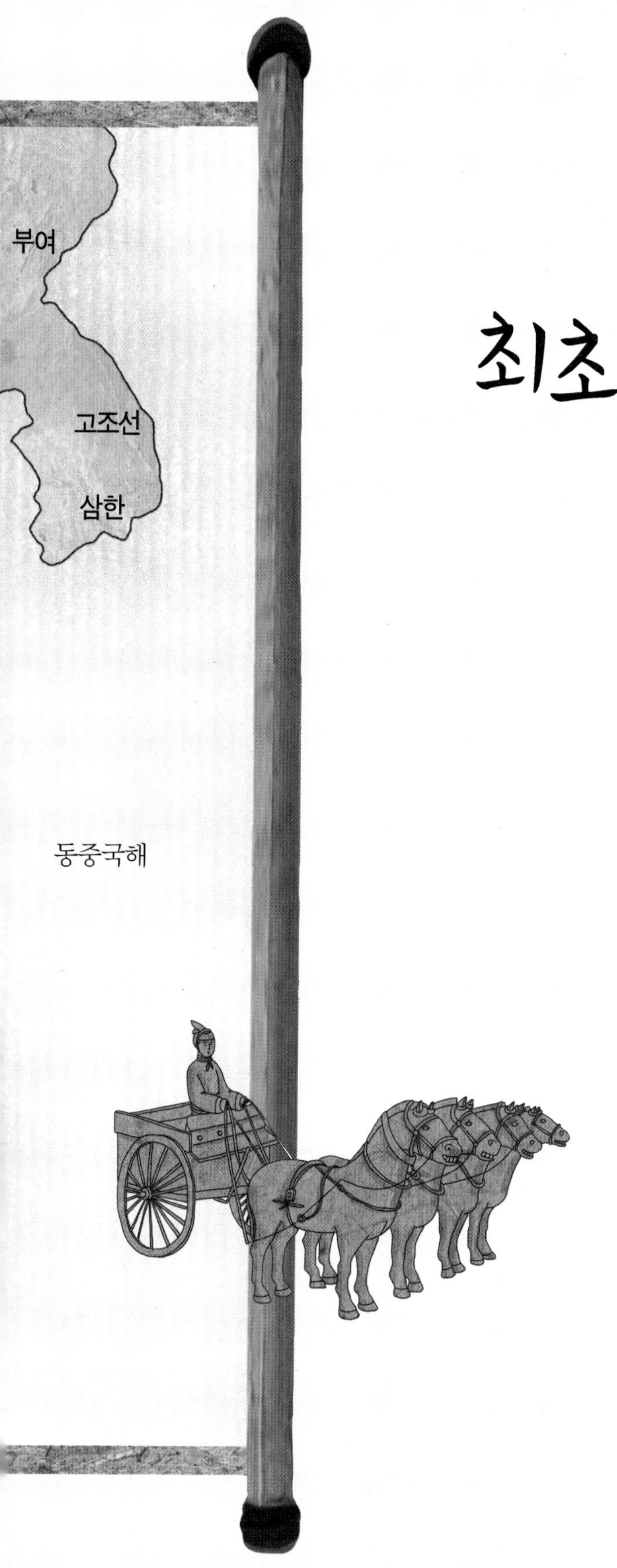

13

최초로 중국을 통일한 진나라

역사 연대기

기원전 269년 | 마우리아 제국 아소카 왕이 즉위함.
기원전 221년 | 진나라가 중국을 통일함.
기원전 218년 | 제2차 포에니 전쟁이 시작됨.

학습 목표

1. 최초로 중국을 통일한 진나라에 대해서 알 수 있다.
2. 시황제가 실시한 통일정책에 대해서 알 수 있다.
3. 진나라가 통일할 수 있었던 까닭에 대해 알 수 있다.
4. 진나라가 멸망한 이유에 대해서 알 수 있다.
5. 진시황에 대해 평가해 볼 수 있다.
6. 엄격하게 법을 집행하는 것이 범죄를 줄일 수 있는 방법인지 생각해 볼 수 있다.
7. 대안 제시하는 방법(2)을 배워 논술 개념을 익힐 수 있다.

심화 학습

도서 읽기 • 노빈손의 으랏차차 중국대장정
(강영숙 · 한희정 지음/뜨인돌어린이)
• 진시황, 책을 불태우지 마세요!
(메리 폽 어즈번 지음/비룡소)

탐구 1 최초로 중국을 통일한 진시황

진나라 시황제

원래 주나라 서쪽 변방에 있던 작은 나라였던 진나라는 효공 때 법가 사상가인 상앙이 부국강병책을 펼쳐서 국력이 발전하여 전국 7웅 가운데 가장 강력한 국가가 되었다. 31대 진왕인 정은 상앙이 이루어놓은 엄격한 법가사상을 바탕으로 국가 체제를 세우고, 이사와 같은 유능한 재상을 등용하여 기원전 221년에 한, 위, 초, 연, 조, 제나라를 차례로 멸망시키고 중국을 통일하였다.

정은 중국을 최초로 통일한 위대한 업적에 왕이라는 호칭은 어울리지 않다고 생각하였다. 그래서 삼황오제가 가진 재능과 덕을 고루 갖춘 사람이라는 뜻으로 황제라는 이름을 만들고, 자신이 처음으로 황제라는 이름을 사용했기 때문에 시황제라고 부르게 하였다.

시황제는 여러 문화와 종족이 뒤섞여 있는 중국을 편하게 다스리기 위해서 황제에게 모든 권력을 집중시키는 중앙집권적 통치를 하기 시작하였다.

먼저 제후들에게 땅을 나누어 주어 다스리게 하는 주나라 봉건제도를 없앴다. 제후세력이 커지면서 왕을 무시하고 스스로 왕이 되려고 나라를 세우던 전국시대를 겪었기 때문이었다. 그래서 전국을 36개 군으로 나누고, 군 아래 현을 두어, 황제가 임명한 관리를 파견하여 군·현을 다스리게 하는 군현제를 실시하였다. 군현제는 황제 명령이 빠르게 전국으로 전달될 수 있어서 지방에까지 바로 미칠 수 있었다. 이 군현제는 부르는 이름은 달랐지만, 기본적인 행정제도로 삼아 중국을 지배하는 정치제체로 이어졌다.

통일을 이룬 시황제를 괴롭히는 세력이 있었는데, 바로 북쪽 유목민족인 흉노족이었다. 그래서 기원전 213년 군대를 파견하여 흉노족을 북쪽으로 몰아내고, 다시 침입하는 것을 막기 위해 전국시대에 여러 나라들이 만들었던 성들을 이어서 만리장성을 쌓았다. 이와 함께 남쪽으로 군대를 보내 남월을 정벌하여 인도차이나 반도 북부까지 영토를 넓혔다. 그 덕분에 진나라 이름이 서양에까지 알려지게 되었다. 그 당시 동남아시아 사람들이 진나라를 'Cin'이라 불렀는데 이것을 듣고 서양 사람들이 중국을 'China'라 불렀다. 오늘날 중국을 뜻하는 'China'라는 말은 진나라에서 비롯된 것이다.

탐구하기 시황제가 중앙집권적 통치를 위해 실시한 제도는 무엇인가요?

탐구 2 시황제가 실시한 통일정책

반량전

소전체

시황제는 중앙집권 체제를 세우려고 노력하였다.

첫째, 일상생활에 필요한 도량형을 통일하였다. 나라마다 양을 재는 단위와 길이를 재는 단위 등이 약간씩 다른 불편함을 덜 수 있도록 '홉(0.33㎡, 180ml)'이라는 표준 그릇을 쓰게 하였다. 그러자 물건을 사고 팔기가 편리하였고 경제가 발달하게 되었다.

둘째, 도로 폭과 수레바퀴 폭을 통일하였다. 시황제는 나라마다 수레바퀴 크기와 바퀴 폭을 통일시키면서 전국을 잇는 도로인 '치도(馳到)'를 만들었다. 치도 폭은 50보(약 67.5m)로 일정하게 하고 길가 양 옆에는 소나무를 심었다. 이 치도 덕분에 수레로 어느 곳이든지 갈 수 있게 되었다.

셋째, 화폐를 통일하였다. 네모난 구멍이 뚫려 있는 둥근 동전인 반량전을 전국으로 유통시켰다.

넷째, 문자를 통일하였다. 당시 글씨체는 비석에 새기던 대전체였는데, 문자가 너무 복잡하여 문서를 정리하는 시간이 많이 걸렸다. 그래서 쓰기 편한 소전체를 개발했는데, 이것이 오늘날 중국 한자가 되는 기본이 되었다.

다섯째, 사상을 통일하였다. 당시 전국시대 제후국 후손들은 군현제 때문에 자신들이 그동안 누리던 모든 특권과 혜택이 사라졌다. 때문에 주나라 봉건제를 그리워하며 시황제에게 불만을 품었다. 또한 법가가 아닌 사상은 인정하지 않자, 유가를 비롯한 다른 학파들도 반발이 심했다.

진나라 외에 다른 나라 역사를 다룬 역사서와 의학, 농업, 점술 같은 실용적인 책을 빼고는 모두 불태우게 하였다. 이듬해는 선비를 포함한 460여 명을 산 채로 묻어, 반대하는 지식인들을 없애버렸다. 이 사건을 '책을 태우고 유학자들을 묻어 버렸다'라는 뜻으로 '분서갱유'라고 불렀다. 그러나 시황제가 실시한 통일정책은 너무 강압적이었기 때문에 비판하는 사람들이 점점 늘어났다.

탐구하기 분서갱유가 일어난 까닭은 무엇 때문인가요?

역사해석

해석 1 진나라가 통일할 수 있었던 까닭은?

원래 진나라는 중원에서 멀리 떨어진 서쪽에 자리 잡고 있었기 때문에 전국 7웅 가운데에서 문화가 가장 뒤떨어져 있었다. 그래서 다른 나라 사람들이 오랑캐처럼 생각하는 설움을 당하기도 했다. 그런 진나라가 춘추전국시대를 끝내고 통일할 수 있었던 이유는 다음과 같다.

첫째, 법가 사상으로 개혁을 했기 때문이다. 진나라 효공이 법가 사상가인 상앙을 등용하여 변법을 시행했다. 나라에 아무 공도 세우지 못했음에도 대대로 높은 관직을 물려받는 것을 모두 없애고, 전쟁에 나가 세운 공로에 따라 벼슬을 받도록 법을 바꾸었다. 이 법은 왕족이든 백성이든 신분 지위에 상관없이 누구에게나 공평하게 적용하였다. 따라서 서민에서 귀족이 되는 가장 좋은 방법은 전쟁에서 공을 세우는 것이었으므로, 백성들 모두 전투에 나서면 서로 공을 세우려고 했다. 그 결과 진나라는 부국강병을 이룰 수 있었다.

둘째, 경제적 기반이 튼튼했기 때문이다. 사천지역에 있던 도강언은 농업생산력을 높여주는 데 도움이 되었다. 이곳에서 생산되는 풍부한 농업생산물은 진나라가 다른 나라와 오랫동안 전쟁을 할 수 있도록 해 주었다.

> 도강언(都江堰) 사천 북부 민산에서 발원한 민강이 해마다 범람해 홍수피해를 입히자, 이빙이 그의 아들 이이랑 수해를 다스리려고 백성들을 동원해 건축한 대형 수리시설이다.

셋째, 유능한 인재를 골라 썼다. 진나라 효공이 변법을 시행할 인재로 등용한 재상 상앙은 위나라 출신이었고, 진시황 시절 승상인 이사는 초나라 출신이었다. 인재를 뽑을 때 출신지역에 상관없이 능력과 재주에 따라 등용했기 때문에 외국에 있던 인재들이 진나라에 모여 들어 능력을 펼칠 수 있었다.

넷째, 지리적 위치 때문이다. 진나라는 사면이 산으로 둘러싸여 있었기 때문에 이웃 나라를 침범하거나 적을 막기가 유리했다.

해석하기 진나라가 중국을 통일할 수 있었던 까닭은 무엇일까요?

우리 나라에서는 신라가 삼국통일을 이루다

당나라는 신라와 연합하면서 고구려와 백제를 물리치면 당나라가 대동강 이북 땅을 차지하기로 약속하였다. 신라와 당나라 연합군이 백제와 고구려를 차례로 멸망시키자 당나라는 한반도 전체를 차지하려는 욕심을 드러냈다. 그러자 신라는 고구려 부흥군과 함께 당나라군을 공격하여 한반도에서 몰아내고 681년 삼국통일을 이룩하였다. 비록 대동강 남쪽이기는 했지만, 우리 역사상 최초로 통일 국가가 탄생하였다.

해석 2 진나라는 왜 멸망했을까?

시황제가 중국을 통일한지 15년 만에 진나라는 멸망하였다. 왜 이렇게 빨리 멸망한 것일까?

옛날 중국 산동 성 쪽에 맹강녀와 범기량이라는 부부가 살았다. 그러던 어느 날, 나라에서 만리장성을 만들어야 한다며 범기량을 데리고 갔다. 겨울이 되자 맹강녀는 남편에게 줄 솜옷을 정성껏 만들어서 먼 길을 걸어 만리장성에 도착했다. 그러나 남편은 이미 죽은 뒤였다. 맹강녀는 남편 시신을 거두지도 않고 성벽 공사를 그대로 진행하여 만리장성 속에 묻혔다는 소식을 듣자 성 밑에 쓰러져 몇 날 며칠을 통곡하고 울었다. 울기 시작한 십일 만에 갑자기 천둥 같은 소리가 나면서 400킬로미터에 달하는 거대한 만리장성이 무너져 내렸다. 무너진 성벽 틈에서 만리장성을 쌓다 죽은 수많은 백성들 유골이 나타났는데, 그 속에서 남편 유골도 보였다. 슬픔을 견디지 못한 맹강녀는 남편 유골을 안고 강물에 몸을 던져 죽고 말았다.

이 이야기는 중국에 전해 내려오는 맹강녀 전설이다. 실제로 중국 허베이 성 산하이 관 쪽에 묘가 있는데, 그 옆에는 원망스러운 눈초리로 멀리 만리장성을 바라보는 맹강녀 동상이 세워져 있다. 맹강녀 전설만을 보더라도 얼마나 많은 사람들이 만리장성을 쌓으면서 희생당했는지 알 수 있다. 만리장성뿐만 아니라 시황제는 아방궁, 진시황릉 등 대규모 토목공사를 하였다. 오랜 전쟁이 끝나고 통일이 되면 평화로운 시대가 올 것이라고 믿었던 백성들은 더 큰 고통을 받았다.

시황제는 공사비를 마련하기 위해 많은 세금을 거두었고, 불만을 품은 백성들에게 엄격한 법을 내렸다. 법이 하도 엄해 진나라 당시 발목 잘린 사람이 멀쩡한 사람보다 많았다고 기록되어 있을 정도였다.

결국 대규모 토목공사와 가혹한 법집행에 대한 불만은 시황제가 죽은 다음해인 기원전 209년에 진승과 오광이 일으킨 반란으로 터져 나왔다. 이 반란을 시작으로 전국에서 농민 반란이 일어났고, 기원전 206년에 유방이 함양을 공격해 진나라는 망하고 말았다.

진승과 오광이 일으킨 반란 진승과 오광은 농민 출신 하급 장교였는데 변방수비를 위해 떠나던 중에 큰 비를 만나 제 날짜에 도착할 수 없었다. 당시 법은 정해진 시일 안에 목적지에 도달하지 못할 경우 무조건 처형하도록 규정하고 있었기 때문에 반란을 일으켰다. 그러나 반란은 6개월 만에 실패로 끝났다.

해석하기 진나라가 멸망한 까닭은 무엇일까요?

역사토론

시황제는 위대한 황제였을까, 폭군이었을까?

토론 내용 중국 역사에서 시황제는 시대에 따라 평가가 달라지는 인물이다. 근대 이전에는 역사상 가장 나쁜 폭군으로 평가되었다가 근래에는 중국이 대제국으로 발전하는 데 큰 기여를 한 위대한 인물이 되기도 한다. 한나라 때 사마천이 쓴 역사서 《사기》에도 시황제에 대해서는 서로 다른 모습이 함께 쓰여 있다. 진나라 시황제는 위대한 황제일까, 폭군일까?

토론 1 폭군이다.

시황제는 아방궁, 만리장성, 진시황릉 등 대규모 토목공사를 벌여 백성들을 강제 노역에 동원하였을 뿐만 아니라 엄격한 법집행으로 백성들을 힘들게 하였다. 법이 너무 엄해 진나라 당시 발목 잘린 사람이 신는 신발을 찾는 사람이 발목이 멀쩡한 사람이 신는 신발을 찾는 사람보다 많았다고 기록되어 있을 정도였다.

토론 2 아니다. 위대한 황제였다.

여러 나라와 여러 민족으로 나뉘어 있던 중국을 통일했기 때문에 어지러운 질서를 빠르게 바로잡기 위해서는 엄격하게 법을 집행할 수밖에 없었다. 최초로 중국을 통일했을 뿐만 아니라 나라마다 달랐던 화폐, 도량형, 문자까지도 통일시켰다. 따라서 중국을 하나로 묶어 중화 문화권을 이어올 수 있도록 기틀을 닦은 위대한 황제였다.

토론 3 그래도 폭군이다.

사상을 통일한다는 이유로 책을 불태우고 학자들을 산 채로 매장하였다. 반대 목소리를 낼 수 있는 지식인들을 단숨에 없애버린 것이었다. 분서갱유는 후대에까지 국가권력에 의해 사상과 학문에 대한 자유가 억압되는 대표적인 예로 전해지고 있다.

토론 4 아무리 그래도 위대한 황제였다.

한나라 사람인 사마천이 쓴 《사기》에 폭군으로 기록되면서부터 나쁜 느낌을 주게 되었다. 시황제가 중국을 통일한 것은 법가가 승리하고 유가가 패배했다는 것을 뜻한다. 유가를 받드는 한나라는 유가가 더 뛰어남을 알리기 위해서 법가 사상을 실현한 시황제 업적을 비난해야 했다.

토론하기

시황제는 위대한 황제였을까요, 폭군이었을까요? 자기 생각을 밝히고, 그 까닭을 쓰세요.

다음 글을 읽고, 물음에 대한 자기 생각을 써 보세요.

➔ 싱가포르는 '벌금의 나라'라고 불릴 정도로 엄격한 벌금제도로 유명합니다. 우리 나라에서 하던 대로 싱가포르에서 행동할 경우 하루에 천만 원 정도 벌금을 내야 한다는 이야기가 있을 정도입니다. 이렇게 엄격한 싱가포르 법이 범죄를 줄이는데 도움이 되는지에 대해 생각해 봅시다.

로마에 가면 로마법을, 싱가포르에서는 싱가포르 법을 따르라

싱가포르로 여행을 가는 사람에게 가이드가 가장 먼저 주의를 주는 것이 싱가포르 벌금제도다. 길에 쓰레기를 버리거나 침을 뱉으면 75만 원, 버스나 전철에서 음식을 먹으면 35만 원, 금연 장소에서 담배를 피우면 75만 원, 공중화장실을 사용한 후 물을 내리지 않으면 10만 원을 벌금으로 내야 하는 등 기초질서를 지키지 않는 사람을 철저하게 단속하기 때문이다.

75만 원 35만 원 75만 원

곳곳에 붙어 있는 벌금 스티커

우리 나라를 포함하여 많은 나라들이 기초질서를 지키지 않는 사람에게 벌금을 매기는 제도가 있지만, 유독 싱가포르 벌금제도가 유명해진 이유는 벌금액수도 높고, 철저하고 공정하게 법을 집행하기 때문이다. 아무리 작은 일이라도 싱가포르에서는 '남에게 피해를 주는 행위'를 하는 경우에는 철저히 단속을 하고, 그 대상은 내국인이든 외국인이든 예외가 없다. 1993년 일어난 미국인 청소년 마이클 페이 사건을 보면 그들이 얼마나 철저하게 범죄를 저지른 사람에게 처벌을 하는지 잘 알 수 있다.

페이가 싱가포르에 와서 민간인 차량 20여 대에 장난삼아 페인트 스프레이를 뿌려 파손하고, 교통표지판 등 여러 공공기물을 훼손하였다가 싱가포르 경찰에 체포되었다. 싱가포르 법원은 페이에게 나무 회초리로 엉덩이를 때리는 태형 여섯 대를 선고하였다. 태형은 건장한 남성도 한 대만 맞으면 기절하는 경우가 대부분일 정도로 고통스러운 형벌이다. 미국 정부가 페이를 풀어주라고 온갖 압력을 가했지만, 싱가포르 정부는 원칙대로 페이에게 태형을 집행하였다.

이렇게 엄격한 제도 덕택인지 싱가포르 범죄율은 세계에서 가장 낮다. 싱가포르 정부는 엄격한 법만이 범죄를 예방하고 국민들 생활을 안전하게 지킬 수 있다고 주장한다.

생각 열기

싱가포르가 실시하는 벌금제도나 태형 같은 엄격한 처벌 방법이 범죄율을 낮추는데 도움이 되는지에 대해 자기 생각을 쓰세요.

대안 제시 2

– 상황 제시에서 내세운 문제점에 대한 원인을 적절하게 분석한 다음, 올바른 대안을 제시하면 됩니다.

진시황릉 병마용 갱

진시황릉 병마용 갱은 흙을 빚어 만든 병사와 말 모형이 실제 전투하는 모습처럼 있는 곳이다. 1974년, 한 농부가 우물을 파다가 우연히 발견한 것으로 진시황릉에서 동북쪽으로 1.5㎞ 떨어진 곳에 있는데, 진시황이 자기 무덤을 지키기 위해 만든 것이다. 현재까지 3개 병마용 갱이 발견되었으며, 조각과 도예기술이 신비에 가까워 중국 국보이자 세계 8대 불가사의로 꼽히고 있다. 그런데 그런 병마용들이 점점 썩고 있다고 한다.

2천 년 이상 지하에 묻혀 있었던 때는 정교하고 생생한 표정인 자주색 병마용이었는데, 발굴한 뒤에는 실내 공기오염으로 인해 빛을 잃고 회색으로 변하고 있는 것이다. 이미 공기에 노출된 병마용을 원래 색상으로 되돌리기는 어렵지만, 새로 발굴하는 병마용은 처음 발굴 당시 실수를 교훈 삼아 전시관 지붕을 먼저 덮어 비나 해로운 공기를 막고, 병마용을 온도와 습도가 적당한 곳으로 옮겨 유물을 보호하며 발굴하고 있다.

그런데 벨기에 과학자 폴 · 스툿페르스 박사가 병마용에서 곰팡이 균을 발견했다고 발표했다. 곰팡이 균을 즉시 처리하지 않으면 시황제 병마용은 완전히 없어져버릴 수 있다고 했다. 조사 결과 진시황이 최초로 무덤을 만들 때 윗부분을 전부 나무로 만들었는데, 발굴과정에서 무덤 안에 습도가 높아져 곰팡이가 생겼다는 것을 알아냈다. 나무는 습도가 높은 환경에서 매우 쉽게 곰팡이가 생기기 때문이다. 박물관 측은 제약회사와 곰팡이 막는 계약을 맺어서 곰팡이를 죽이는 약으로 곰팡이 방지조치를 했기 때문에 더 이상 곰팡이 걱정을 하지 말라고 했다.

문제 병마용이 훼손되는 원인과 대안

문제 제기	원인 분석	대안 제시
병마용의 색깔이 변하고 있다.	병마용을 발굴한 뒤에는 실내 공기오염으로 인해 빛을 잃고 회색으로 변하고 있는 것이다.	전시관 지붕을 먼저 덮어 비나 해로운 공기로부터 차단하고, 병마용을 신속히 온도와 습도가 적당한 환경에 이동시킨 후 유물을 보호하며 발굴을 진행하고 있다.
병마용에 곰팡이가 발견되었다.	시황제가 최초로 무덤을 만들 때 윗부분을 전부 목재로 사용했는데, 발굴과정에서 무덤 내 습도가 높아서 목재가 무덤 안에서 부식되어 곰팡이가 생겼다는 사실을 알아냈다. 목재는 습도가 높은 환경에서 매우 쉽게 곰팡이가 생기기 때문이다.	박물관 측은 제약회사와 곰팡이 퇴치계약을 체결하여 곰팡이를 죽이는 화학물질을 투입하여 곰팡이 방지조치를 취했기 때문에 더 이상 곰팡이를 걱정하지 않아도 된다고 발표했다.

다음 글을 읽고, 문제에 대한 원인을 분석하고 대안을 찾아 써 보세요.

어려운 학습 내용을 만화로 쉽게 풀어내는 학습 만화가 아이들에게 인기를 끌고 있다. 대형 서점에 가면 학습 만화를 읽고 있는 학생들이 많이 있다. 도서관도 마찬가지다. 한국서점조합연합회 조사에 따르면 2008년 상반기에 어린이책 베스트셀러 20위까지 학습 만화가 14권으로 전체 70%라고 한다.

하지만 학부모들은 학습 만화에 빠지는 아이들을 걱정한다. 아이가 긴 글로 된 책을 읽으려고 하지 않거나 읽어내기 어려워하는 경우가 생기기 때문이다. 또 인기 좋은 히트작이 하나 나오면 금세 다른 출판사가 모방해서 그림도 조잡하고 내용도 빈약한 책을 내놓고 아이들 눈을 사로잡기 때문이다. 만화에 나오는 재미있는 장면만 기억하고 중요한 학습 내용은 보지 않기 때문에 학습 효과가 떨어진다는 것도 걱정이다. 그래서 학부모들은 아이들에게 학습 만화를 사주지 않으려고 한다.

문제 제기	학부모들은 아이들이 학습 만화에 열광하는 것에 걱정하고 있다.
원인 분석	1. 학습 만화에만 몰두하면서 긴 글로 된 책을 읽으려고 하지 않거나 읽기 어려워 하는 경우가 생기기 때문이다. 2. 3.
대안 제시	1. 2. 3.

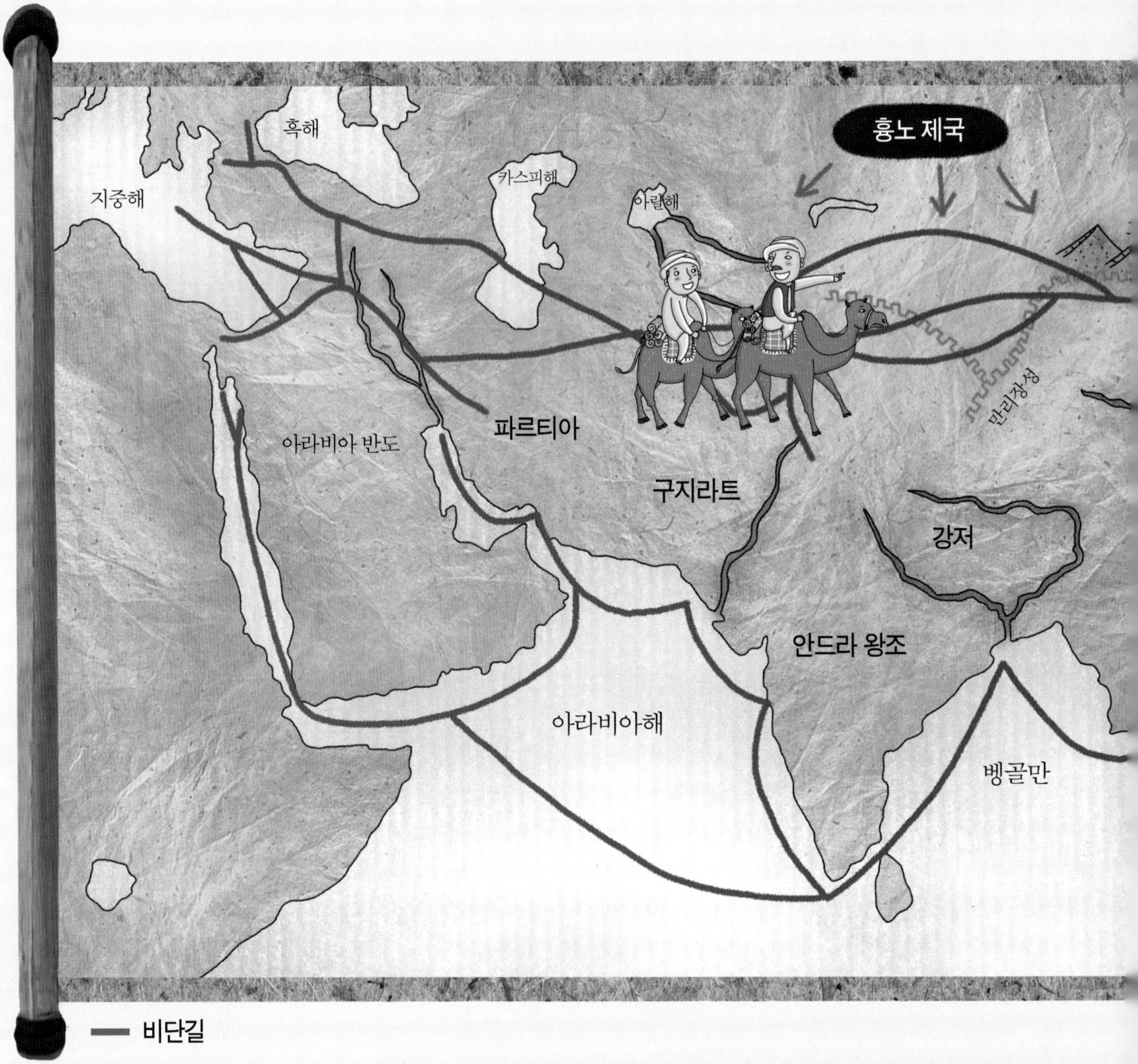

흉노 제국
흑해
카스피해
지중해
아랄해
만리장성
파르티아
아라비아 반도
구지라트
강저
안드라 왕조
아라비아해
벵골만

비단길

종이 만드는 과정

14

유방과 한나라

역사 연대기

기원전 317년 무렵 | 인도 북부에 마우리아 왕조가 세워짐.
기원전 300년 무렵 | 우리 나라에 철기가 보급됨.
기원전 261년 무렵 | 마우리아 왕조 아소카왕이 카링가 왕국을 정복한 후 불교로 개종함.
기원전 247년 무렵 | 옛 페르시아 땅에 파르티아를 건국함.

학습 목표

1. 한나라가 세워진 배경을 알 수 있다.
2. 한 · 신 왕조 · 후한에 대해 알 수 있다.
3. 중화 사상이 중국 역사 발전에 끼친 영향을 알 수 있다.
4. 반대 의견 주장하는 방법을 배워 논술 개념을 익힐 수 있다.

심화 학습

도서 읽기 • 초한지(고우영 지음/자음과 모음)

탐구 1 전한

전한(前漢, 기원전 202 ~ 기원전 195년)

진나라에 맞서 들고 일어난 여러 반란군 가운데 두각을 나타낸 사람으로 유방과 항우가 있었다. 유방은 농민 출신으로 농민들을 우대하는 정책을 내세워 민심을 사로잡았다. 항우는 뛰어난 군인이었으나, 봉건제를 되살리면서 지배층에게만 특권을 주었다. 처음에는 항우 세력이 강했으나, 시간이 지날수록 백성과 항우 편에 있던 제후들이 유방에게 항복하면서 유방은 항우를 누르고 한나라를 세웠다.

도읍지를 장안으로 정한 한나라 고조(유방)는 군국제로 나라를 통치하였다. 수도인 장안을 중심으로 15개 군현은 황제가 직접 다스리고, 나머지 지방은 왕족이나 제후들을 보내서 다스리도록 하는 제도이다. 이것은 주나라 봉건제와 진나라 군현제를 섞은 것으로 약한 왕권을 보완하기 위한 것이었다.

한나라 7대 왕인 무제는 황제에게 걸림돌이 되었던 제후세력을 몰아내고 왕권을 강화하였다. 그 지역에서 뽑은 관리들이 맡아 다스리게 했다. 이때부터 군국제가 사라지고, 군현제가 실시되었다. 이처럼 군현제에서 황제가 관리들을 이끌고, 권위를 높여줄 사상이 필요해지자 유학을 국학으로 채택하였다.

중원 중국의 황하 강 중류의 남부 지역, 흔히 한때 군웅이 할거했던 중국의 중심부나 중국 땅을 말한다.

또 한나라 무제는 대제국을 만들기 위해 중원을 위협하는 흉노족을 정벌하고, 비단길을 개척하여 서역으로 오고 갔다. 또 고조선에 한사군을 설치하였다. 여기에 필요한 재정을 대기 위해 소금, 철, 술을 사고 파는 전매제를 실시했다. 물가안정을 위해 균수관을 두어 전쟁에 필요한 물자를 직접 사들이는 균수법을 시행하였다. 또 물자를 보관했다가 시장에 내다 팔거나 물가가 싸면 사들여서 물가를 안정시키면서 이익을 얻는 평준법을 시행하였다.

학문이 발달한 전한시대에는 역사를 쓰는 방법이 새로 나왔다. 기전체로 역사책을 쓰는 방법인데 사마천이 쓴 《사기》는 전설시대인 요 · 순 시대부터 한 무제까지 기록한 역사책이다. 〈본기〉, 〈세가〉, 〈서〉, 〈열전〉, 〈표〉로 구성되어 있고, 교훈이 될 만한 사람들을 뽑아서 일생을 전기로 쓴 〈열전〉은 나중에 역사를 쓰는 사람들에게 좋은 본보기가 된 역사책이다. 그러나 모든 정치를 직접 했던 한나라 무제가 세상을 떠나자 환관들과 황실 측근들이 권력싸움을 하게 되었고, 권력을 잡은 왕망은 스스로 새로운 나라인 신(新)나라를 세웠다.

탐구하기 사마천이 쓴 《사기》가 현재 꼭 읽어야 할 만큼 유명한 까닭은 무엇인가요?

탐구 2 신 · 후한

신(新, 기원후 8년 ~ 23년)

신나라를 세운 왕망은 정치 · 경제 · 사회 등 각 분야에서 개혁했으나, 모두 실패하였다. 가난과 고통 속에서 살던 백성들도 불만이 많아졌다. 결국 농민들이 반란을 일으켜 16년 만에 망하였다.

후한(後漢, 기원후 25년 ~ 220년)

왕망이 멸망한 뒤, 유수가 뤄양에 도읍을 정하고 한을 다시 세웠다. 제도도 전한시대를 따랐다. 황제가 된 광무제는 태학을 설치하고 오경박사를 두어 받들면서 유교문화를 만들고 훈고학을 발전시켰다. 백성들이 내는 세금을 깎아 주었고, 농사 짓는 땅과 인구를 자세하게 조사하였다. 또 광무제는 서역 진출에도 힘을 기울였는데, 반초를 시켜 30년간 서역에 머무르면서 50여 개국을 복속시켰다. 반초 부하인 감영은 페르시아만까지 진출하였다.

> 오경박사 오경은 《주역》, 《시경》, 《서경》, 《예기》, 《춘추》 등 유교의 다섯 경전을 말하며, 박사는 태학에서 일하는 관직을 말한다.
> 훈고학 언어를 연구하며 문장을 바르게 해석하고 고전이 가진 본래 사상을 이해하려는 학문이다.
> 향거이선제 지방말단 조직인 이(里)의 원로와 지방관이 추천을 한 인재를 중앙에서 등용하는 제도이다.

후한시대에는 농업 기술이 좋아져 쇠로 만든 농기구가 널리 보급되었고, 소를 이용하여 밭을 갈았다. 먹고 사는 것이 안정되자 학문과 기술이 발달했다. 관리가 되기 위해 열심히 공부하려고 했으나, 책을 만드는 재료가 비싸서 구하기는 힘들었다. 재료를 손쉽게 구할 수 있고, 기록과 보관이 편리한 책이 필요하다고 생각할 때 환관인 채륜이 종이를 만들었다. 종이가 발명되면서 책을 보급하기가 쉬워졌고, 학문과 사상이 더욱더 발전하였다.

한나라 때는 개인이 토지를 소유하게 했다. 이것은 국가가 토지를 관리하는 것보다 개인이 농사지어 세금으로 내게 하는 것이 더욱 편했기 때문이다. 이렇게 차츰 대토지를 소유하게 된 호족들은 '향거이선제'라는 방법을 통해 중앙으로 진출해서 권력을 잡게 되었다. 이 제도는 호족세력을 더 강화시켰으며, 농민들은 살아가기가 더욱 힘들어졌다. 또 어린 황제들이 자주 즉위를 함으로써 외척과 환관들이 정치에 끼어들어 나라는 더욱 어지러워졌다. 후한 말기에 살기가 어려워진 농민들은 떠돌거나 도적이 되었다. 주술로 질병을 고친다는 '태평도'와 부귀영화와 영생을 얻을 수 있다는 '오두미도'라는 종교를 중심으로 세력이 형성된 농민들은 '황건적의 난'을 일으켰다. 이 난을 진압하기 위해 지방 호족에게서 도움을 받은 후한은 더 혼란스러워졌다. 결국 220년 위나라 왕에게 황제 자리를 넘기고 후한은 196년 만에 멸망하였다.

탐구하기 후한이 멸망하게 된 까닭은 무엇인가요?

해석 1 중화사상은 둘레 나라들을 오랑캐라고 여기는 사상이다?

중화사상은 중국이 세계 중심에 있으며, 모든 문화가 중국에서 세계로 퍼져나간다고 생각하는 사상이다. 중(中)은 자리 잡은 곳과 문화가 세상에서 '중앙' 이라는 뜻이고, 화(華)는 '뛰어난 문화' 라는 뜻이다.

중국 한족(漢族)은 예로부터 중화사상을 앞세워 자기들이 세계에서 가장 문명이 앞서고 학문이 발전한 민족이라고 생각해 왔다. 주나라가 세워지고 문명이 둘레 민족보다 발전하게 되자 가장 뛰어나다는 자부심을 갖게 되었다. 또 유교가 퍼지고 문화가 더욱 발전하자 이민족을 오랑캐라고 부르며 자신들이 둘레나라들을 이끌어 나가는 '선민' 이라고 생각하였다.

한족이 쓰는 한자가 둘레 나라들에 퍼져 한자문화권이 생겼고, 20세기가 되기 전까지 둘레 나라들은 중국을 통하여 서역이나 유럽에서 들어온 여러 문화들을 받아들였다.

중국 사람들이 동쪽 오랑캐라는 뜻으로 '동이(東夷)' 라고 부르던 우리나라도 조선시대까지 한자를 널리 썼다. 그리고 불교와 천주교도 중국을 통해서 들어왔고, 중국에서 생겨난 유교도 받아들였다. 이런 것들이 모두 중화사상을 뒷받침하는 증거들이었다.

그렇다고 해서 둘레나라들이 중국에 비해 모두 뒤떨어지거나 오랑캐였기 때문에 중국문화를 받아들인 것은 아니다. 우리나라만 보더라도 우리 글자를 만들었고, 천문관측기구나 칠정산 내편, 외편 같은 책력을 스스로 만들어 우리말과 문화도 굳게 지키고 있다.

중국을 통해서 문화를 받아들인 것은 서역과 무역을 활발하게 한 중국으로 다른 나라 문화가 많이 들어왔고, 둘레나라들도 중국과 무역을 하고 사신이 오고 갔기 때문이다. 중국을 통하여 외국문물을 받아들이고, 우리문화를 전해주기도 한 것이다.

해석하기 **중국이 둘레 나라들을 오랑캐로 여기는데도 중국을 통해서 문화를 받아들인 까닭은 무엇일까요?**

우리 나라에서는 **한민족(韓民族)**

한민족은 한반도와 만주에 살고 있는 민족으로 한국어를 사용하며 공동문화를 이루고 있는, 한반도가 중심이 되는 민족이다. '한민족' 에서 '한' 은 위만에게 왕위를 빼앗긴 고조선 준왕이 한강 남쪽에 내려와 '한(韓)' 이라는 나라를 세운데서 처음 등장한다. 한강 이남에 정착한 고조선 후예라는 뜻으로 한민족이란 말이 쓰였지만, 지금은 '같은 겨레', '위대한 민족' 이라는 뜻으로 현재 대한민국 영토에 살고 있는 사람들을 가리킨다.

해석 2 약한 유방이 강한 항우에게 이긴 까닭은 무엇일까?

초한지

진나라 말기, 어지러운 정치에 불만을 품은 백성들이 반란을 일으켰다. 이 반란군 무리 가운데 초나라 때 명문 집안인 항우와 농민인 유방이 세력을 키웠다.

항우와 유방은 진나라에게 멸망한 초나라 왕 후손인 의제를 회왕으로 모셨다. 회왕은 관중과 함양에 먼저 들어간 자를 그 땅을 다스릴 왕으로 삼겠다고 하였다. 유방이 먼저 관중에 들어갔고, 홍문에서 죽을 위기에 놓였으나 번쾌가 도와서 위기를 넘겼다. 관중에 늦게 도착한 항우는 자기가 왕이 되면 다른 제후들에게 비난을 받게 될까 봐 장한을 옹왕으로, 사마흔을 새왕으로, 동예를 책왕으로 세워서 관중을 3등분하였고, 유방은 서쪽 한중 땅을 나누어 주면서 한왕(漢王)이 되게 하였다. 결정에 불만을 품은 유방은 항우가 안심하도록 한중으로 떠났으나, 그 해 8월에 부하 옹왕, 새왕, 책왕을 공격하여 관중 땅을 다 차지하였다. 시간이 흐를수록 초군은 전세가 불리해져 갔고, 유방이 이끈 한나라는 삼진, 은, 조, 제나라를 평정하고 항우가 있는 초나라 정벌을 시작하였다. 항우는 한나라 포위망을 뚫고 오강(烏江)까지 다다랐지만 강을 건너지 않고 추격해온 한나라 군대와 마지막 전투를 벌였다. 4년에 걸친 전쟁으로 유방은 항우를 진압하고 중국을 다시 통일하여 한나라를 세웠다(기원전 202년).

유방이 싸움도 잘하고 집안도 좋은 항우에게 이긴 까닭은 무엇일까?

유방은 부하들을 적당한 자리에 배치하여 재주를 펼칠 수 있는 기회를 주었다. 그러자 전투에 나서기 전에 철저하게 준비하고, 적이 밖에서 쳐들어오면 미리 지키며, 전쟁에 나서면 반드시 이기는 장량(張良)과 나라와 백성을 어루만지고, 전투에 필요한 장비를 철저히 준비해 준 소하(蕭何), 그리고 수십 만 병력을 이끌고 훈련과 전투를 지휘한 한신(韓信) 같은 부하가 생겼다.

전쟁은 힘으로 하는 것이 아니라 전략이 뛰어난 사람이 승리할 수 있다는 것을 보여 주었다. 나라는 힘이 센 사람이 세우는 것이 아니라 통치력이 좋은 사람이 세우는 것이다. 유방이 혼란스러운 시기를 정리하고 중국을 재통일하여, 한나라를 세울 수 있었던 것은 남을 쓰는 실력인 용인술(用人術)이 뛰어난 덕분이었다.

해석하기 유방이 중국을 재통일할 수 있었던 힘은 무엇일까요?

역사토론

중화사상은 중국 역사 발전에 도움이 되었을까?

토론 내용 중국은 만리장성을 쌓으면서 오랑캐들을 막아왔다. 오랜 시간 중화사상을 내세우며 단일 문화를 가지고 살아온 중국은 청나라 말기에 보수적인 자세를 고집하다가 서구 열강에게 침략을 당하기도 했다. 중화사상은 과연 중국 역사 발전에 도움이 되었을까?

토론 1 도움이 되었다.

외모와 언어가 같은 민족이 같은 땅덩어리에서 계속 살아갈 수 있다는 것은 역사를 자기 중심적으로 개척해 나가는 민족만이 가능한 일이다. 그래서 한족(漢族)이라는 종족을 지금까지 유지시킬 수 있었다.

토론 2 도움이 되지 못했다.

중화사상을 뒤집어 본다면 자기가 최고이고, 다른 민족은 하잘 것 없다고 말하는 것과 같다. 만리장성 안에 문을 닫고 자기가 최고인 줄 아는 것과 같은 이치다. 이런 사상 때문에 옛날부터 중국 둘레에 있는 나라는 전쟁을 해야 했고, 싸우지 않으면 머리 숙여 받들기를 강요했다.

토론 3 아니다. 그래도 도움이 되었다.

자기 민족이 뛰어나다고 생각하는 것은 민족이 가지는 가치관이다. 자기 민족에 대한 자부심이 시대를 이끌어 가는 역사를 만드는 것이다. 서역 사람들과 교류를 해봐도 당시로는 중국보다 뛰어난 과학이나 문화를 가진 나라가 없었기 때문에 중화사상 안에 살고 있는 중국인들은 세계 최고 민족, 최고 국가라는 자부심을 가질 수 있었다.

토론 4 아니다. 그래도 도움이 되지 못했다.

자기가 최고라는 자만심 때문에 서양이 발전하는 것을 깨닫지 못했다. 그래서 중화사상에 빠져 있던 중국인들은 이민족이 중국을 차지하였고, 또 1900년대에는 서양 정세와 문물을 제대로 파악하지 못해 아편전쟁과 청일전쟁에서 지기도 했다.

토론하기

중화사상은 중국 역사 발전에 도움이 되었을까요? 자기 생각을 밝히고, 그 까닭을 쓰세요.

다음 글을 읽고, 물음에 대한 자기 생각을 써 보세요.

패권이란 '무력으로 천하를 다스리는 자가 가진 권력'이란 뜻입니다. 한 국가가 강한 힘을 이용해서 과거 역사와 문화를 현재에 맞게 다시 만들어 내고 있습니다. 이런 행위가 다른 국가에게 어떤 영향을 끼치는지 생각해 봅시다.

영화 속 중화 패권주의

중국 사람들은 스스로 삼황오제 신화를 만들어서 자기들 조상으로 받들고 있다. 그리고 중국이 세계 중심이며, 중국을 중심으로 모든 것이 세계로 퍼져 나간다고 믿는 중화사상을 가지고 있다. 세계에 퍼져 있는 인구가 가장 많은 중국인들은 중국어를 사용하면서 세계 곳곳에서 자기들 문화를 이어가며 살고 있다.

최근 중국 정부는 돈을 많이 들여서 영화를 대작으로 만드는 것을 열심히 지원하고 있다. 옛날에 자기들이 세계를 지배했던 강한 민족이었다는 것을 영화로 만들어 세계에 널리 알리고, 앞으로도 세계 최강국이 될 것임을 보여 주려는 것이다.

영화 〈연의황후〉는 2천 년 전 춘추전국시대 연나라가 시대 배경인데, 그때 이미 국가 체계를 모두 갖추고 엄청난 군사력과 법, 그리고 커다란 권력이 있었다는 것을 보여주어서 세계에서 중심이 되는 것이 당연하다는 생각을 세계 사람들에게 심어주려고 한다. 또 영화 〈영웅〉은 진시황이 중국을 통일하는 것이 정당하였다는 것을 보여 주면서 자기들이 세계중심이라는 중화사상을 은근히 부추기려고 한다. 사람들을 많이 동원하고 돈을 많이 들여서 엄청나게 큰 규모로 영화를 만들어 자기들에게서 동양 문화가 탄생하였다는 것을 보여 주려고 한다.

영화 〈연의황후〉

영화 〈영웅〉

미국에서 영화를 만드는 일본사람들이 영화 속에 나오는 배경은 미국이지만, 일본은 경제 강국이며, 일본 것은 모두 고급이라는 것을 영화 안에서 은근히 보여주는 것과 같다. 미국 전쟁영화나 액션영화에 나오는 주인공들이 언제나 미국이 승리한다는 것을 보여 주어서 관객은 자기도 모르게 미국이 군사강국이라는 생각을 하게 만드는 것 또한 같은 원리이다.

생각 열기

한 나라가 가진 역사와 문화를 '훌륭하다, 훌륭하지 않다'라고 말하는 것은 옳지 않습니다. 그러나 영화 속에 등장하는 중화 패권주의에 대한 자기 생각을 쓰세요.

반대하기

– 대안 제시에 대한 반발이나 부작용을 밝히는 과정입니다.

사면초가(四面楚歌) 〈항우본기〉에 나오는 이야기로, 초나라 항우가 한나라 유방이 이끄는 군에게 패하여 해하(垓下)에서 포위되었을 때, 사방을 둘러싼 한나라 군사 속에서 초나라 노랫소리가 들려오자 크게 놀라서, "한나라가 이미 초나라를 점령했다는 말인가, 어째서 초나라 사람이 이토록 많은가?" 하고 슬퍼하였다고 한다. 이것은 한나라 고조(유방)가 꾸며낸 심리작전으로, 사방이 적으로 둘러싸여 고립된 것이라는 뜻으로, 사면초가라는 말도 여기서 유래되었다.

다다익선(多多益善) 많으면 많을수록 좋다는 이야기로 한나라 고조와 개국공신인 한신이 나눈 이야기에서 비롯되었다.

"과인과 같은 사람은 얼마나 많은 군대를 거느리는 장수가 될 수 있겠는가?"

"아뢰옵기 황송하오나 폐하께서는 한 10만쯤 거느릴 수 있는 장수에 불과합니다."

"그렇다면 그대는 어떠한가?"

"예, 신은 많으면 많을수록 더욱 좋습니다(多多益善)."

"많으면 많을수록 좋다고? 그렇다면 그대는 어찌하여 10만 장수감에 불과한 과인에게 포로가 되었는고?"

"하오나 폐하, 그것은 별개 문제이옵니다. 폐하께서는 병사를 거느리는 장수가 아니오라 장수를 거느리는 장수이시옵니다. 이것이 신이 폐하에게 포로가 된 모든 이유이옵니다. 또 폐하는 이른바 하늘이 준 것이며 사람 일은 아니옵니다."

이렇게 군사를 통솔하는 능력을 말하면서 만들어진 다다익선이라는 말은 오늘날에는 다방면에서 많을수록 좋다는 뜻으로 쓰이고 있다.

배수진(背水陣) 한신은 조나라와의 싸움에서 매복시켜 둔 군사에게는 조나라 성을 점령하도록 하였고, 나머지 군사들은 배수진을 친 곳에서 필사적으로 싸우게 했다. 등 뒤에는 강물이 흐르고 앞에는 적군이 있으니 싸움에 져서 죽든지, 강물에 빠져 죽든지 죽는 것은 마찬가지이니 죽기 아니면 살기로 싸움에 임한다는 말에서 나왔다.

위에 제시한 내용에 대한 반발이나 부작용

주제 싸움에서 이길 수 있는 지혜

반대(반발이나 부작용) 〈사면초가〉 무조건 이기려고 군사를 죽음에 몰아넣을 수 있다.

〈다다익선〉 항상 상대가 무엇을 생각하는지 의중을 파악하고 있어야 하기에 피곤하다.

〈배수진〉 싸움에서 이기면 살지만, 지면 모두 죽는다.

다음 주제에 대한 반발이나 부작용을 써 보세요.

주제 음악 수행평가로 음악회를 다녀와서 숙제를 제출해야 한다.

반대(반발이나 부작용) (1) 음악회 입장료가 비싸서 저렴한 것을 찾게 된다.

(2) 방학 때마다 있는 숙제라서 특별한 게 없다.

(3)

(4)

위에 쓴 개요를 바탕으로 이어서 글을 써 보세요.

주제

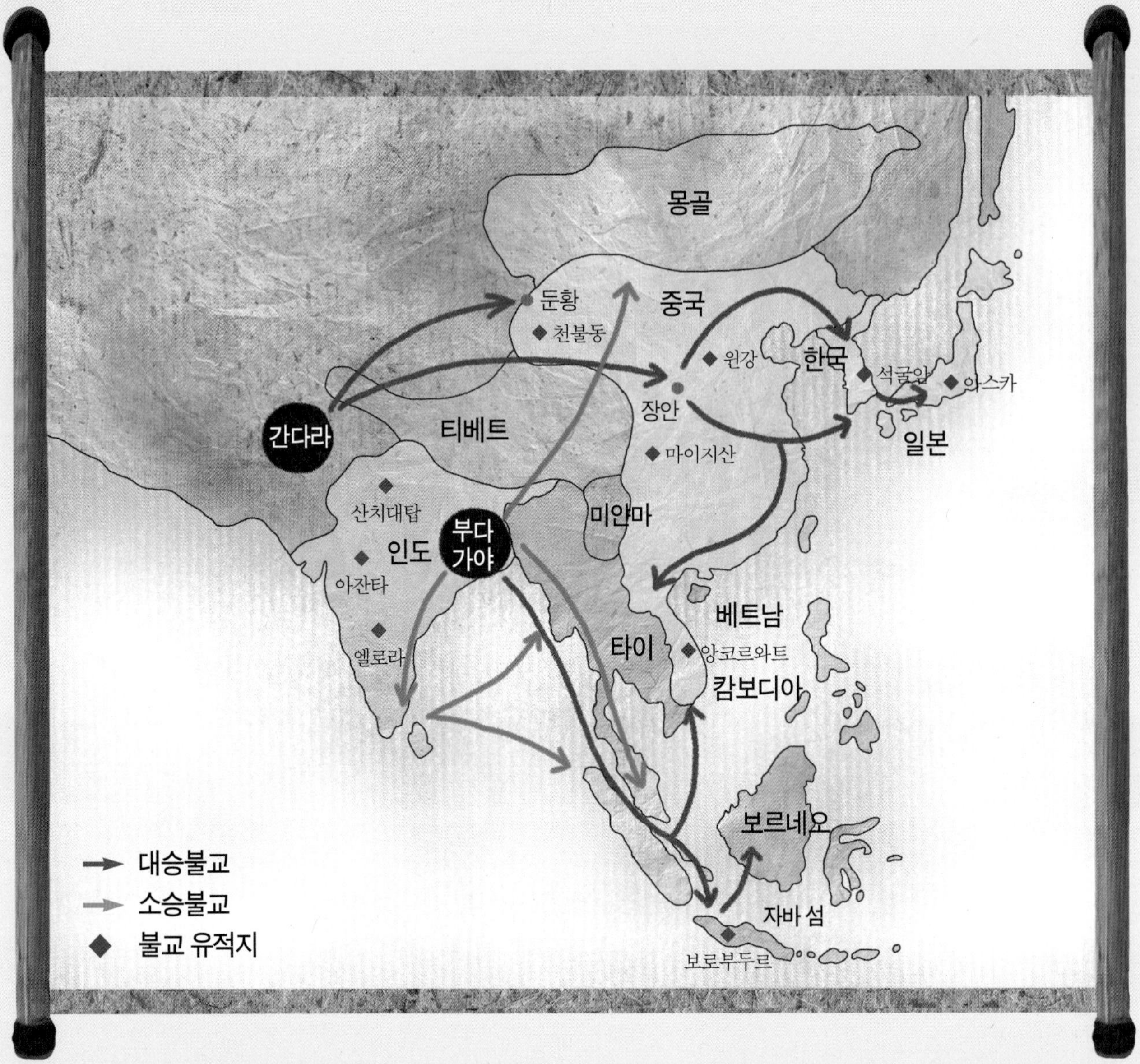

몽골
둔황
천불동
중국
원강
한국
석굴암
아스카
장안
간다라
티베트
마이지산
일본
산치대탑
부다 가야
미얀마
인도
아잔타
베트남
엘로라
타이
앙코르와트
캄보디아
보르네오
자바 섬
보로부두르
대승불교
소승불교
불교 유적지

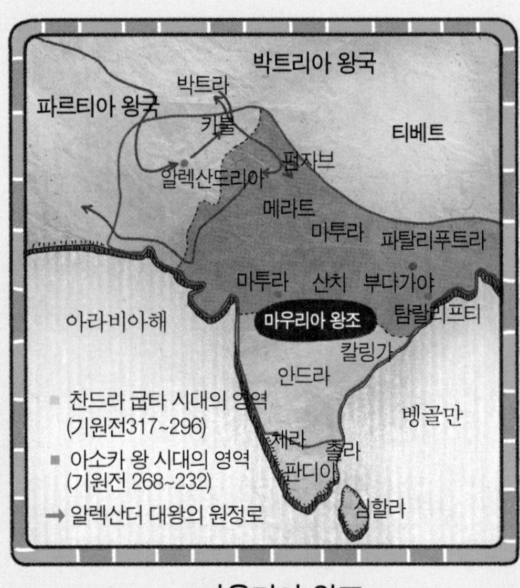

박트리아 왕국
박트라
파르티아 왕국
카불
티베트
알렉산드리아
펀자브
메라트
마투라
파탈리푸트라
마투라
산치
부다가야
아라비아해
마우리아 왕조
탐랄리프티
칼링가
안드라
벵골만
체라
촐라
판디아
심할라
찬드라 굽타 시대의 영역 (기원전317~296)
아소카 왕 시대의 영역 (기원전 268~232)
알렉산더 대왕의 원정로

마우리아 왕조

에프탈
쿠샨 왕조
히말라야산맥
굽타 왕조
마투라
파탈리푸트라
바라나시
날란다
바카타카 왕조
아잔타
콘세페람
촐라 왕조
굽타 왕조의 최대 영역
불교 유적지
에프탈의 최대 영역

굽타 왕조

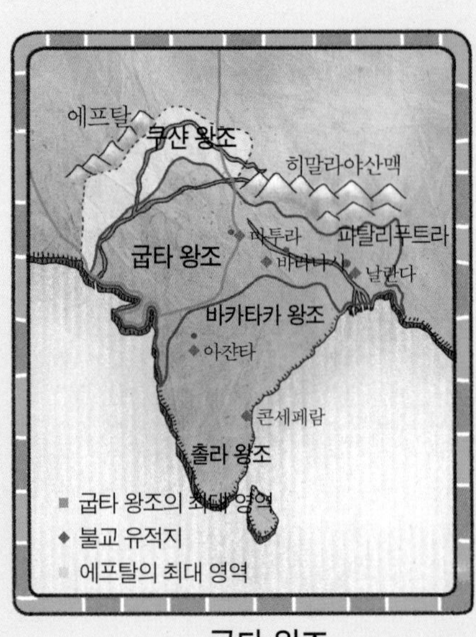

15

고대 인도와 불교, 그리고 힌두교

붓다의 생애

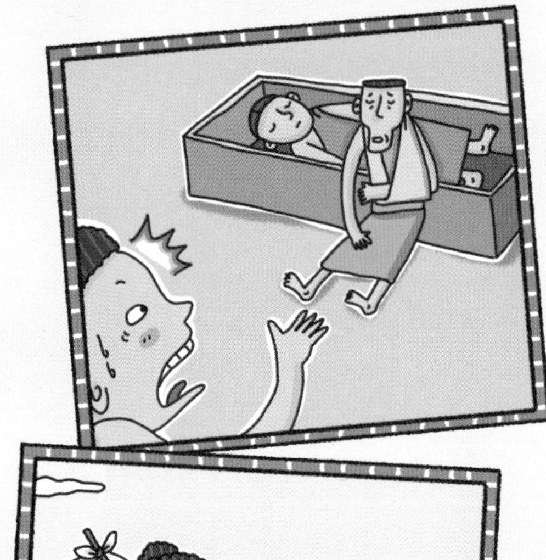

역사 연대기

기원전 600년 무렵 | 불교가 생겨남.
기원전 327년 | 알렉산드로스 대왕이 인도를 침략함.
기원전 324년 | 마우리아 왕조가 세워짐.
기원전 1세기 중엽 | 쿠샨 왕조가 세워짐.
기원전 4년 | 예수 그리스도가 탄생함.
기원후 320년 | 굽타 왕조가 세워지고 힌두교가 성립됨.

학습 목표

1. 불교가 생겨난 것을 알 수 있다.
2. 고대 인도 국가와 불교, 힌두교에 대해 알 수 있다.
3. 불교가 왜 인도에서 사라졌는지를 알 수 있다.
4. 불교가 왜 인도에서 자리 잡지 못했는지에 대해 알 수 있다.
5. 주제에 대한 극복 방안 쓰는 방법을 배워 논술 개념을 익힐 수 있다.

심화 학습

도서 읽기 • 교양 있는 우리 아이를 위한 세계 역사 이야기 1, 2(수잔 와이즈 바우어 지음/꼬마이실)

탐구 1 인도에 불교가 생겨나다

불교는 고타마 붓다가 만든 종교로 크리스트교, 이슬람교와 더불어 세계 3대 종교이다.

기원전 563년, 붓다는 히말라야 산자락에 있는 작은 나라인 카필라성에서 그 나라를 다스리던 석가족 왕자로 태어났다. 어릴 때 이름은 고타마 싯다르타였다. 왕자로 태어나 부족한 것 없이 화려하게 살면서 좋은 것만 보았던 싯다르타는 어느 날, 성 밖으로 구경을 나갔다가 늙은 노인과, 병에 걸려 괴로워하는 사람, 관에 누운 죽은 시체를 보고 커다란 충격을 받았다. 그리고 사람이라면 누구나 어쩔 수 없이 겪는, 태어나고, 늙고, 병들며, 죽어야 하는 생로병사에 대한 고민과 살면서 생기는 괴로움으로부터 벗어날 수 있는 진리를 찾아 스물아홉 살에 집을 떠났다.

그 뒤 6년 동안 스승을 찾아 여러 곳을 다니며 많은 고생을 하면서도 자신이 고민하는 문제에 대한 깨달음을 얻지 못해 괴로워했다. 그는 보리수나무 밑에 앉아서 49일 동안 깊은 생각에 잠긴 끝에 '이 세상 모든 일에는 반드시 그 일을 생기게 하는 원인이 있으며, 그 원인에 따라 결과가 나타난다. 그것을 알지 못하기 때문에 괴로움이 생기는 것이다. 그리고 괴로움은 자기 처지에 맞지 않게 무엇을 탐내거나 가지려고 하는 욕심에서 생기는 것이니, 마음이 편하고 자유로우려면 먼저 욕심을 버리고 맑은 마음으로 모든 것을 대해야 한다. 행복과 불행은 모두 자기가 마음먹기에 달려 있다' 라며 사람이 괴로워하는 까닭은 모두 남이 아닌 자기 욕심 때문이라는 것을 깨닫게 되었다.

이때부터 그를 '깨달은 사람'이라는 뜻인 붓다, 불타, 부처 또는 석가족 성자를 뜻하는 석가모니로 불렀다. 붓다는 또 사람은 누구나 평등하다고 하였으며, 남을 사랑하고 가엽게 여기는 마음인 '자비' 와 살아 있는 것을 죽이지 않는 '불살생' 등 자기가 깨달은 것을 사람들에게 전했다.

붓다는 카스트제도가 지닌 잘못을 꼬집으면서 모든 사람은 평등하고, 열심히 노력한다면 누구나 깨달음을 얻을 수 있다고 하였다. 그러자 신분이 낮고 가난한 많은 사람들이 그를 따르게 되었다.

또한 그 무렵 인도 사회는 초기 도시국가 모습에서 벗어나 점점 커다란 국가로 발전하던 때였다. 그런 과정에서 크샤트리아 계급인 왕과 귀족들은 불교에서 내세운 평등사상을 이용하여 신분이 가장 높은 브라만 계급이 가진 힘을 빼앗거나 약하게 하였다. 이렇게 불교는 신분이 낮은 사람들과 크샤트리아 계급에게 받아들여지면서 세력이 점점 퍼져나갈 수 있었다.

탐구하기 **불교가 신분이 낮은 사람들에게 환영받은 까닭은 무엇일까요?**

탐구 2 불교를 널리 퍼뜨린 아소카 왕과 카니슈카 왕

기원전 4세기 무렵 인도는 여러 나라들로 나누어져 있었다. 기원전 327년, 마케도니아 왕 알렉산드로스가 군대를 이끌고 인도 북서부 지역인 펀자브 지방으로 쳐들어왔다. 그러나 알렉산드로스는 인도 사람들이 거세게 맞서고, 많은 부하들이 자기 나라로 돌아가고 싶어 하자 인도에서 물러났다.

아소카 왕의 돌기둥

기원전 324년, 펀자브 지방과 주변 나라들을 정복하면서 인도에서 처음으로 통일 제국인 마우리아 왕조가 들어섰다. 마우리아 왕조는 제3대 아소카 왕 때 가장 발전하였는데, 정복전쟁을 벌이면서 인도 땅 거의 대부분을 차지하였다. 하지만 인도 동쪽에 있는 칼링가 전투에서 수십 만에 이르는 사람들이 비참하게 죽어 있는 것을 보고는 자신이 그런 일을 저질렀다는 것에 대해 커다란 충격을 받았다. 또 지역에 따라 민족과 신앙, 생활풍습 등이 제각기 달랐기 때문에 마음을 하나로 모으면서 다스릴 새로운 사상이 필요하였다. 그래서 자비와 평등을 내세우는 불교식 가르침에 따라 백성들을 다스렸다. 그리고 자신도 불교를 믿고 따르며, 널리 퍼뜨리기 위해 많은 노력을 하였다.

기원전 1세기 중엽 쿠샨 족이 인도 북서부 간다라 지방에 왕조를 세웠다. 쿠샨 왕조는 제3대 카니슈카 왕 때 가장 발전하였는데, 그도 아소카 왕처럼 왕권을 강화하고 나라를 잘 다스리기 위해 백성들에게 불교를 믿도록 하였다. 인도에서는 그 동안 붓다를 너무 신성하다고 생각해 감히 그 모습을 그리거나 조각하지 않았다. 그런데 카니슈카 왕은 불교를 좀 더 널리 퍼뜨리기 위해 붓다를 불상으로 만들어 사람들이 절하게 하였다. 그러자 불교를 믿는 사람들이 점점 늘어났다. 이 때 조각된 불상은 알렉산드로스가 침략했을 때 전해진 그리스 문화에 인도 불교문화가 더해져서 만들어진 것으로 이를 간다라 불상이라고 한다.

소승불교와 대승불교 '승'이란 붓다가 가르친 것을 뜻하는 '수레'를 말하는데 '소승'은 혼자 타는 작은 수레를, '대승'은 여럿이 함께 타는 큰 수레를 말한다.

그 무렵 불교는 크게 소승불교와 대승불교로 나뉘었다. 소승불교는 스스로 깨달음을 얻는 것을 중요하게 여겼고, 대승불교는 나보다는 이 세상 모든 사람들을 위하는 것을 우선으로 생각하였다. 마우리아 왕조 때에는 소승불교를, 쿠샨 왕조 때에는 대승불교를 주로 믿었다. 그 뒤 소승불교는 인도, 스리랑카, 태국 등 동남아시아 쪽, 대승불교는 티베트, 중국, 한반도, 일본 등 동북아시아 쪽으로 널리 퍼려져 세계적인 종교로 자리 잡았다.

탐구하기 **아소카 왕과 카니슈카 왕은 왜 백성들에게 불교를 믿도록 하였을까요?**

탐구 3 인도 종교를 아우른 힌두교와 굽타 왕조

산치대탑

3세기 이후 쿠샨 왕조가 몰락하면서 인도 북쪽 지방은 여러 나라들로 갈라졌다. 그러다가 갠지스 강 둘레, 작은 나라에 있던 굽타 가문이 점점 강해져 이웃나라들을 누르고 북인도를 통일하면서 320년 굽타 왕조를 세웠다. 굽타 왕조는 찬드라굽타 2세 때에 가장 발전하였다. 그 무렵 북인도는 정치적으로 안정되었고, 경제, 문화적으로도 많은 발전이 있었으며, 또 여러 종교들이 자유롭게 퍼지고 있었다.

굽타 왕조는 평등사상을 내세워 신분제도를 혼란스럽게 하는 불교보다는 위아래 신분질서를 강조하는 브라만교가 왕권을 강하게 할 수 있고 나라를 다스리는 데 더 좋다고 생각하였다. 그러자 브라만교가 다시 힘을 되찾게 되었다. 브라만교를 뼈대로 삼은 뒤에 많은 전통신앙과 불교 등을 받아들여 인도 고유 종교인 힌두교가 만들어졌다. 그렇기 때문에 힌두교에는 헤아릴 수 없이 많은 신들이 있다. 그리고 다른 종교를 들여오는 과정에서 그 종교를 믿었던 사람들 생활풍습이나 전통문화를 같이 받아들인 힌두교는 오늘날까지 인도 사람들이 믿는 종교로 자리 잡고 있다.

굽타 왕조 때에는 왕에게 후원을 받아 예술이나 문학, 과학, 천문학이 발전하여 인도 고대문화를 꽃피우는 황금기를 이루었다. 그러나 5세기 무렵부터는 중앙아시아 초원에서 살던 유목민들이 쳐들어와 사회가 혼란스러워졌고, 왕권이 약해지면서 점점 힘을 잃고 멸망하였다.

탐구하기 굽타 왕조가 나라를 다스리기 위하여 불교보다 브라만교를 선택한 까닭은 무엇일까요?

그 무렵 우리 나라에서는 삼국 시대와 불교

삼국이 활발한 정복전쟁을 벌이면서 나라가 점점 커지자 서로 다른 신앙을 가지고 있던 백성들을 다스리기 어려워졌다. 그러자 삼국 시대 왕들은 백성들을 다스리기 위한 방법으로 불교를 받아들였다. 고구려는 372년 소수림왕 때, 백제는 384년 침류왕 때, 신라는 5세기 무렵에 불교를 받아들였다. 백성들과 귀족들에게 '왕은 곧 부처와 같다.'라는 생각을 심어 주어, 그들로 하여금 부처를 믿고 따르듯 왕을 섬기게 하여 왕권을 강화시키고 백성들을 한 마음으로 뭉치게 하려는 생각이었다.

고구려와 백제는 별 마찰 없이 불교를 받아들였다. 하지만 신라는 예로부터 내려오는 신앙이 강하게 남아 있고 왕권이 강화되는 것을 두려워한 귀족들이 반대하였다. 그 바람에 법흥왕 때인 527년에 이차돈이 순교를 한 뒤에야 국가가 불교를 공인할 수 있었다. 그 뒤 불교는 삼국 시대에 탑, 불상 등 문화예술에도 많은 영향을 주었다.

해석 인도에서 생긴 불교는 왜 인도에서 자리 잡지 못했을까?

불교는 인도에서 생겨나 마우리아 왕조와 쿠샨 왕조 때에는 나라에서 믿도록 권하는 종교로 발전하기도 하였다. 그런데 정작 인도에서는 자리 잡지 못하고 오히려 동남아시아나 동북아시아 쪽에 있는 나라에서 발전하였다. 불교는 왜 인도에서 자리 잡지 못했을까?

브라흐만

비슈누

시바

첫째, 붓다가 힌두교에서 믿는 여러 신 가운데 하나가 되었기 때문이다. 힌두교는 옛날부터 인도에 있던 전통신앙과 브라만교, 불교 등 여러 종교가 합해져서 이루어진 종교이며, 다른 종교를 받아들이는 과정에서 그 종교에서 믿던 신들을 힌두교 신으로 만들어 힌두교 안으로 들어오게 하였다. 그렇기 때문에 힌두교에는 수많은 신들이 있는데, 그 가운데 창조신인 브라흐만, 우주를 지키는 비슈누 신, 파괴와 재생을 되풀이하는 시바 신을 중심으로 우주가 돌아간다고 하였다. 그리고 이 신들은 세상에 나타날 때 여러 가지로 모습을 바꾸어 나타난다고 믿었다. 이를 화신이라고 하는데, 붓다를 비슈누 신이라는 힌두교 신으로 만들어버렸다. 이렇게 불교를 힌두교 안으로 끌어들이자 붓다를 믿었던 많은 사람들이 힌두교를 믿게 되었다.

둘째, 윤회 사상 때문이다. 윤회란 사람이 죽은 뒤에도 사라지지 않고 다시 태어나 계속 다른 삶을 살아가는 것을 말한다. 되풀이되는 삶 속에서 가장 중요한 것은 다시 태어나기 전에 살았던 전생에서 가지고 온 업이다. 업이란 '착한 일을 한 사람은 상을 받고, 나쁜 일을 한 사람은 벌을 받는다.'는 것으로 자신이 한 행동만큼 돌려받는 것을 말한다. 윤회사상은 아주 오랫동안 인도 사람들 삶속에 깊이 스며들어 있었다. 힌두교는 불교보다 윤회를 더 강조하였다. 지금은 비록 신분이 낮지만 꾹 참고 열심히 살면 다음 세상에서는 좀 더 좋은 신분으로 태어날 수 있다고 믿었다. 그래서 불교에서 말한 평등에 대해서는 그다지 중요하게 여기지 않았다. 그러자 불교는 윤회를 강조하는 힌두교에게 자리를 빼앗기고 말았다.

셋째, 이슬람 세력이 인도를 침입했기 때문이다. 인도는 550년 무렵 굽타 왕조가 멸망한 뒤 계속 혼란스러웠다. 그러다가 998년부터는 이슬람 세력이 침입하여 인도를 다스리게 되면서 이슬람교를 믿는 사람들이 점점 늘어났다. 그러자 인도는 힌두교와 이슬람교를 믿는 사람들로 나누어지고 불교는 밀려나게 되었다.

해석하기 **인도 사람들이 불교보다 힌두교를 더 많이 믿는 까닭은 무엇일까요?**

역사토론

인도에서 한 가지 종교를 믿도록 권한 것은 바람직한 것일까?

토론 내용 인도를 처음으로 통일한 마우리아 왕조 때, 아소카 왕은 백성들에게 불교를 믿도록 권하면서 자기 자신도 불교를 믿고 따르며 널리 퍼뜨리려고 하였다. 그리고 쿠샨 왕조 때, 카니슈카 왕은 불상을 만들면서까지 백성들로 하여금 불교를 믿게 하였다. 백성들에게 한 가지 종교를 믿도록 하는 것은 바람직한 일일까?

토론 1 바람직한 일이다.

아소카 왕과 카니슈카 왕이 백성들에게 불교를 믿도록 권한 것은 자신들이 정복한 나라 백성들을 정신적으로 통일시켜, 커진 나라를 좀 더 잘 다스리기 위한 것이었다. 같은 종교를 믿으면 나라를 다스리기가 좋다.

토론 2 아니다. 바람직하지 않다.

그 때 인도에는 여러 민족과 종교들이 있었다. 그래서 모든 사람들이 같은 종교를 믿고 싶어 한다고 생각할 수는 없다. 다른 종교를 믿고 싶어 하는 사람들이 있을 수도 있는데, 자칫하면 그 사람들 생각이 잘못된 것처럼 여겨져 피해를 당할 수도 있다.

토론 3 그래도 바람직하다.

여러 민족과 종교들이 있으니까 사회가 혼란스러워질 수도 있다. 그래서 아소카 왕과 카니슈카 왕은 백성들로 하여금 불교를 믿도록 하였던 것이다. 그렇게 함으로써 백성들 마음을 하나로 모으려 했던 것이다.

토론 4 아무리 그래도 바람직하지 않은 일이다.

아소카 왕과 카니슈카 왕이 백성들에게 불교를 믿도록 권한 까닭은 백성들을 위해서라기보다는 자신을 위한 것이다. 한 나라를 다스리는 왕이라고 할지라도 그것은 좀 지나친 것이라고 생각한다.

토론하기

나라에서 하나의 종교를 믿도록 권하는 것은 바람직한 것일까요? 자기 생각을 밝히고, 그 까닭을 쓰세요.

다음 글을 읽고, 물음에 대한 자기 생각을 써 보세요.

➔ 크리스트교, 유대교, 이슬람교에서는 오직 하나뿐인 신을 믿습니다. 하지만 불교에서는 붓다가 깨달은 진리에 대한 가르침을 믿고 따릅니다. 인도와 중국을 비롯한 많은 나라들처럼 아주 옛날부터 믿어온 여러 신을 모시거나 그 밖에 신이 아닌, 눈에 보이지 않는 초자연적인 것을 믿는 나라들도 있습니다.

북극 이누이트 족

북극에 사는 이누이트 족이 믿는 종교는 애니미즘에 가깝다. 애니미즘이란 해, 달, 바위 등 모든 사물에 영혼이 깃들어 있다고 믿는 것을 말하는데, 그 영혼을 정령이라고도 한다. 에스키모족은 정령이 그들을 이끌어간다고 생각하였고, 여러 정령들 가운데 달에 있는 정령이 세상 동물들을 다스린다고 믿었다.

이들은 몹시 추운 날씨를 견디면서 살아가야 했고, 먹고 살기 위하여 순록이나 물고기, 바다표범, 물개 등을 사냥해야 했기 때문에 동물들을 지배하는 달에 깃든 정령을 아주 중요하게 생각하였다. 지금도 알래스카 일부에는 달에 깃든 정령을 받드는 이누이트 족 전통신앙이 남아 있다고 한다.

오세아니아 대륙 원주민

오세아니아 대륙 원주민들 가운데에는 돌아가신 조상이 자기를 돌보아 준다고 생각하며 신으로 모시는 사람들이 있다. 조상신이 원주민들을 지켜보고 있다가 그들이 하는 일이 마음에 들면 행운을 내리고, 그렇지 않으면 불행을 준다고 믿었다. 그러므로 자기가 지금 어떤 일을 하고 있는가를 조상신에게 알리고, 먹을 것과 제물을 마련하여 바치면서 잘 살게 해달라고 비는 일은 그들 삶에 있어서 아주 중요했다.

오세아니아 섬들 가운데 파푸아 뉴기니에서는 남자 아이들이 정해진 나이가 되면 어른들 세계로 들어오는 것을 반겨주는 성인식을 치른다. 그때가 되면 남자 어른들이 조상신 얼굴을 새긴 가면을 쓰고 춤을 추면서 마을을 돌아다닌다고 한다.

생각 열기

이 세상에는 수많은 종교들이 있습니다. 종교를 믿지 않는 사람들도 있지만, 종교를 믿는 사람들도 많습니다. 종교는 각 나라마다, 민족에 따라 다르기도 합니다. 사람들은 왜 종교를 믿고 의지할까요?

극복 방안

– 주제에 반대하는 내용(부작용)에 대한 극복 방안을 제시하는 과정입니다.

굽타 왕조와 브라만

굽타 왕조 말기로 접어들면서 다른 민족들이 계속 인도 땅으로 침입해 들어오고, 잦은 전쟁에 시달리면서 인도 사회에 혼란이 찾아왔다. 이에 왕은 사회를 하루라도 빨리 안정시키는 것이 무엇보다도 중요하다고 생각하였다. 그래서 인도 신분제도인 카스트 가운데 제일 높은 자리에 있는 브라만과 힘을 합쳐 인도 사회에 닥친 어려움을 풀어나가려고 하였다.

왕은 브라만들에게 땅을 내주고, 그 땅에서 살면서 사람들에게 세금을 걷을 수 있는 권리와 그 지역을 다스릴 수 있는 권리를 주었다. 하지만 브라만들은 원래 살고 있던 부족 사람들과 여러 가지 면에서 부딪히게 되었다. 브라만들은 자기 생각대로 부족을 다스리려 하였지만, 브라만들이 지내는 제사나 종교의식은 너무 복잡하고 어려워 사람들이 이해하기 힘들었다.

그래서 브라만들은 부족 사람들이 알기 쉬운 이야기를 만들어 그들에게 퍼뜨렸다. 예를 들면 브라만교에 대한 이야기를 담은 경전인 '베다'에 적혀 있는 카스트 사회, 제사 이야기 등을 부족 사람들에게 익숙하고 친한 자연물이나 그들이 숭배하는 것에 맞춰 바꾸어서 이해하기 쉽게 이야기하였다. 그리고 그 이야기 속에 부족 사람들이 대대로 믿고 있던 여러 가지 토착신앙을 모두 받아들여 부족 사람들이 브라만교를 믿고 따를 수 있는 틀을 마련하였다.

반대(부작용) 의견	극복 방안
굽타 왕조 말기로 접어들면서 다른 민족들이 계속 인도 땅으로 침입해 들어오고, 잦은 전쟁에 시달리면서 인도 사회에 혼란이 찾아왔다.	왕은 사회를 하루라도 빨리 안정시키기 위하여 인도 신분제도인 카스트 가운데 제일 높은 자리에 있는 브라만과 힘을 합해 인도 사회에 닥친 어려움을 풀어나가려고 하였다.
부족 사람들은 브라만교에서 지내는 제사나 종교의식이 너무 복잡하고 어려워 이해하기 힘들어 하였다.	브라만들은 부족 사람들이 알기 쉽게 '베다'에 적혀 있는 카스트 사회, 제사이야기 등을 그들에게 익숙하고 친한 자연물이나 그들이 숭배하는 것에 맞춰 바꾸어서 이해하기 쉽게 이야기하였다.

다음 글을 읽고, 반대 의견에 대한 극복 방안을 써 보세요.

사람들에게 희망을 주는, 앨리슨 래퍼

영국 런던 시내에 있는 트레팔카 광장에는 '임신한 앨리슨 래퍼'라는 동상이 서 있다. 그것은 영국 조각가인 마크 퀸이 만든 동상으로 앨리슨 래퍼를 모델로 한 것이다.

앨리슨 래퍼는 영국에서 활동하고 있는 구족화가이자 사진작가이다. 구족화가란 두 팔이 없어 입과 발로 그림을 그리는 사람을 말한다. 그녀는 태어날 때부터 두 팔이 없었고 다리도 보통사람들보다 훨씬 짧았다. 그런 그녀를 키울 자신이 없었던 부모는 태어난 지 6주 만에 아기를 버렸고, 19년 동안 복지시설에서 자랐다. 사람들은 때로 보통사람들과 다른 몸을 가진 그녀를 곱지 않은 눈길로 바라보았지만, 명랑한 성격과 긍정적인 생각으로 자기 삶을 꾸려 나갔다.

그녀가 결혼을 해서 아기를 가졌을 때, 주변사람들과 의사는 그녀와 같은 아기가 태어날 지도 모른다는 생각과 아기를 낳더라도 키우기 어렵다면서 말렸다. 그렇지만 기꺼이 낳기를 결심하였고, 건강한 남자 아기를 낳았다. 그녀는 작은 스펀지를 입에 물고 아들 머리를 감겨 주었으며, 특별하게 만들어진 유모차에 아기를 태워 어깨로 밀면서 아들과 함께 산책을 다녔다.

그림그리기를 좋아했던 그녀가 어릴 때부터 하고 싶었던 미술공부를 하기 위해 대학을 가려했을 때도 사람들은 과연 그녀가 해낼 수 있을까 걱정을 하였다. 하지만 그녀는 엄청난 노력 끝에 대학을 졸업하였고, 두 팔이 아닌 입과 발로 그림을 그리는 구족화가가 되었다. 그녀가 보여 준 용기 있는 행동은 이 세상 많은 사람들에게 희망을 심어 주고 있다.

—〈앨리슨 래퍼 이야기〉(앨리슨 래퍼 지음/황금나침반) 중에서

반대(부작용) 의견	극복 방안

앵글로색슨
왕국
라인 강
다뉴브 강
부르군드
왕국
동고트
왕국
서고트
왕국
라벤나
로마
반달
왕국
카르타고
지중해
서로마
동로마

16

로마 평화 시대와 서로마 멸망

역사 연대기

기원전 27년 | 아우구스투스가 로마황제 자리에 오름.
기원후 220년 | 중국 한나라가 멸망하고 위진남북조 시대가 시작됨.
313년 | 콘스탄티누스 대제 때, 크리스트교를 인정하고 받아들임.
320년 | 인도에 굽타 왕조가 세워짐.
330년 | 콘스탄티노플로 수도를 옮김.
476년 | 서로마 제국이 멸망함.

학습 목표

1. 로마 평화시대가 이루어지는 과정에 대해 알 수 있다.
2. 로마 제국 분열과 멸망에 대해 알 수 있다.
3. 서로마 문화에 대해 알 수 있다.
4. 로마 제국 시대에 황제들이 썼던 정책에 대해 알 수 있다.
5. 최종 결론 내리는 방법을 배워 논술 개념을 익힐 수 있다.

심화 학습

도서 읽기 • 로마사 이야기
(초등역사교사 모임 / 늘 푸른 아이들)
영화 보기 • 글래디에이터 (리들리 스콧 감독 /2000년 작품)

탐구 1 로마 평화 시대(기원전 27~기원후 180년)

로마 평화 시대란 로마에서 사회가 가장 안정되고 경제적으로 풍요로웠던 때로, 아우구스투스로부터 5현제까지 200여 년 동안을 말한다.

뒷날 아우구스투스로 불리는 옥타비아누스는 로마 공화정 말기, 100년에 걸친 사회혼란을 바로잡으면서 로마에서 가장 큰 힘을 가진 실력자로 떠올랐다. 그랬기 때문에 마음만 먹으면 언제든지 황제가 될 수 있었다. 하지만 먼저 원로원과 사이좋게 지내고, 로마 시민들이 바라는 대로 평화로운 나라를 만들기 위하여 노력하였다. 왜냐하면 카이사르가 황제가 되려고 한다는 의심을 받아 원로원의 원들에게 죽임을 당했기 때문이었다.

그는 개인이 나라에 진 빚을 모두 덜어주었고, 대규모 공공사업을 벌였다. 그리고 믿을 수 있는 사람 가운데에서 능력 있는 사람들을 뽑아 나라를 다스리면서 군대와 재정을 비롯한 권력을 서서히 자기 것으로 만들어 나갔다. 사회가 안정되자 원로원은 옥타비아누스에게 제1시민을 일컫는 '프린켑스'라는 이름을 붙여주었다. 그리고 기원전 27년에는 로마를 다스릴 수 있는 모든 권력을 주며, 감히 범할 수 없는 높고 엄한 사람, 즉 존엄한 사람을 뜻하는 '아우구스투스'라는 칭호를 바쳤다. 그리하여 그는 로마에서 처음으로 황제 자리에 올라 황제가 다스리는 나라인 제정 로마 시대를 열었다.

그 뒤 네로 같은 포악한 황제가 나타나기도 했지만, 기원후 1세기 말에는 현명한 황제 다섯 사람이 다스렸던 5현제 시대(161~180)가 열렸다. 이들은 네르바, 트라야누스, 하드리아누스, 안토니누스 피우스, 마르쿠스 아우렐리우스 황제였다. 5현제 시대에 로마가 가장 발전할 수 있었던 까닭은 이들 황제가 자기 아들에게 자리를 물려 주는 것이 아니라 원로원과 의논하여 지혜롭고 어진 사람을 양아들로 들인 다음 물려 주었기 때문이다.

5현제 시대를 연 네르바와 트라야누스는 정복전쟁을 통하여 로마 영토를 가장 많이 넓혔다. 하드리아누스 때부터는 국경에 튼튼한 성을 쌓아 적이 쳐들어오지 못하도록 막았다. 그리고 사회가 안정될 수 있도록 나라 살림을 꾸려나갔다. 수도인 로마와 국경까지 이어지는 도로를 정비하였고, 길이, 부피, 무게 따위를 재는 도량형과 화폐를 통일하였다. 그물처럼 잘 짜여진 도로 덕분에 제국에 딸린 나라들로부터 수많은 물품들이 로마로 들어오기 편리해지고 다른 나라와 물건을 사고 파는 것도 더 편해져 상공업과 무역이 발달하였다. 이렇게 안정된 2백여 년 동안을 '로마 평화 시대'라고 부른다.

탐구하기 **5현제 시대에 로마가 가장 발전했던 까닭은 무엇일까요?**

탐구 2 기울어 가는 로마 제국

5현제 시대 후반부터 로마는 정복전쟁을 하지 않았기 때문에 전쟁을 통해 들여오던 노예들을 구할 수 없게 되었다. 농장에서 일할 노예를 구할 수 없게 되자 생산량도 점점 줄어들었다. 시민들은 살아가는데 어려움을 겪게 되었으며, 병사도 모집할 수 없게 되어 국방력이 약해졌다. 이런 틈을 타 사산왕조페르시아와 게르만족 같은 이민족들이 로마로 쳐들어오기 시작하였다.

그런 가운데 5현제 마지막 황제였던 마르쿠스 아우렐리우스가 북쪽에서 쳐들어오는 게르만족과 싸우다가 병들어 죽고 말았다. 그는 앞선 황제 네 명과는 달리 양아들에게 황제 자리를 물려 주지 않고 친아들인 콤모두스에게 물려 주었다. 그러나 콤모두스는 나랏일은 돌보지 않고 검투사가 되어 싸우는 것을 즐기는 등 방탕한 생활을 일삼다가 자신을 지켜주던 친위대에게 죽임을 당하였다. 그 뒤 로마는 59년 동안 나라 안으로는 군인황제 26명이 서로 싸우고, 밖으로는 이민족들이 계속 쳐들어오는 어지럽고 혼란스러운 시대가 이어졌다.

284년, 로마 시민들에 의해 황제가 된 디오클레티아누스는 혼란을 추스르고, 넓은 제국을 보다 잘 다스리기 위하여 로마를 네 개로 나누어 다스렸다. 그러면서 사회는 조금씩 안정되어 갔다. 그러나 디오클레티아누스가 물러나자 로마를 나누어 다스렸던 네 황제들 사이에 권력다툼이 일어났고, 그 가운데 콘스탄티누스가 권력을 쥐면서 1인 황제 자리에 올랐다.

330년, 콘스탄티누스는 로마를 다시 살리기 위하여 수도를 로마에서 비잔티움으로 옮겼다. 황제 이름을 따서 콘스탄티노플이라고 한 비잔티움은 바다를 사이에 두고 유럽과 아시아 땅이 마주보고 있는 항구도시였다. 콘스탄티누스는 그곳이 도나우 강 건너편에 사는 게르만족이 세력을 뻗쳐오는 것을 억누를 수 있고, 또 동쪽에 있는 사산왕조페르시아를 살피기에도 알맞다고 생각하였다. 게다가 아시아와 유럽을 비롯한 여러 나라들과 교역을 하기에도 편리한 곳이었다. 그는 또 밀라노칙령을 통해 그때까지 박해받았던 크리스트교를 공인하였다. 수많은 크리스트교 인들을 자기편으로 끌어들여 로마를 개혁하려고 하였으나 로마제국은 점점 빠르게 몰락해 가고 있었다.

395년, 테오도시우스 황제가 죽은 뒤 동로마와 서로마로 나누어지면서 독립된 두 나라가 되어갔다. 그러다가 476년, 서로마 제국은 게르만족에게 멸망당했다. 그러나 동로마 제국은 그 후로 천여 년 동안 나라를 이어 가다가 1453년, 오스만 제국에 의해 멸망당했다.

탐구하기 **콘스탄티누스가 쓰러져 가는 로마를 살려내기 위해 택한 방법은 무엇일까요?**

탐구 3 로마 문화

로마 문화는 그리스 · 헬레니즘 문화를 이어받아 발전하였으며, 이들 문화를 유럽에 전하였다. 그리고 그리스 · 로마 문화는 크리스트교와 더불어 서양 문화의 뿌리가 되는 두 가지 중요한 요소가 되었다. 로마는 예술적인 것보다는 실제생활에 알맞은 건축, 토목, 법률 등에서 뛰어난 문화유산을 남겼다. 유명한 건축물로는 도로, 수도교, 콜로세움, 목욕탕, 개선문 등이 있다. 콜로세움은 아치형으로 만들어진 원형경기장으로 검투사들을 서로 겨루게 한다거나 전차경기를 했던 곳으로, 5만 명이 넘는 사람들이 들어갈 수 있는 커다란 규모였다.

로마가 남긴 가장 큰 문화유산은 법이었다. 법은 로마 사람과 로마에 딸린 속주들을 다스리는 데 가장 중요한 것이었다. 성문법은 평민들이 벌인 신분투쟁을 통해서 점점 시민법으로 바뀌었다. 포에니 전쟁이 끝난 뒤에는 로마 제국 안에 사는 모든 사람들에게 로마 시민과 같은 권리를 주는 만민법으로 발전하였다. 이러한 로마법은 훗날 유럽 여러 나라 법률에 많은 영향을 주었다. 역사책으로는 리비우스가 쓴 《로마 사》와 카이사르가 펴낸 《갈리아 전기》, 그리고 플루타르크가 쓴 《영웅전》이 있다. 로마 제국 시대에는 스토아 철학이 유행하였다. 스토아 철학은 감정에 마음이 흔들리지 않도록 하고 이성을 지키며, 자연 질서에 따르며 살 것을 주장하였는데, 대표적인 철학자로 세네카와 5현제 시대 마지막 황제였던 마르쿠스 아우렐리우스를 들 수 있다. 그 밖에 과학자였던 프톨레마이오스가 우주 중심은 지구이고 지구를 중심으로 모든 별들이 돈다는 천동설을 주장하였다.

수도교 콜로세움 개선문 셀수스 도서관 목욕탕 내부 고대도시 중앙수로

탐구하기 로마 문화가 가지는 가장 큰 특징과 세계사에서 갖는 의의는 무엇일까요?

그 무렵 우리 나라에서는

고구려 전성기

삼국이 나라를 세우고 점점 기틀을 잡아가며 영토를 늘려나갔다. 4세기에는 백제가 가장 강하였지만 4세기말에서 5세기에는 고구려가 가장 강하였다. 광개토 대왕은 북쪽으로 땅을 넓혔고, 장수왕은 수도를 국내성에서 평양으로 옮기며 남쪽으로 점점 내려가는 정책을 폈다. 이에 두려움을 느낀 신라와 백제는 433년, 나제동맹을 맺고 고구려에 맞섰다. 475년, 장수왕이 백제 수도 한성을 공격하여 개로왕을 죽이자 백제는 서둘러 수도를 웅진성으로 옮겼다.

해석 로마 황제들은 왜 '빵과 서커스' 라는 당근 정책을 썼을까?

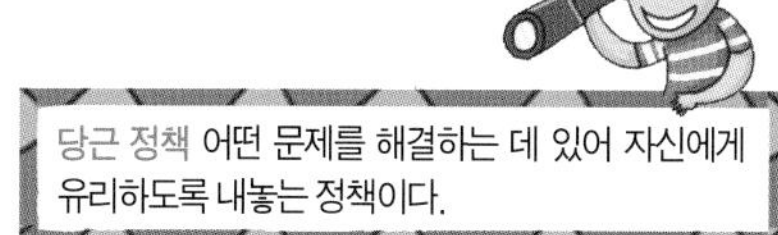

'빵과 서커스'는 로마 제국을 가장 잘 나타내는 낱말로, 황제들이 제국을 다스리는 방법으로 썼던 당근 정책이었다.

'빵'은 기원전 123년, 호민관으로 뽑힌 가이우스 그라쿠스가 시작한 '소맥법'에서 비롯되었는데, 소맥이란 밀을 뜻한다. 소맥법은 나라에서 밀을 사들여 도시에 살면서 그날 벌어 그날 먹을거리를 구할 수밖에 없는 가난한 사람들에게 절반 가격으로 팔도록 했던 법이었다.

처음에는 싼 값으로 팔았다가 공화정 말기에는 돈을 받지 않고 무료로 시민들에게 밀을 나누어 주기 시작하였으며, 제정 로마 시대를 연 아우구스투스 때에는 시민 20만 명에게 무료로 나누어 주었다. 5현제 시대에는 영토를 가장 많이 넓히면서 여러 민족들이 로마 제국 안으로 들어왔다. 그러면서 이들은 로마 시민과 같은 대우를 받으며 모두 제국 시민이 되었다.

그러자 수많은 사람들을 보다 편하게 다스리기 위하여 로마 황제들은 새로운 정책을 만들어내었다. 그것은 '빵과 서커스'였다. 그들은 제국 시민들에게 빵을 무료로 나누어 주면서 먹을 걱정을 덜어주었고, 서커스라는 볼거리를 보여 주면서 시민들 관심을 그쪽으로 쏠리게 하였다.

그 시대에는 선거에서 이기고, 보다 높은 지위를 얻기 위해서는 투표권을 가진 시민들을 자기편으로 만드는 것이 무엇보다도 중요했다. 그랬기 때문에 선거에 나간 사람들은 자기 돈을 들여 시민들에게 빵과 서커스라는 당근정책을 쓰면서 서로 경쟁에서 이기려고 하였다. 그러자 볼거리는 점점 많아졌다. 로마 시민들이 가장 좋아했던 볼거리는 원형경기장인 콜로세움에서 벌였던 전차경주와 검투사경기였다. 검투사경기를 벌였던 검투사는 거의 노예나 사형수, 그리고 로마와 벌인 전쟁에져서 끌려온 포로들이었다. 검투사들은 한 사람이 죽을 때까지 서로 피를 흘리며 싸워야 했고, 때로는 굶주린 야생동물들과 싸워야 했다. 그러자 검투사들 가운데에는 불만을 품고 반란을 일으킨 사람들이 나타나기도 하였다.

'빵과 서커스'라는 당근 정책으로 로마 시민들은 일하지 않고도 살 수 있게 되었고, 또 공짜로 보여주는 볼거리를 즐기면서 점점 노는 쪽으로 정신이 팔려갔다. 시민들은 정치에서 관심이 멀어지게 되었고, 로마 황제들은 넓은 제국을 보다 편하게 다스릴 수 있게 되었다.

해석하기 로마 황제들은 왜 '빵과 서커스'라는 당근 정책을 썼을까요?

역사토론

서로마 제국이 멸망한 까닭은 무엇일까?

토론 내용 제정 로마 시대를 연 아우구스투스로부터 200여 년에 걸친 '로마 평화 시대'를 맞이한 서로마 제국은 476년에 결국 멸망하고 말았다. '로마는 하루아침에 이루어지지 않았다'라는 말이 있듯 '로마는 하루아침에 무너지지 않았다'라는 말도 있다. 막강했던 서로마 제국이 멸망한 까닭은 과연 무엇이었을까?

토론 1 정복 전쟁이 없었기 때문이다.

5현제 시대가 끝나가는 2세기 말 무렵, 로마는 더 이상 정복 전쟁을 하지 않았기 때문에 전쟁을 통해 들여오던 노예들을 구할 수 없게 되었다. 정복 전쟁이 없어지면서 농장에서 일할 노예들이 점점 줄어들었고, 생산량도 줄어들어 시민들이 살아가는 데 어려움을 겪게 되었다. 그러자 시민들을 병사로 모집할 수 없게 되어 국방력은 점점 약해지게 되었다.

토론 2 아니다. 정치 혼란 때문이다.

5현제 시대가 끝나고 콤모두스 같은 폭군들이 나타났다. 게다가 59년 동안 군인 황제 26명이 나타나 서로 싸우고 죽였다. 또 자기 군대를 유지하기 위하여 시민들로부터 많은 세금을 걷거나 재산을 빼앗기까지 하였다. 그러면서 로마 제국은 빠르게 몰락해갔다.

토론 3 게르만족이 쳐들어왔기 때문이다.

아시아에 있던 훈족이 서쪽으로 밀려오자 훈족에게 밀린 게르만족들이 로마 땅으로 쳐들어왔다. 그러나 로마는 정치 · 경제적으로 혼란스러워 게르만족을 물리칠 힘이 없었다. 또 로마 병사였던 용병들은 거의 게르만족이어서 로마를 위해 싸우기보다는 오히려 자기 부족 편을 들어 476년 서로마는 게르만족 대장이었던 오도아케르에게 멸망당하고 말았다.

토론하기 서로마가 멸망하게 된 까닭은 무엇일까요? 자기 생각을 밝히고, 그 까닭을 쓰세요.

다음 글을 읽고, 물음에 대한 자기 생각을 써 보세요.

➔ 고대부터 지금까지 역사를 보면 어느 한 나라가 중심이 되어 세계를 이끌어 왔던 것을 볼 수 있습니다. 그런 나라에게는 라틴 말에서 평화를 뜻하는 '팍스'라는 말 뒤에 그 나라 이름을 붙여줍니다. 아래 글에 나오는 '팍스 시니카'는 중국이 세계를 이끌어 가는 시대를 말합니다. 팍스 시니카라는 말 속에는 어떤 것이 들어 있는지 생각해 봅시다.

팍스 시니카와 중국 역사

팍스라는 말은 로마가 제일 평화스러웠던 시대를 보내며, 세계를 이끌었던 때를 '팍스 로마나'라고 했던 것에서 비롯되었다. 19세기, 영국이 많은 식민지를 두면서 세계를 이끌던 시대를 '팍스 브리태니카'라 하였고, 제2차 세계대전이 끝난 뒤부터 지금까지는 세계에서 가장 강한 나라로 불리는 미국에 의해 세계평화가 유지되는데 이를 '팍스 아메리카나'로 부르고 있다.

그런데 앞으로는 중국이 이끌어가는 세계 평화 시대가 다가올 것이라고 미루어 짐작하는 사람들이 나오고 있다. 2007년 11월, 영국 잡지인 이코노미스트지는 '2008년은 중국을 중심으로 세계가 유지되는 팍스 시니카가 될 것'이라고 말하였다.

팍스 시니카는 곧 새로운 중화제국이 열리는 것을 뜻하기도 한다. 경제학자들은 중국이 경제적으로 제일 강한 나라가 되면, 중국이 본디 가지고 있던 사상체계인 중화사상을 앞세워 아시아는 물론 세계질서까지 다시 엮어 만들 것이라고 내다보고 있다. 중화사상이란 중국이 자기 민족을 세계문명들 가운데에서 가장 중심이라고 생각하여 스스로 다른 민족들보다 뛰어나다고 자랑해 온 사상을 일컫는다.

중국은 신화 속 인물들인 삼황오제를 역사 안으로 끌어들여 그들 시대에 중국역사가 시작되었다고 주장하려한다. 이 일이 성공한다면 중국문명은 세계 최초로 세워진 문명인 메소포타미아 문명보다 훨씬 앞서게 된다. 아울러 한족을 중앙정권으로 하고 55개 소수민족을 지방정권으로 만들어 지금 중국 땅에 살고 있는 모든 민족이 일궈온 역사를 중국역사라는 퍼즐 안에 끼워 넣으려 하고 있다. 중국은 그러한 것들이 팍스 시니카를 이루는 정신적인 바탕, 즉 새로운 중화사상을 이끌어내는데 도움이 될 것이라 기대하고 있다고 한다.

생각 열기

로마 시대에 팍스라는 말은 원래 평화를 의미하였는데 지금은 다른 의미로도 쓰입니다. '팍스 시니카'라는 말 속에 담겨져 있는 의미는 무엇일까요?

논술 한 단계

최종 결론

– 본문에 서술한 내용들을 모두 참고하여 마지막에 결론을 내리는 과정입니다.

폼페이가 들려 주는 제정 로마 시대 이야기

79년 8월, 로마가 가장 평화로웠을 무렵, 이탈리아 반도 남쪽 바닷가에 자리한 작은 도시 폼페이에서 베수비오 화산이 불을 뿜으며 폭발하였다.

가까스로 그 곳을 벗어난 사람들이 남긴 기록에 따르면 갑자기 땅이 흔들리더니 도시에 있던 사람들이 도망칠 사이도 없이 뜨거운 용암이 흘러내려와 거리를 뒤덮었고, 화산재가 쏟아졌다고 한다. 그리고 바로 유황독가스가 퍼져 많은 사람들이 숨을 제대로 쉴 수가 없었다고 한다. 그러면서 그 곳에 살았던 사람들과 도시는 모두 화산재에 파묻히면서 사라지고 말았다.

그러던 것이 1709년 4월, 수도원 뜰에서 우물을 파던 일꾼이 들고 있던 곡괭이에 걸린 쇠붙이가 발견되면서 폼페이 유적이 마침내 세상에 그 모습을 드러내기 시작하였다.

아기를 가슴에 안고 있는 사람, 무릎을 껴안고 웅크린 사람, 누워 있다가 굳어진 사람 등 미처 피할 새도 없이 그대로 화석이 되어버린 많은 사람들이 여기저기서 발견되었다. 그리고 아폴로신전, 공중목욕탕, 커다란 원형극장, 사람이 다니는 길과 우마차가 다니는 길을 따로 만들었던 도로, 곡물창고 등이 있었다. 또 많은 술집들과 호화롭게 살았던 폼페이사람들 모습을 그린 벽화들도 발굴되었다.

이들 유적과 유물들은 지금까지 계속 발굴되고 있다. 화석으로 되살아난 폼페이는 로마가 가장 평화스러웠던 때인 제정 로마 시대 사람들이 얼마나 여유 있고 사치스럽게 살았는지를 고스란히 보여 주는 소중한 문화유산이다.

복원된 폼페이 유적

주제 폼페이 유적과 유물

최종 결론 폼페이 유적과 유물들은 로마가 가장 평화스러웠던 때인 제정 로마 사람들이 살았던 모습을 알려 주는 소중한 문화유산이다.

다음 글을 읽고, 주제와 최종 결론을 써 보세요.

고유가 시대, 에너지를 아끼자!

고유가 시대란 기름 값이 높아지는 때를 말한다. 우리 나라는 기름을 모두 다른 나라로부터 들여와서 쓰기 때문에 기름 값이 오르면 기름을 써서 만들어내는 모든 물건 값이 비싸져서 물가도 같이 올라간다. 그래서 관공서나 회사에서는 넥타이를 매지 않고 가벼운 옷차림으로 일하면서 여름철에 에어컨을 쓰는 데 드는 돈을 줄이기, 정해진 시간에 전기가 꺼지는 타임스위치를 두어 점심시간에 전깃불 끄기, 그 밖에도 종이컵 대신 머그컵 사용하기, 퇴근할 때 사무기기 전원 끄기 등 여러 가지로 에너지를 아끼기 위한 운동을 하고 있다고 한다.

에너지를 아끼는 방법은 생각보다 쉬운 것들이 많이 있다. 매일 세수와 양치하는 데 쓰는 물은 한 사람당 150*l* 정도라고 한다. 물을 함부로 쓰지 않고 절약하기 위해서는 양치할 때 컵을 사용하고, 세수 할 때에는 흐르는 물로 닦지 말고 미리 물을 받아 놓고 세수하는 방법이 있다. 또 변기에 벽돌을 넣어두면 하루 35*l* 가량 물을 아낄 수 있어 수도세를 줄일 수 있다고 한다. 그리고 외출할 때나 쓰지 않는 시간에 집에서 쓰는 가전제품 플러그를 뽑아두기, 냉장고를 자주 여닫지 않기, 냉장고를 꽉 채우지 않고 60% 가량만 채우기 등 조금만 더 주의를 기울인다면 자신도 모르게 쓸데없이 낭비되고 있는 전력소모를 막을 수 있다. 또한 출·퇴근을 할 때에 버스나 지하철 같은 대중교통을 이용하는 것도 좋은 방법이다.

고유가 시대에 기름 한 방울 나지 않는 나라에 사는 우리가 지켜야 할 에너지를 아끼는 방법은 큰 것이 아닌 아주 작은 것부터이다. 조금씩만 주의를 기울여 살펴보고, 작은 생활습관부터 고쳐나간다면 많은 에너지를 아낄 수 있을 것이다.

주제

최종 결론

멕시코
치첸이차
테오티와칸
올메카
마야
카리브해
태평양
아마존 강
잉카
볼리비아
브라질
페루
마추픽추
칠레
안데스산맥
대서양
라플라타 강
모치카
잉카
찬찬
차빈
나스카

17

사라진 마야와 안데스 고대 문명

나스카 사막 그림

벌새

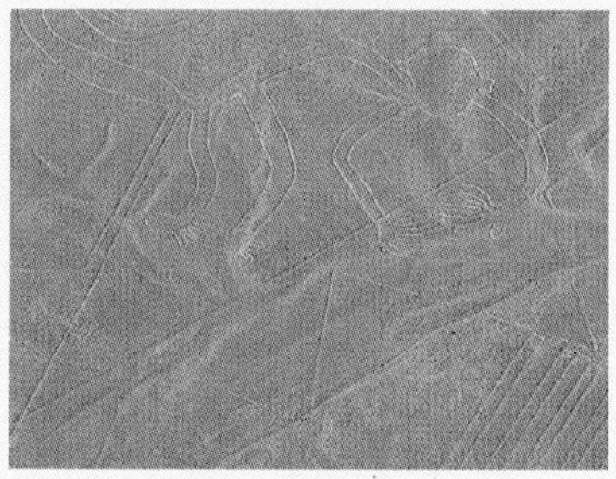
원숭이

거미

펠리칸

역사 연대기

기원전 만 5천년 무렵 | 아시아에서 사람들이 아메리카 대륙으로 건너옴.
기원전 1500년 무렵 | 아메리카에서 처음으로 올메카 문명이 시작됨.
기원전 900년 무렵 | 안데스 지역에 차빈 문명이 시작됨.
800년 무렵 | 와리족이 도시들을 정복해 안데스에 통일 국가를 세움.

학습 목표

1. 중앙아메리카 문명에 대해 알 수 있다.
2. 마야 문명이 남긴 유물에 대해 알 수 있다.
3. 마야 문명이 멸망한 것에 대해 알 수 있다.
4. 안데스 고대 문명에 대해 알 수 있다.
5. 6단 논법 전개 방법(1)을 배워 논술 개념을 익힐 수 있다.

심화 학습

도서 읽기 • 옥수수가 익어가요
(도로시 로즈 지음/열린 어린이)

탐구 1 중앙아메리카에서 발생한 문명

기원전 만 오천년 무렵부터 사냥감을 쫓아 아시아 동쪽에 살던 사람들이 아메리카 땅으로 건너오기 시작했다. 베링 해 위로 드러난 땅을 건너 온 사람들은 따뜻한 곳을 찾아 중앙아메리카와 남쪽 안데스 지역까지 내려가 살기 시작했다. 그들은 석기를 만들어 사용하며, 동물을 사냥하고, 바닷가에서 물고기를 잡아먹으며 떠돌아 다녔다. 그러다가 야생옥수수를 먹으며 멕시코 땅에 살던 사람들이 기원전 5,000년 무렵부터 농사를 짓기 시작하면서 한 곳에 머물러 살기 시작하였다. 이들은 호박, 고추 같은 작물을 키웠으며, 개와 칠면조 같은 가축도 기르기 시작했다.

기원전 1,500년 무렵에 처음으로 올메카 문명이 나타났다. 고무나라 사람들이라는 뜻인 올메카는 마을 가운데에 종교 의식을 하는 신전과 피라미드를 세웠다. 열대우림 지역에 살았던 이들은 재규어를 섬겼고, 이것을 조각이나 돌에 많이 새겨 넣었다. 또 무게가 30톤이나 나가는 큰 돌을 다른 곳에서 가져와 머리모양 조각상을 만들기도 하였고, 비석을 세우기도 하였다. 이 올메카 문명은 여러 곳으로 퍼져나가 다른 문명들에 영향을 주었다.

멕시코 고원지역에서 테오티와칸이 크게 발전했다. 테오티와칸은 '신들이 사는 장소' 라는 뜻인데 시장이 크게 열리고 20만 명이나 되는 사람들이 살기도 했던 큰 도시였다. 이곳에는 흑요석이라는 돌이 많이 났는데, 이 돌은 날카롭게 깨지기 때문에 칼을 만들기 좋았다. 그래서 다른 지역에 살던 사람들은 이곳에 와서 새 깃털로 만든 장식품 같은 것을 흑요석이나 칼로 바꾸어 갔다.

이 도시는 계획된 대로 만들어진 곳이었다. 가운데 큰 도로가 있었고, 이 도로를 따라 커다란 신전인 태양 피라미드와 달 피라미드가 있었는데, 태양 피라미드는 높이가 63m나 되었다. 태양 피라미드보다 작은 크기인 달 피라미드에서는 별을 관측하거나 신에게 제사를 지냈다. 도로 양쪽으로는 사람들이 살았던 집들과 건축물들이 많은데, 목욕탕, 우물, 상하수도 시설까지도 있었다. 이 큰 도로 양 옆으로 죽은 시체들이 많이 발견되어 '죽은 자들 거리' 로 부른다.

650년 무렵부터 이 도시는 점차 쇠퇴하기 시작했고, 북쪽에서 다른 종족들이 침략하면서 도시가 불탔고, 사람들은 도시를 떠나기 시작했다.

탐구하기 테오티와칸에 있는 피라미드는 무엇으로 쓰였을까요?

탐구 2 마야 문명

마야 그림 문자

올메카와 테오티와칸 문명을 이은 마야 사람들은 유카탄 반도에서 새로운 문명을 일으켰다. 마야 사람들은 산과 화산, 열대밀림, 건조한 고원지대 같은 여러 곳에 흩어져 농사를 지었다. 밀림에서는 나무를 태워 밭을 만들고 건조한 곳에서는 수로를 만들었다. 옥수수는 가장 중요한 음식이었는데, 신이 옥수수로 사람을 만들어 냈다고 믿으며 옥수수 신을 섬겼다.

마야는 통일된 나라를 세우지 않은 여러 도시국가였다. 티칼, 팔렌케 같은 도시국가들이 100여 개가 넘었다. 이 도시국가들은 서로 동맹도 맺고 전쟁을 하기도 하였는데, 처음에는 제물로 쓰일 포로를 얻기 위해서였으나 나중에는 다른 도시들을 차지하려고 싸웠다.

마야에는 물건을 본떠서 만든 그림 문자가 있었다. 동물 가죽이나 나무껍질로 책을 만들어 천문이나 점술, 종교, 중요한 날짜 같은 것을 적었다. 왕이 죽으면 무덤 벽에 왕이 했던 일을 문자와 그림으로 새겨 넣고 커다란 돌에 중요한 사건이나 날짜를 새겨 기록하였는데, 글자를 읽고 쓰는 일은 높은 귀족들만 할 수 있었다.

마야 사람들은 20진법을 사용하였고 아라비아보다 700년이나 먼저 숫자 '0'을 쓸 줄 알았는데, 이 때문에 큰 숫자들도 쉽게 기록할 수 있었다. 마야 사람들은 별을 살펴 나라에서 하는 중요한 일이나 날짜를 결정했는데, 이 때문에 달력이 크게 발달했다. 달력은 1년을 365일로 한 태양력과 종교행사에 쓰였던 260일 달력이 있었다. 날짜마다 이름을 붙였는데, 두 달력에 있는 날짜가 같아지려면 52년이 걸렸다. 사람들은 52년마다 세상이 끝난다고 생각했고 52년마다 새로운 피라미드를 세웠다. 또 시간을 계산하여 일정한 해마다 기념비를 세웠다. 별을 관찰하고 역법을 아는 사람이 제사를 지내면서 모든 것을 다스렸다. 이들이 지시하면 사람들은 살던 곳을 떠나 다른 도시로 옮겨가기도 했다. 또 이들은 포로나 평민을 신에게 제물로 바쳤는데, 제물로 쓸 사람을 구하려고 전쟁을 자주 일으켰다.

많은 신을 받든 마야 사람들은 종교 의식을 치루기 위해 많은 신전들을 세웠다. 피라미드 꼭대기에는 제사를 지내는 단이 있는데, 왕이 죽으면 피라미드 안에 묻기도 했다. 사람을 묻을 때는 음식이나 장식품을 같이 넣기도 했고 얼굴에 가면을 씌우기도 했다. 마야 사람들은 커다란 경기장에서 고무로 된 공놀이를 했는데 이것도 종교의식이었다.

탐구하기 마야에서 귀족들만 글자를 쓰고 기록할 수 있었던 까닭은 무엇일까요?

탐구 3 안데스 고대 문명

남쪽 아메리카 안데스 산맥 지역과 서쪽에 있는 바닷가 지역에 살기 시작한 사람들은 농사를 짓고 면화를 재배하여 옷을 짜서 입었다. 이 지역에는 여러 나라들이 통일되지 않고 작은 나라들로 지역문화를 만들며 발전해갔다.

기원전 1,000년 무렵에 등장한 차빈 문명은 안데스 지역에서 처음으로 일어난 문명이었다. 이들은 신전을 세워 제사를 지내거나 천문을 관측했다. 또 재규어 신을 섬겼는데 많은 토기와 비석에 재규어나 뱀을 그렸다.

서쪽 바닷가 쪽으로는 파라카스와 나스카, 모체, 치무 같은 문명들이 생겨났다. 기원전 500년 무렵 파라카스 사람들은 화려한 색깔과 무늬로 옷감을 짰고, 도자기에도 화려한 색깔을 칠했다. 지하 동굴에 사람을 묻을 때는 천으로 감싸 미라를 만들기도 했다. 높은 신분 사람들은 색깔이나 무늬가 화려한 천으로 감싸서 묻었다.

나스카는 파라카스를 이어 기원전 200년 무렵부터 발전했는데 지하에 수로를 만들어 사막을 기름진 땅으로 만들었고, 신전과 피라미드, 건물을 세웠다. 여러 가지 모양으로 토기를 만들었고, 거기에 동물, 식물무늬를 그려 넣었다.

모체 문명은 100년 무렵 세워졌는데, 안데스 산맥에서 흘러내리는 물을 끌어들여 농사를 짓고, 바다에 있는 물고기를 잡아먹으며 살았다. 제사를 지내는 왕이 나라를 다스렸는데, 사람들은 왕을 신과 자신들을 연결해 주는 중재자라고 생각했다. 모체 사람들은 세련된 도자기와 공예품도 잘 만들었는데, 600년쯤부터 가뭄과 엘니뇨, 지진 같은 자연 재해로 점점 힘을 잃었다.

안데스의 높은 고원 티티카카 호수 주변에서는 티아우아나코가 큰 나라를 이루었다. 여기에 살던 사람들은 돌로 피라미드와 사람 조각, 반 지하 신전을 만들었다. 커다란 돌 하나로 만든 '태양의 문'에는 신과 동물 모습이 새겨져 있다. 800년 무렵 와리 사람들이 많은 곳을 정복하면서 안데스 지역을 통일하였다가 다시 여러 나라들로 갈라졌다.

태평양 바닷가에 있던 찬찬에서는 치무라는 나라가 일어났다. 치무는 금과 은을 깎는 기술이 뛰어나 장식품이나 칼 같은 것을 잘 만들었다. 종교 의식 때는 '투미'라는 칼을 사용했다. 치무는 경제와 문화가 크게 발달하였고, 전쟁을 치루며 나라를 넓혔으나 잉카족에게 정복당하였다.

탐구하기 안데스와 태평양 지역에 있는 문명들이 통합되지 않았던 까닭은 무엇일까요?

해석 마야가 멸망한 까닭

이집트, 메소포타미아, 황하, 인더스 같은 커다란 문명이 발생한 곳은 따뜻하거나 강이 있어 땅이 기름졌다. 그러나 마야 문명은 사람이 살기 힘든 뜨거운 밀림이나 고원에서 생겨났다.

마야 사람들은 큰 돌로 수많은 피라미드를 만들었고, 많은 부족들을 모아 강한 나라를 만들었다. 마야에서 만들어진 역법은 아주 뛰어나 그들이 계산한 1년은 365.2420일로 오늘날 계산한 365.2422일과 아주 작은 차이밖에 나지 않았다. 또 달이 지구 주위를 도는 시간이나 지구, 금성, 태양이 직선상에 놓이는 시간, 일식, 월식을 계산한 것도 오늘날과 거의 차이가 없다. 또 이들은 체계적인 문자를 만들어 역사를 기록하고 책을 만들었다.

이렇게 뛰어난 문명을 가졌던 마야가 사라진 까닭은 무엇일까? 마야는 950년부터 점점 쇠퇴하게 되는데 멸망한 까닭에 대해서는 여러 추측이 있다.

첫째, 마야 지역은 밀림을 태워 땅을 만들었는데, 사람이 너무 늘어나 땅이 황폐해지면서 식량이 부족해지자 다른 곳으로 옮겨갔다. 둘째, 사람이 늘어나고 식량이 부족해져서 백성들은 살기 어려워졌지만, 왕은 백성들을 돌보지 않고 화려한 생활을 누렸다. 왕은 피라미드를 세우는 일이나 다른 나라와 전쟁을 하는 데만 관심을 보였고, 이것 때문에 백성들이 반란을 일으켰다.

셋째, 기후가 달라졌거나 가뭄 같은 자연재해가 일어나 그곳에서 더 이상 사람이 살 수 없게 되었기 때문이었다. 넷째, 다른 종족이 침략하여 마야 사람들을 정복했다. 마야가 멸망하게 된 것은 이런 여러 가지 일들이 모두 합해져서 일어난 결과이다. 자연재해와 황폐해진 땅 때문에 어려워진 백성들은 전쟁을 일으키고 피라미드만 세우는 왕과 귀족에 대항해 반란을 일으켰다. 이런 틈을 타 다른 종족이 침입하면서 나라 힘은 더욱 약해졌다. 살기 힘들어진 백성들이 다른 곳으로 떠나면서 마야는 결국 멸망하게 된 것이었다.

해석하기 마야가 멸망하게 된 가장 큰 까닭은 무엇일까요?

우리 나라에서는

기록도 변변히 없이 멸망해 버린 나라 부여

기원전 2세기 무렵 북만주 지역에는 부여라는 나라가 세워졌다. 농사를 짓고 가축을 키우기도 했는데 가축이름을 따서 마가, 우가, 구가 같은 관리가 있었다. 영고라는 하늘에 제사를 지내는 제천행사가 있었고 고조선 8조 법과 비슷한 1책 12법이라는 강한 법으로 백성들을 다스렸다. 부여는 3세기 말에 북쪽 선비족이 침입하였을 때 나라 힘이 약해졌다가 494년 고구려에 멸망당했다.

역사토론

나스카 사람들은 왜 땅에다 커다란 그림을 그렸을까?

토론 내용 나스카 문명이 있었던 사막에는 그림이 그려져 있다. 그 그림들은 너무나 커서 땅에서는 볼 수 없다. 그림은 기원전 500년에서 500년 사이에 그려졌는데, 직선, 삼각형 같은 도형들, 그리고 동물들 그림이 100개 이상 그려져 있다. 사람들은 이 그림을 왜 그린 것일까?

토론 1 종교 때문이다.

나스카 사람들이 섬기는 신들을 위해 그린 것이다. 나스카 사람들이 종교 행사를 할 때 쓰는 도자기에는 많은 무늬들이 그려져 있는데 땅에 그려진 그림에도 그런 모양이 많다. 하늘에 있는 신들이 보기를 바라는 마음으로 그림들을 그린 것이다.

토론 2 천체관측을 하고 그것을 그린 것이다.

나스카 사람들이 천문을 관찰하고 그 모습을 그린 것이다. 이 그림들은 해와 달이 움직이는 방향이나 별자리들과 관련이 있다. 선들은 해와 달이 움직이는 방향과 관련이 있고, 땅에 그려진 동물들은 별자리와 관련이 있다. 거미그림은 오리온 별자리가 뜨는 방향과 같고 벌새 그림은 해가 지는 방향과 일치한다.

토론 3 농사를 잘 짓기 위한 바람으로 그렸다.

나스카는 사막과 같은 건조한 기후여서 물이 귀했다. 이 그림에는 개구리, 거위, 고래 같은 물과 관계있는 동물이 많은데 이것은 비를 빌고 기름진 땅을 바라는 마음에서 그린 것이다.

토론 4 물길을 표시하기 위해 그린 것이다.

나스카 사람들은 물을 끌어오기 위해 지하 수로를 팠다. 나스카에 있는 그림의 선들을 보면 안데스 산맥에서 물이 흘러내리는 때에 태양이 뜨는 곳을 향하고 있다. 그 그림들이 있는 곳 주변을 따라서 여러 문화재가 발굴되었는데, 그것은 사람들이 그 물길을 따라 걷고 제사를 지냈다는 증거이다.

토론하기 나스카 그림들은 왜 그려진 것일까요? 자기 생각을 밝히고, 그 까닭을 쓰세요.

다음 글을 읽고, 물음에 대한 자기 생각을 써 보세요.

➔ 영화 속에 나오는 시각 때문에 세계를 다르게 바라보는 것에 대해 생각해 봅시다.

고대 보물을 찾아라, '인디아나 존스'

영화 '인디아나 존스'

영화 '인디아나 존스'는 고고학자 인디아나가 고대 보물을 찾으면서 벌어지는 이야기를 그린 것이다. 이 영화는 4편까지 만들어졌는데, 여기에는 남아메리카나 인도, 유럽에 있는 고대 유물이 나온다.

알려지지 않은 신비로운 옛날 유물과 그것을 서로 차지하기 위해 치열하게 싸우는 사람들이 벌이는 활약이나 싸움이 이들 영화에 주로 나오는 내용이다.

이러한 영화에서 나오는 주인공은 유물을 빼앗아 나쁜 일에 쓰려고 하는 악당으로부터 유물을 보호하거나 또 오래된 보물을 찾아내 그것을 연구하는 학자이다. 그러나 자세히 보면 그 고고학자도 유물이 묻혀 있는 곳에 사는 원주민들과 결투도 하고, 유물이 있는 곳을 몰래 들어가 미국이나 영국에 있는 박물관에 가져온다. 결국 악당들과 목적만 다를 뿐 유물을 가져오는 약탈자인 것이다.

이들 영화에서는 유물이 있는 마을에 사는 사람들은 유물을 지킬 힘도 없이 나약하며 괴기한 미신에 사로잡혀 있는 사람들로 자주 나온다. 그 사람들이 가진 문화나 종교에 대해 아무 설명도 없고 보기에 미개하고 섬뜩하게 나올 뿐이다. 유럽이나 미국이 아닌 다른 대륙은 오직 캐내어야 할 유물이나 보물이 있는 신비로운 모험 장소일 뿐이다. 서양보다 뛰어난 과학 기술을 가지고 우수한 문명을 이룬 곳일 수도 있다는 모습은 하나도 보여 주지 않는다. 그냥 정체를 알 수 없는 이상하고 불가사의한 곳으로만 나온다. 그래서 미국인이나 유럽 사람들이 그 유물을 찾아내어서 그것을 연구하고, 그것을 가져와야만 하는 것처럼 영화를 이끌어간다. 이러한 영화를 보면서 사람들은 자기도 모르는 사이에 서양을 중심으로 문명을 바라보게 된다.

생각 열기

서양을 중심에 놓고 다른 곳을 바라보는 관점이 영화 속에 숨어 있는 것에 대해 어떻게 생각하나요?

논술 한 단계

6단 논법 전개 1

– 6단 논법으로 개요표를 작성하는 과정입니다.
– 논술문을 쓰기 위한 뼈대를 짜는 과정입니다.

주제 농사를 위해 날씨를 미리 관측했던 마야 사람들

주제문 날씨를 미리 관측해야 한다.

강과 호수에서 물고기를 잡아먹으며 살던 마야 사람들은 밀림에 있던 나무를 베어내고 거기에 밭을 만들어 농사를 짓기 시작했다. 날씨가 따뜻하고 비가 많이 내려서 옥수수는 잘 자랐지만, 너무 비가 많이 오거나 갑자기 비가 오랫 동안 오지 않을 때도 있었다. 그렇게 날씨가 맞지 않으면 심은 옥수수가 비에 휩쓸려 쓰러지거나, 말라죽기도 했다.

농사가 잘 되지 않으면 마야 사람들은 굶을 수밖에 없었다. 그래서 날씨를 미리 미리 내다보고 그것에 맞추어 옥수수 씨를 뿌리는 것이 필요해졌다. 날씨를 미리 보려면 해와 별이 어떻게 움직이는지 관측을 할 수 있어야 하는데, 그렇게 할 수 있는 사람이 없었다. 그래서 어떤 사람을 정해서 그 사람은 하늘만 관찰하고 연구하도록 하게 했다. 그 사람은 다른 일은 하지 않고 해와 별을 오랫동안 관찰하면서 날씨가 변하는 모습도 미리 예측할 수 있게 되었다. 이렇게 날씨 변화를 미리 알게 되자 농사에 큰 도움이 되었고, 마야 사람들은 1년에 두 번 이상 농작물을 거둘 수도 있게 되었다.

문제 제기 – 문제의 내포와 외연	날씨가 좋지 않아 땅에 심은 옥수수가 잘 자라지 않으면 굶어야 했다.
원인 분석 – 사회(외부)적 원인 – 개인(내부)적 원인	왜냐하면 옥수수는 날씨가 따뜻하고 비가 많이 와야 잘 자라기 때문이다.
대안 제시 – 사회(외부)적 대안 – 개인(내부)적 대안	그러므로 해와 별 움직임을 관찰하여 날씨를 미리 알아 이에 대비하여 씨를 뿌려야 한다.
반대하기 – 대안에 대한 반발과 부작용	그렇지만 해와 별이 움직이는 것을 잘 관찰할 수 있는 사람이 없다.
극복 방안 – 그 반발을 극복할 방안	그렇다면 사람을 정해서 그 사람은 하늘만 관찰하고 연구하게 한다.
최종 결론 – 전체 정리와 마무리	농사를 잘 지으려면 날씨 변화를 잘 알아야 하니까 해와 별이 움직이는 것을 잘 관찰하는 사람을 정해서 항상 하늘을 관찰하여 농사에 도움이 되게 한다.

다음 글을 읽고, 6단 논법 개요표를 작성해 보세요.

꿈을 위해 노력하는 친구

우리 반 수미는 개그맨이 꿈이다. 어릴 때부터 사람들을 잘 웃겼고, 그런 사람들 모습을 보면 즐거웠다고 한다. 지난번에 선생님이 우리들에게 앞으로 되고 싶은 희망 직업이 뭐냐고 물었을 때, 10명도 넘는 아이들이 연예인이 꿈이라고 말했다. 하지만 내가 보기에는 그 꿈을 위해 정말로 준비하고 있는 아이는 별로 없다. 아이들은 겉으로 보이는 화려한 연예인들 모습, 사람들이 그들에게 보이는 관심 같은 것들 때문에 연예인이 되고 싶어 한다. 이렇게 아이들은 꿈을 생각하기는 하지만 그것이 좋아 보이니까 하고 싶다고만 생각한다. 이루고 싶은 꿈이 무엇인지 자세히 알아보고 그것을 이루기 위해 준비하는 자세가 필요하다는 생각이 든다.

수미는 개그맨이 되려면 아는 것이 많아야 한다고 책도 열심히 읽고 재미있는 생각이 떠오르면 바로 공책에 적는다. 물론 자기가 원하는 꿈을 위해서 지금 당장 노력할 만한 것이 없을 수도 있다. 내 친구 경수는 꿈이 문방구점 사장인데 그것을 위해서는 당장 무엇을 해야 할지 모르겠다고 말한다. 그래도 그 꿈에 대해서 어른들한테 물어봐서 정보를 얻을 수 있는 방법도 있다. 또 그 꿈을 이룰 수 있게 지금 생활을 열심히 하는 자세가 필요하다. 수미는 앞에 서면 떨리지 않기 위해서 일부러 수업시간에도 자주 발표를 한다고 한다. 수미처럼 꿈을 위해 노력하는 자세를 가져야 꿈을 이룰 수 있는 길이 더 빨리 올 것이다.

주제 꿈을 위해 노력하는 친구

주제문 꿈을 이루기 위해서는 준비가 필요하다.

문제 제기 – 문제의 내포와 외연	
원인 분석 – 사회(외부)적 원인 – 개인(내부)적 원인	왜냐하면 꿈을 생각하기는 하지만 그것이 좋아 보이니까 막연하게 하고 싶다고만 생각한다.
대안 제시 – 사회(외부)적 대안 – 개인(내부)적 대안	그러므로
반대하기 – 대안에 대한 반발과 부작용	그렇지만 자기가 원하는 꿈을 위해서 지금 당장 노력할 만한 것이 없을 수도 있다.
극복 방안 – 그 반발을 극복할 방안	그렇다면
최종 결론 – 전체 정리와 마무리	

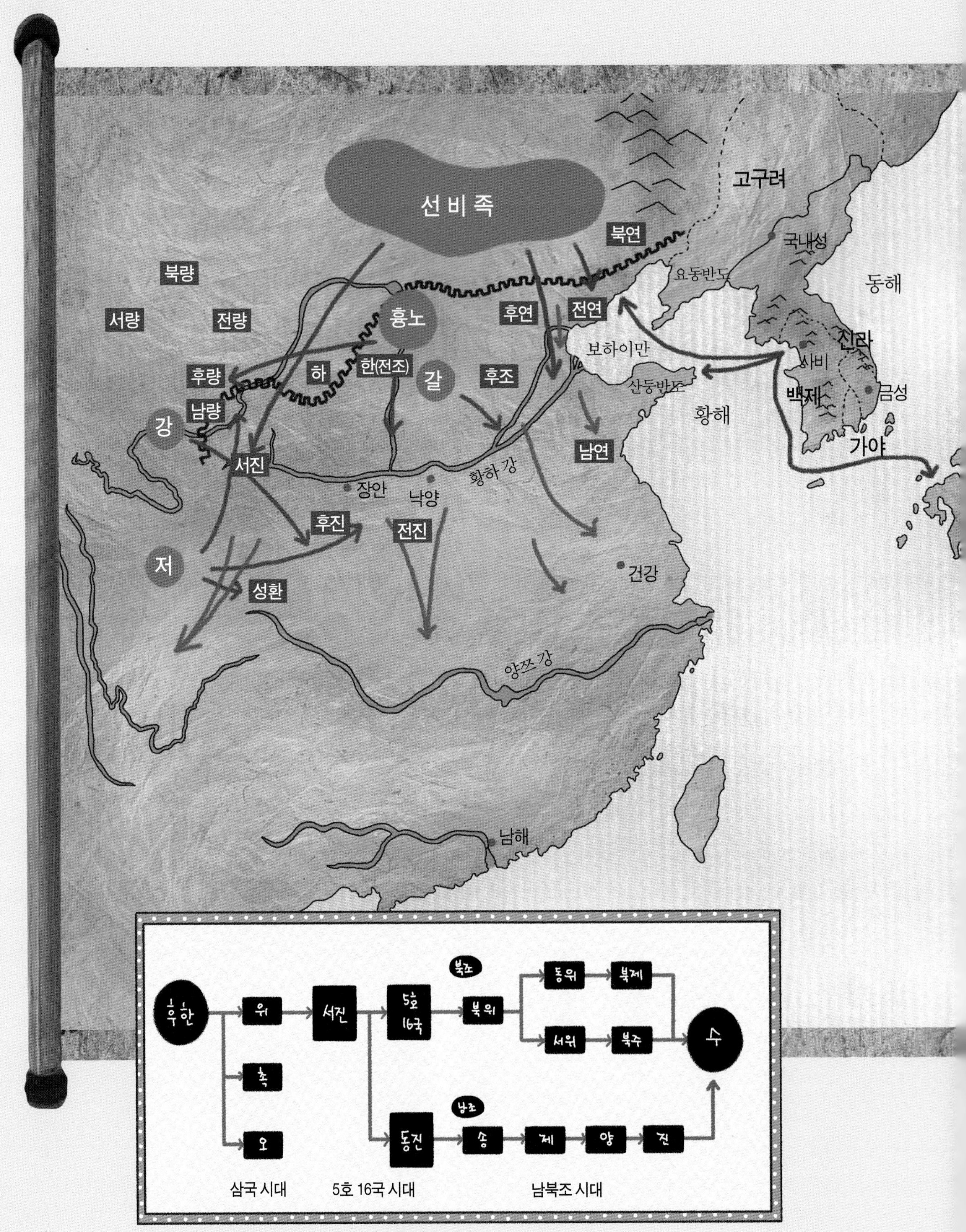

★ 삼국 시대와 남북조 시대의 지도는 첨삭지도 18쪽에 있습니다.

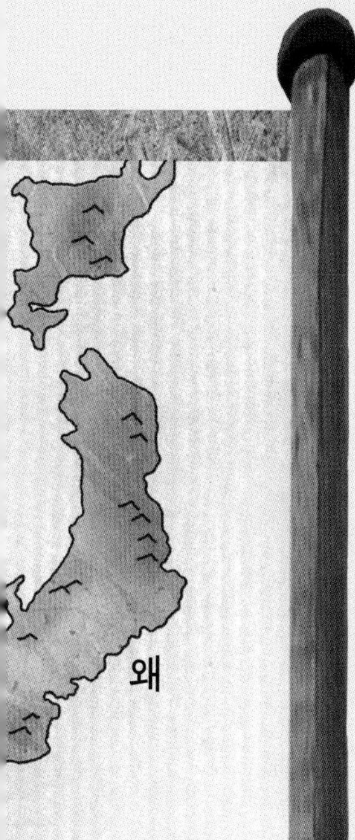

5호

16국

이민족의 이동 경로

화북 주민의 강남 이주

18

위진남북조 시대

역사 연대기

285년 | 백제 왕인박사가 《논어》와 《천자문》을 일본에 전함.
313년 | 고구려가 낙랑을 멸망시킴.
320년 | 인도에 굽타 왕조가 세워짐.
372년 | 전진으로부터 고구려에 불교가 전해짐.
384년 | 동진으로부터 백제에 불교가 전해짐.
502년 | 신라에 우경이 실시됨.
512년 | 이사부가 우산국을 정벌함.

학습 목표

1. 5호 16국이 생긴 과정을 알 수 있다.
2. 북조 국가들이 펼친 정책을 알 수 있다.
3. 위진남북조 시대가 되면서 변화된 중국사회를 알 수 있다.
4. 유목민족들이 한족을 존중하는 정책을 쓴 까닭을 생각할 수 있다.
5. 6단 논법 전개 방법(2)을 배워 논술 개념을 익힐 수 있다.

심화 학습

도서 읽기 • 온 가족이 함께 읽는 중국 역사이야기 합본 2 : 삼국 시대, 서진과 동진, 남북조 시대, 수나라, 당나라(박덕규 지음/일송북)

탐구 1 유목민이 세운 나라, 5호 16국

후한이 멸망한 뒤 중국은 '위나라 · 오나라 · 촉나라'로 나뉘어졌으나, 265년에 사마염이 위나라를 멸망시키고 진나라를 세웠다. 그리고 280년에 중국을 다시 통일하였다. 하지만 10년 만에 왕족 여덟 명이 반란을 일으킨 '팔왕의 난'이 16년 동안이나 이어지면서 수도인 낙양은 폐허가 되고, 나라는 혼란에 빠지고 말았다. 이때 귀족들은 자신을 지키고 권력을 잡기 위하여, 만리장성 북쪽에 살고 있던 유목민 군대를 끌어들였다.

그러나 혼란이 이어지면서 살기가 어려워진 농민들은 양쯔 강 남쪽으로 피난을 가게 되었고, 그 빈자리에 만리장성 북쪽에서 유목민족들이 밀려 들어왔다. 유목민들이 중국 안으로 들어온 것은 한나라 말기부터였는데, 그때는 겨우 귀족들 땅에서 농사짓는 소작인이나 돈을 받고 근무하는 병사에 불과했다.

304년에는 흉노족 군인들을 이끌고 와서 진나라 귀족 밑에 있던 유연이 스스로 나서서 진나라에 대항하기 시작하였고, 결국 316년에 낙양을 점령하였다. 진나라는 멸망하였고, 귀족들도 몰락하였다. 귀족들 밑에서 돈을 받고 있던 군인들과 유목민들은 자기 민족들을 모아서 너도 나도 나라를 세웠다. 진나라 귀족들이 반란을 진압하고 자기들을 지키기 위해 데려온 유목민 군인들이 진나라와 귀족들을 망하게 한 것이었다.

흉노족은 한과 하(서하)와 북량을 세웠고, 흉노족에서 떨어져 나간 갈족은 후조를, 그리고 동북쪽에서 들어온 몽골계 선비족은 전연, 후연, 남연, 서연, 서진, 남량을 세웠다. 또 티베트계 인 강족은 후진을 세웠고, 역시 서쪽에서 온 티베트계 저족은 전진과 후량을 세웠다. 이들 가운데 저족이 세운 전진을 통해서 고구려에 불교가 전해졌다.

이때 양쯔 강 이북에 한족이 세운 나라는 전량, 서량, 북연 이렇게 세 개 밖에 없었다.

이렇게 다섯 이민족이 열여섯 나라를 세웠다고 해서 이 시대를 5호 16국 시대라고 부른다.

5호 16국 시대는 '팔왕의 난'이 일어난 혼란을 틈타 만리장성을 넘은 유연이 들고 일어난 304년부터 북위가 양쯔 강 이북 땅을 통일한 439년까지인데, 이 시대는 136년 동안 서로 다투면서 이어졌다.

탐구하기 양쯔 강 이북에 다섯 이민족이 열여섯 나라를 세운 시대를 어떤 시대라고 부르나요?

탐구 2 북조

선비족인 '탁발부'가 이끄는 북위가 439년 3대 태무제 때 양쯔 강 북쪽에 세워진 5호 16국을 통일하고 북위를 세웠다. 이때부터 양쯔 강 북쪽에서 수나라가 통일할 때까지 이어진 나라들을 남쪽 나라들과 구별하여 북조라고 부른다. 이들은 유목민족이었지만, 자기들 문화를 강제로 심으려고 하지 않고 한족 문화를 보호하고 더 발전시켜서 이어지게 하였다. 한족 출신 귀족들이 그 일을 맡아서 진행하였다. 자기들이 권력도 잡고, 문화로 오랑캐를 이기고 싶은 마음 때문이었다. 그러나 강제로 유교와 한족 문화를 심으려다가 선비족들에게 반발을 샀고, 그 일을 이끈 태무제도 암살을 당했다. 그러자 나라가 혼란에 빠지고 말았다.

그 혼란을 바로 잡은 문명황후는 헌문제를 왕으로 세우고 수렴청정을 하였다. 수렴청정은 효문제까지도 이어졌는데, 벼슬아치에게 급여를 주는 봉록제, 지역을 나누어서 우두머리를 두는 삼장제, 땅을 나누어 주고 세금을 거두어들이는 균전제를 실시하였다. 왕이 나라 전체를 다스리는 중앙집권 통치를 세우기 위한 것이었다.

문명황후에게서 권력을 물려받은 효문제는 도읍을 평성에서 낙양으로 옮겼다. 유목민 문화가 아닌 농경 문화에 바탕을 둔 정치를 하려면 북쪽에 치우친 평성보다 중간에 자리 잡은 낙양이 더 편했기 때문이었다. 그리고 선비족 문화를 지키려는 사람들이 일으킨 반란을 진압하였고, 반란세력이 받든 황태자도 처형하였다. 또 선비족이 가지고 있던 풍습과 언어도 폐지시켰다. 자기 성도 자기들 부족이름에 따온 '탁발'을 버리고 한족 성인 '원'으로 바꾸고 사람이 죽으면 자기들이 살던 만리장성 북쪽 들판에 묻는 풍습도 금지시켰다.

이렇게 한족을 존중하는 정책을 썼으나 충격을 받거나 혼란에 빠지지 않았다. 오히려 진취적이고 소박한 유목 문화가 한족과 서로 조화를 이루면서 새로운 활력이 넘치게 되었다. 또 외래 문화를 받아들이는 것에 적극적이어서 불교가 들어와 자리를 잡았고, 도교 문화도 다시 힘을 얻게 되었다.

북위가 망하고 동위가 세워졌으며, 동위가 망하고 서위가, 서위가 망하고 북제가, 북제가 망하고 북주가 세워지는 과정에서 이런 문화나 제도는 꾸준히 이어져서 수나라와 당나라 때 개방적이고 풍요로운 문화를 탄생시키는 바탕이 되었다.

탐구하기 유목민이 양쯔 강 이북에 나라를 세웠지만, 활기찬 문화가 이루어진 까닭은 무엇인가요?

탐구 3 남조

양쯔 강 북쪽에 유목민족이 들어오자 한족들은 남쪽으로 밀려났다. 그리고 진나라 왕족이었던 사마예가 양쯔 강 남쪽으로 내려가 건강에 도읍을 정하고 동진을 세웠다. 이때부터 중국은 양쯔 강 이남과 이북으로 나뉘어서 각각 나라가 세워지고 멸망하기를 이어갔다. 양쯔 강 남쪽에 세워진 동진을 유유가 무너뜨리고 송나라를 세웠으며, 그 뒤에 제나라가 세워지고, 이어서 양나라가 세워졌으며, 진나라가 이어서 세워졌다. 이 나라들은 북쪽에 있는 북조와 구별하기 위하여 모두 남조라고 부른다. 이렇게 220년에 후한이 멸망하고 589년에 수나라가 중국을 다시 통일할 때까지 370년 동안을 위진남북조 시대라고 한다.

한족이 양쯔 강 남쪽으로 밀려 내려가자 그 전까지는 버려진 땅이나 다름없었던 강남 지역이 개발되기 시작했다. 이런 개발은 한나라 말기부터 생겨나기 시작한 귀족들이 이끌어 나갔다. 한나라 말기에 황건적이 일으킨 난을 진압하러 나서면서 군사를 모아 힘을 기르기 시작한 귀족들은 한나라가 지배력이 약해지자 자기가 살던 지방을 스스로 다스리는 지배자가 되었다. 유목민이 밀고 내려오자 자기들 무리를 이끌고 강남으로 내려가 다시 터를 잡게 된 것이었다. 이들은 북쪽에서 유목민들이 쳐들어오는 것을 쉽게 막기 위하여 통일된 나라가 필요하다고 생각했을 뿐 세력은 황실보다 더 강했다. 그러다 보니 황실은 보통 귀족 가문 하나에 불과한 정도였다.

벼슬에 오르는 것도 시험을 통해서가 아니라 9품중정제에 따라 추천을 받아 임명하였다. 인재 선발을 맡은 중정관들은 선발을 맡은 곳 출신이어서 사정을 잘 알았다. 실력이나 능력을 재는 기준이 없었기 때문에 추천하려는 인재를 다른 사람들이 어떻게 생각하는가를 따져서 정했다. 그리고 그 지방에서 힘 있는 사람들 눈치를 안 볼 수가 없었다. 그래서 이미 높은 자리에 있는 집안사람을 추천하게 되었다. 벼슬에 나가는 집안과 못나가는 집안이 대대로 이어졌고, 높은 가문과 낮은 가문이 나누어지게 되었다. 높은 가문은 한 곳에 선산을 정해 무덤을 만들 정도로 그 힘이나 사회적 지위가 대대로 이어졌다. 이런 귀족들이 양쯔 강 이남에서도 자신들이 살 터전을 마련하고 힘을 더 키우기 위하여 개발에 더 힘을 쏟게 된 것이었다. 양쯔 강 북쪽에서 사람들이 밀려 오면서 인구가 많아지자 그 사람들을 이용하여 강에다 둑을 쌓고 물길을 만들어 농토를 넓혔다. 그리고 강남이 벼농사 짓기에 맞지 않다는 것을 알고 보리농사를 짓게 하였다. 그러자 점점 풍요로워졌고, 경제 중심지로 발전하였다.

탐구하기 귀족들이 통일된 왕조가 필요했던 것은 단지 어떤 까닭 때문인가요?

해석 유목민들은 왜 중국 고유 문화를 말살하지 않았나?

다섯 유목민족이 세운 열여섯 나라는 지배세력 수에 비해 다스려야 하는 사람들 수가 너무 많았다. 그래서 왕족들을 각지에 보내 군대를 거느리고 다스리게 하였다. 이것이 바로 봉건제도와 비슷한 호족국가였다. 이 지배세력은 유목민 전통과 문화에 따라 다스리려고 하였다. 하지만 농사를 짓는 한족들에게 맞지 않는 제도와 문화가 너무 많았다.

유목민들은 가장 능력이 좋은 자식에게 권력을 물려주지만, 한족들은 큰아들인 장자에게 물려주었다. 그러다 보니 왕위를 이어가는 과정에서 혼란에 빠지는 경우가 많았다. 그리고 한족들은 나라를 다스릴 때는 모두가 좋아하는 통치원리로 다스렸지만, 유목민들은 왕족들이 권력을 나누어 가지고 다스렸다. 그러다 보니 한족들이 유목민 통치를 받아들이기 싫어했고, 반란이 자주 일어나 나라들 수명이 짧았다.

양쯔 강 북쪽 땅을 통일한 북위는 그동안 여러 나라들이 겪었던 실수를 되풀이 하지 않기 위하여 유교를 바탕에 두고 한족들이 좋아하는 정책들을 펼쳐 나갔다. 더 나아가 성을 '탁발'에서 '원'으로 바꾸면서 스스로 한족처럼 되려고도 하였다.

그렇다고 무조건 한족 문화만을 따라서 한 것은 아니었다. 한족 문화를 존중하되 개방적이고 진취적인 유목 문화도 내세웠기 때문에 불교도 들어와서 발전하였고, 도교도 다시 일어났다.

해석하기 유목민들이 한족을 존중하는 정치를 편 까닭은 무엇인가요?

그 무렵 우리 나라에서는

광개토 대왕이 정복 전쟁을 벌이다

391년에 광개토 대왕이 왕위에 올랐을 때 중국 땅에는 5호 16국이 세워져 서로 다투고 있었기 때문에 요동 땅을 지키는데 정신을 쏟을 여유가 없었다.

광개토 대왕은 먼저 백제를 쳐서 임진강 북쪽 땅을 차지한 다음, 395년에는 북쪽으로 방향을 돌려 거란을 공격하였다. 398년에는 서북쪽 북위 땅으로 쳐들어가서 산서성을 점령하여 고구려 사람들 46만 명을 옮겨 살게 하였다.

400년에는 고구려가 신라를 치는 틈을 타 후연이 쳐들어왔다. 그러자 고구려도 요하를 건너 후연으로 쳐들어가서 숙군성을 차지하고 국경수비대를 주둔시켰다. 고조선이 한나라에게 빼앗긴 요동과 요서지방을 7백년 만에 되찾게 된 것이었다.

역사토론

유목민이 중국 땅을 다스렸는데도 한족 문화가 사라지지 않은 가장 큰 까닭은 무엇일까?

토론 내용 다섯 유목민족이 중국으로 들어오면서 열여섯 나라가 세워지고 370년 동안 다스렸는데 한족 문화는 사라지지 않았다. 그 까닭은 무엇일까?

토론 1 한족 문화가 강했기 때문이다.

중국은 진나라 때 한 국가가 되었고, 한나라를 거쳐 오면서 유교를 바탕으로 문화 통일을 이루었다. 서로 다른 유목민들이 이룬 문화와는 비교도 안 될 만큼 수준 높은 문화를 가지고 있다는 자부심도 강했다. 그러다보니 유목민족들이 펼치는 정책을 받아들이지 않으려고 하였다.

토론 2 유목 문화가 중국 땅에 맞지 않았기 때문이다.

한족은 오래전부터 중국 땅에서 농사를 지으며 살았던 민족이었다. 농사짓는 민족은 한 곳에 정착해서 살기 때문에 떠돌아다니는 유목 문화가 생활에 맞지 않았다. 그러다 보니 유목민이 펼친 문화 정책이 먹혀들지 않았다.

토론 3 유목민이 유화 정책을 폈기 때문이다.

처음에는 유목민 지배자들이 자기 문화를 한족에게 강요하기도 하였지만, 반발이 심하여 반란이 일어나기도 하였고, 도리어 자기들이 망하는 경우도 많았다. 그러자 한족 문화를 존중하는 정책을 펴기 시작하였다. 또 관리들이나 귀족들도 한족이 많다보니 한족 고유 문화는 크게 바뀌지 않고 유목민이 들여온 문화와 결합해서 더 발전하게 된 것이었다.

토론 4 다스리는 기간이 짧았기 때문이다.

유목민이 다스린 기간은 겨우 370년이었다. 기간이 길지 않았기 때문에 유목민 문화가 충분히 자리 잡을 시간이 부족했다.

토론하기

유목민이 중국 땅을 다스렸는데도 한족 문화가 사라지지 않은 가장 큰 까닭은 무엇일까요? 자기 생각을 밝히고 그 까닭을 쓰세요.

다음 글을 읽고, 물음에 대한 자기 생각을 써 보세요.

유목민들은 중국을 다스리면서 자기들 문화만을 고집하지 않고 원래 살고 있던 한족 문화도 존중하였습니다. 그 바탕에 진취적이고 개방적인 유목 문화가 덧붙여져서 중국은 활기찬 문화를 이루게 되었습니다. 이것이 바탕이 되어 위진남북조 시대가 끝나고 수·당 시대가 되었을 때 중국은 더욱 문화 수준이 높은 나라가 되었습니다. 자기 나라 문화를 발전시키려고 다른 문화를 억압하는 일에 대해 생각해 봅시다.

히잡을 금지하는 '제정 분리에 관한 법'

프랑스 모든 공립 중고등학교에서는 2004년 9월 학기부터 모든 종교 상징물을 쓰거나 입는 것을 금지하고 있다. 그것은 2004년 3월에 만들어진 '제정 분리에 관한 법'에 따른 것이다. 이 법은 이슬람 사람들이 머리에 쓰는 수건인 '히잡'을 비롯하여 유대교 남자들이 쓰는 모자인 '야르물케', 커다란 크리스트교 십자가 목걸이 같은 종교 상징물을 몸에 두르거나 머리에 쓰는 것을 금지하였다.

히잡(hijab) 이슬람 여성들 가운데 특히 시리아·터키 등 아랍권의 여성들이 외출할 때 얼굴이나 가슴을 가리기 위해 머리에 쓰는 가리개(쓰개)를 말한다. 스카프나 두건과 비슷하며, 모양에 따라 얼굴과 가슴까지 가리는 것과 얼굴을 드러내는 것 두 가지로 구분된다.

그러나 이슬람 사람들은 그 법이 히잡을 금지하기 위하여 만들어진 것이라고 여겼다. 또 이라크 저항 단체는 납치된 기자 두 명을 석방하는 조건으로 프랑스 학교에서 히잡을 금지하는 법을 없애 달라고 요구하였다.

프랑스 정부는 정치와 종교가 서로 간섭하지 못하게 하는 전통을 지키고, 자기 나라에서 사는 이슬람교 사람들이 인종이나 종교가 달라서 생기는 문제를 없애기 위하여 이 법을 만들었다. 하지만 이슬람 사람들은 자기들 전통과 문화를 무시하고 자기들 종교를 억압하기 위한 수단이라고 생각하였다. 그래서 그 법을 따르지 않았고, 히잡을 두르고 학교에 갔다가 교칙을 어겼다며 퇴학을 당하는 경우도 많았다.

인종과 종교에 따라 차별을 하지 않고 누구나 평등하게 대우받는 나라를 만들기 위하여 만든 법이 도리어 갈등과 대립을 키우는 작용을 하고 만 것이다.

생각 열기

프랑스가 제정 분리에 관한 법으로 히잡을 두르지 못하게 하는 것에 대한 자기 생각을 쓰세요.

6단 논법 개요표 쓰기와 개요표에 따라 논술문 쓰기

주제 히잡을 금지한 '제정 분리에 관한 법'

주제문 서로 상대방 문화를 존중하자.

문제 제기 – 문제의 내포와 외연	이슬람 납치단체가 기자 석방조건으로 히잡 금지를 없애라고 했다. 그래서 납치된 기자들 목숨이 위험해졌다.
원인 분석 – 사회(외부)적 원인 – 개인(내부)적 원인	왜냐하면 히잡 금지를 없애지 않으면 기자들을 석방 안 할 것이기 때문이다.
대안 제시 – 사회(외부)적 대안 – 개인(내부)적 대안	그러므로 기자들이 석방되도록 히잡을 허용해야 한다.
반대하기 – 대안에 대한 반발과 부작용	그렇지만 종교와 정치가 서로 간섭하지 못하게 하는 전통을 버릴 수 없다.
극복 방안 – 그 반발을 극복할 방안	그렇다면 히잡만 예외로 해주는 법을 만든다.
최종 결론 – 전체 정리와 마무리	서로 다른 전통을 가진 사람들끼리 서로 자기 주장만 하면 끝이 없으니까 서로 상대방 문화를 존중하고 조금씩 양보하면 좋은 문화가 만들어질 것이다.

해외 유학에 대한 자기 생각을 개요표로 작성해 보세요.

주제 해외 유학

주제문

문제 제기 – 문제의 내포와 외연	1. 2.
원인 분석 – 사회(외부)적 원인 – 개인(내부)적 원인	1. 2.
대안 제시 – 사회(외부)적 대안 – 개인(내부)적 대안	1. 2.
반대하기 – 대안에 대한 반발과 부작용	1. 2.
극복 방안 – 그 반발을 극복할 방안	1. 2.
최종 결론 – 전체 정리와 마무리	

개요표에 쓴 해외 유학을 자연스럽게 풀어서 논술문으로 쓰세요.

주제 해외 유학

주제문

살아있는 세계사 재미있는 논술

01 고대편(인류 등장에서 위진남북조 시대까지)

2008. 11. 30. 1판 1쇄 발행
2014. 1. 6. 1판 4쇄 발행
2015. 9. 21. 2판 1쇄 발행
2018. 11. 26. 2판 2쇄 발행
2020. 3. 23. 2판 3쇄 발행
2022. 10. 26. 2판 4쇄 발행

지은이 | 모난돌역사논술모임
펴낸이 | 이종춘
펴낸곳 | BM (주)도서출판 성안당
주소 | 04032 서울시 마포구 양화로 127 첨단빌딩 3층(출판기획 R&D 센터)
10881 경기도 파주시 문발로 112 파주 출판 문화도시(제작 및 물류)
전화 | 02) 3142-0036
031) 950-6300
팩스 | 031) 955-0510
등록 | 1973. 2. 1. 제406-2005-000046호
출판사 홈페이지 | **www.cyber.co.kr**
ISBN | 978-89-315-8929-0 (64900)
978-89-315-7342-8 (세트)
정가 | 19,000원

이 책을 만든 사람들
책임 | 최옥현
편집 · 진행 | 박재언, 홍희정
일러스트 | 민재희
표지 · 본문 디자인 | 디자인 비따
홍보 | 김계향, 유미나, 이준영, 정단비, 임태호
국제부 | 이선민, 조혜란
마케팅 | 구본철, 차정욱, 오영일, 나진호, 강호묵
마케팅 지원 | 장상범, 박지연
제작 | 김유석

■ **도서 A/S 안내**

성안당에서 발행하는 모든 도서는 저자와 출판사, 그리고 독자가 함께 만들어 나갑니다.
좋은 책을 펴내기 위해 많은 노력을 기울이고 있습니다. 혹시라도 내용상의 오류나 오탈자 등이 발견되면 **"좋은 책은 나라의 보배"**로서 우리 모두가 함께 만들어 간다는 마음으로 연락주시기 바랍니다. 수정 보완하여 더 나은 책이 되도록 최선을 다하겠습니다.
성안당은 늘 독자 여러분들의 소중한 의견을 기다리고 있습니다. 좋은 의견을 보내주시는 분께는 성안당 쇼핑몰의 포인트(3,000포인트)를 적립해 드립니다.

잘못 만들어진 책이나 부록 등이 파손된 경우에는 교환해 드립니다.

물이 밀집해 있는 곳으로 로마네스크, 고

시대에 만들어졌으며 4~7미터 높이를 한
이루며 서 있는데, 어디에 썼던 것인지,
놓았는지 아직도 수수께끼로 남아 있다.

양식과 화려한 스테인드글라스가 인상적
력을 전하기 위해 이곳에 선교사를 보낸

궁전으로 화려한 로코코 양식으로 꾸며
리스 신화를 주제로 한 대리석상 등이 있
린다.

은 중세시대 건축물들이 호수와 숲, 알프
차르트가 태어난 곳이기도 하다.

고대도시들로 폼페이유적이 가장 유명
고대 로마시대 생활모습을 그대로 알 수

당, 사탑, 묘지 등이 모여 있는 곳으로 건
피사의 사탑은 천문학자 갈릴레이가 '낙

타운, 뉴 타운으로 구분된다.

고딕, 르네상스, 바로크풍이 가미된 성

었으나, 14세기경 화재 이후 석재로 다시
다.

헤미안 바로크' 양식으로 알려진 18~19
물들이 많이 보존되어 있다.

걸작 중 하나이며, 바로크시대 종교적

' 라 불린 13세기 지중해 중심도시이다.

로 12~13세기 로마네스크 교회 및 요새,
이 함께 한다.

기 시대 바위조각으로 예술적 창조성을

는 유태인을 학살한 가스실, 철벽, 군영,

조 종교 건물로 루터 사상과 종교적 자유

내부 장식, 조경 등이 탁월하다.

13세기에 스테인드글라스가 돋보인다.

개 동굴 군으로 이루어져 있으며 벽화에

개선문과 정면 103m에 이르는 고대 로마

의 수도교로, 고대 로마 시대에 건설되

는 강변에 위치한 건축물 또는 기념물은

축기법으로 건축과 조각이 조화로운 걸
전은 대주교가 중요한 종교적 행사를 거
것이다.

던 곳이며 광장에는 뛰어난 고딕 건축 양
당이 있다.

핀란드	라우마 구 시가지	보트니아만에 위치한 핀란드에서 가장 오래된 항구 중 하나로 15세기경 목조건축이 잘 보존되어 있다.
헝가리	안드레시 애비뉴와 밀레니엄 언더그라운드	고딕풍 성과 기념물은 헝가리 각 시대 건축양식에 영향을 끼쳤다. 특히 도시조경과 헝가리 수도가 지내온 역사를 잘 보여 준다.
	홀로 퀘 전통마을	17~18세기에 발달하였던 마을로 전통적인 인간 생활 상태를 잘 보존하고 있다.
	파논할마의 베네딕트 천년 왕국 수도원과 자연환경	중부 유럽 지역 그리스도교 전파를 나타내주는 초기 유적이다. 이 수도원은 1천년에 걸쳐 계속 사용된 건축물로 초기 그리스도교 수도원 구성방식과 건축구조 등 예외적 양식을 보여 준다.
홀리시	바티칸시티	세계 가톨릭교회 중심지로서 성 베드로 성당 등 뛰어난 예술적 건축물들이 있다.

아시아

그루지야	츠헤타 중세교회	그루지야 옛 수도였던 츠헤타에 있는 교회로서 코카서스 지방 중세 종교 건축물이며, 교대 왕국의 높은 문화적, 예술적 수준을 알 수 있다.
네팔	카트만두 계곡	힌두교, 불교의 성지인 카트만두 계곡은 네팔의 중앙에 위치하고 있다. 사원, 사당, 목욕시설, 정원 등 130여 개에 이르는 힌두교와 불교 기념물이 있다.
	룸비니 석가탄신지	불교의 창시자 석가모니(고타마 싯다르타) 탄생지로 불교 4대 성지 중 하나로 세계적인 성지순례지이며 부처탄생과 관련된 많은 고고학적 유적이 남아 있다.
대한민국	석굴암과 불국사	경주 토함산 중턱에 위치한 8세기경 석굴로 내부 본존불상은 결가부좌한 채 동해바다를 응시하고 있다. 석굴 내부 벽면에는 11면 관음보살을 비롯한 보살과 10대 제자들이 매우 사실적이고 섬세하게 조각되어 있는 동아시아 불교 예술의 진수를 보여 준다.
	종묘	조선왕조 역대 왕과 왕후 신위를 모신 세계에서 가장 오래되고 권위 있는 유교적 전통 신전이다. 종묘 건축은 16세기 이후 현재까지 원형을 잘 보존·유지하고 있으며, 종묘제례는 음악과 춤이 어우러진 제례의식으로서 14세기부터 오늘에 이르기까지 전통이 계승되어 내려오고 있다.
	해인사 장경판전	1237~1249년까지 제작된 불교경전 결집체인 8만 여장에 이르는 대장경 목판이 보관되어 있는 세계에서 가장 오래된 보관 시설이다.
라오스	루앙 프라방 시	19세기와 20세기 유럽 식민지 지배자들에 의해 건설된 도시와 전통 건축이 잘 어우러져 독특한 도시경관이 잘 보존되어 있다.
레바논	비블로스	8세기 초 발리드 1세 칼리프가 건설한 도시로 고대 궁궐도시를 회상할 수 있는 신비스런 설계가 돋보이고, 옴미아드 왕조가 실시한 도시계획을 나타내주는 독특한 증거이다.
	안자르유적	지중해 초기 신화와 밀접하게 연관되어 있는 지역이며 페니키아인들의 알파벳 역사와 관련이 깊은 곳이다. 고대 해양 왕국 페니키아의 모습을 볼 수 있는 곳이어서 더욱 흥미로운 곳이다. 또한 성경, 즉 바이블(Bible)의 어원이 된 도시이다.
	티르 고고유적	캐디즈와 카르타고 등 지중해에서 번영했던 식민도시를 건설하고 해상을 지배했던 페니키아 중심도시이며, 티르는 알파벳과 염색을 발명한 곳이기도 하다.
몽고	오르혼 계곡 문화유산 지역	중앙아시아 위구르 제국(오르혼 제국)의 유적 지역으로, 넓은 목초지에 6세기까지 거슬러 올라가는 수많은 고고학적 유물들이 흩어져 있다.

세계지도로 찾아보는 대륙별 세계문화유산

＊자연유산은 제외했으며, 여기에 있는 것이 전부가 아님을 밝혀둡니다.

방글라데시	파하르푸르 불교 유적	팔라왕조의 왕이 히말라야 남쪽에 세운 소마프라 마하비하라(대승원) 유적으로서 벵골지방의 문화적 중심지였다. 7세기 벵골지역에서 일어난 대승불교 번영을 보여주는 곳이다.
스리랑카	폴로나루와 고대도시	폴로나루와는 중세 스리랑카 왕국의 영광을 볼 수 있는 고대도시로 통한다. 스리랑카 두 번째 수도로 브라만교 기념물과 12세기 무렵 만들어진 조각 예술의 걸작과 건축물, 정원도시 등이 있다.
	담불라의 황금사원	스리랑카 최대, 최고 석굴사원으로 가장 잘 보존된 동굴사원이다. 불교벽화 가치가 높아 22세기 동안 순례지가 되고 있다.
시리아	다마스쿠스 구 시가지	기원전 3천여 년 무렵에 건설된 세계에서 가장 오래된 도시 가운데 하나로 아시리아 신전에 세워진 다마스쿠스 대사원(오미아드모스크)이 있다.
	팔미라 유적	'사막의 궁전'이라 불린 오아시스 도시이다. 그리스·로마와 페르시아 영향이 혼합된 특징이 있다.
요르단	페트라	'바위'라는 뜻을 가진 요르단의 도시 페트라는 도시 전체가 붉은 바위로 만들어져 있는데, 이곳은 기원전 4세기에 활발한 무역활동을 벌인 나바테아 사람들이 살던 수도였다. 영화 〈인디애나존스 3 최후의 성전〉 촬영지로 더욱 유명해졌으며, 세계 7대 불가사의 중 하나이다.
이라크	아슈르	티그리스 강 북서쪽에 있으며 기원전 2,500년 무렵, 고대 아시리아 제국이 번영을 누렸던 고대도시로 성벽으로 둘러싸인 안에는 사원과 궁전, 도시 등이 있었다.
이란	페르세폴리스	페르시아를 세운 아케메네스왕조 수도로 기원전 5백년 무렵에 만들어졌는데, 입구에 사람머리, 사자몸통, 독수리 날개, 황소 다리를 한 조각상이 있으며, 이곳에 있는 궁전유적을 통해 당시 궁중생활을 짐작할 수 있다.
이스라엘	예루살렘	이스라엘 수도인 예루살렘은 유대교 신전과 크리스트교 교회, 이슬람 모스크가 묘한 조화를 이루는 곳으로 통곡의 벽을 중심으로 각기 다른 종교 집단이 경계를 이루고 있다.
인도	아잔타 동굴	기원전 2세기부터 만들어진 불교 동굴기념물로 화강암 절벽을 파내 사원과 수도원을 만들었는데, 벽화와 조각 등 뛰어난 불교 예술작품들이 남아 있다.
	타지마할	17세기에 무굴제국 황제 샤 자한이 죽은 황비를 그리워하며 대리석을 이용해 만든 무덤으로 햇빛을 반사하거나 달빛을 흡수하는 정도에 따라 다른 빛깔로 보이기도 하며, 건물의 균형, 각도 등에서 뛰어난 건축기술을 보여주는 이슬람 최고 건축물이다.
인도네시아	보로부두르 사원	캄보디아의 앙코르와트, 미얀마의 파간과 함께 세계 3대 불교유적지로 꼽히는 곳으로 높은 산지에 세워졌으며, 종 모양을 한 '스투파'라는 불탑 안에 불상이 들어 있다.
일본	히로시마 평화기념관 (원폭돔)	제2차 세계 대전 때 미국이 히로시마에 떨어뜨린 원자폭탄 흔적이 그대로 남아있는 건물로 원자폭탄의 참상을 알리고 세계평화를 기원하는 상징물이다.
	히메지 성	일본 효고 현에 있는 성으로 해발 45미터 산 위에 세워졌으며, 멀리서 보면 하얀 색 성벽이 백로 같다고 해 '백로의 성'으로도 불린다.
북한	고구려 고분군	고구려 시대 고분군으로 무덤 속에 아름다운 벽화가 있다. 고구려 고분은 고구려 건국 초기의 중심지인 압록강 유역과 후기의 중심지인 대동강 유역에 집중적으로 분포되어 있다.

중국	자금성	중국 명·청 왕조 때 궁궐로 500년 이
	만리장성	기원전 220년경 진시황이 북쪽 흉노족 처음 쌓기 시작하여 명나라에 와서 완
	진시황릉	중국을 최초로 통일한 진나라 시황제
	둔황의 막고굴	실크로드에 위치하고 있으며 종교, 문 유적이다. 4~14세기까지 동서 문물 교
	은허 유적지	중국 고대 상왕조 수도이자 청동기 시
	윈강 석굴	5세기와 6세기 중국 불교 미술이 보여 내에 5만 천여 개 조각품이 있다.
카자흐스탄	코자 암드 야사위의 영묘	대표적인 이슬람종교 건축물 중 하나
캄보디아	앙코르	9~15세기까지 크메르제국 수도였으 적이 남아 있다.
타이	아유타야 역사도시	1350년에 건설된 타이의 두 번째 왕조 세기 무렵 미얀마가 침입해 도시가 파 리탑과 거대한 수도원 등은 과거 화려
	수코타이 역사도시	13세기 중반 무렵 타이 최초의 왕조인 로 타이 건축 양식을 알 수 있는 많은 유
	반 치앙 고고유적	세계에서 가장 오래된 청동기 유적이 유적 중 선사시대 인간이 살았던 모습
터키	이스탄불 역사지구	보스포루스 반도에 위치한 이스탄불 마 제국 시대에는 콘스탄티노폴리스 오스만 제국 때까지 수도로 존속하다
	하추샤	히타이트 제국이 만든 초기 수도로 다. 요새 등 당시 건축과 도시구조를 있다.
	사프란볼루 시	13세기부터 철도가 생기기전까지 동 이 주로 머물렀던 곳으로 14세기에 건 은 오스만 제국 도시 발달에도 영향을
	트로이 고고유적지	1871년부터 고고학자 하인리히 슐리 유명한 유적지 중 하나이다.
투르크메니스탄	고대 메르프 역사문화공원	실크로드의 남쪽 길과 북쪽길이 천산 스 도시로 4천여 년 동안 중앙아시아와 쳤다.
파키스탄	모헨조다로 고고유적	인더스 강 계곡에 위치한 세계 4대 문 3000년경 굽지 않은 벽돌을 사용해 만 남아 있다.
필리핀	필리핀 바로크양식 교회	필리핀 마닐라, 산타마리아 파오아이 세기말 스페인인들에 의해 건립되었 의해 재해석된 유럽 바로크 스타일을
	비간 역사도시	동아시아 및 동남아시아에 남아있는 적이다.

오세아니아

오스트레일리아	카카두 국립공원	오스트레일리아 첫 번째 국립공원이자 원으로 2만 년 전 호주 원주민들이 그 볼 수 있는데 애버리지니 모습과 그들 던 먹이까지 그려져 있다.

최고권력 중심지였다.

이 침입해 오는 것에 대항하여
성되었다.

무묘로 1974년에 발굴되었다.

화, 사상적으로 큰 영향을 미친
류의 역사를 나타내 준다.

게 문화를 볼 수 있다.

준 뛰어난 업적으로 252개 동굴

다.

, 앙코르와트, 바욘 사원 등 유

아유타야 왕조)의 수도이다. 18
괴되었으나 아직 남아 있는 사
했던 모습을 보여 준다.

수코타이 왕조의 수도였던 곳으
적과 유물이 남아 있다.

. 동남아시아에서 발견된 옛날
을 가장 잘 보여주는 유적이다.

2000년 이상 된 도시로, 동로
(콘스탄티노플)라고 불렸으며,
현재의 이름으로 바뀌었다.

원으로 왕들이 머물렀던 곳이
였볼 수 있는 유적이 많이 남아

서 무역로를 왕래하는 상인들
립된 모스크, 목욕탕 등 건축물
미쳤다.

이만에 의해 발굴이 시작된 가장

산맥의 서쪽에서 만나는 오아시
이란 문화형성에 큰 영향을 미

명 발상지 중 하나이다. 기원전
든 도시로 제방, 성벽, 광장 등이

등에 위치한 바로크풍 교회는 16
으며 중국과 필리핀 공예가들에
보여 준다.

럽식 상업도시들 중 대표적 유

세계에서 세 번째로 큰 국립공
린 1천 점이나 되는 바위그림을
이 썼던 도구, 먹을거리로 삼았

북아메리카

과테말라	안티구아 시	해발 1,500m 지진지대로서 르네상스식 건축물이 흩어져 있다.
	퀴리구아 고고유적 공원	8세기 마야문명 유적지이다.
니카라과	레온 비에조 유적	스페인 식민지 초기 주거 모습이 잘 남아 있다.
도미니카 공화국	산토 도밍고 식민도시	1498년에 아메리카 대륙 최초로 성당, 병원, 세관 및 대사관 등이 건설된 식민도시이다.
멕시코	멕시코시티 역사지구	16세기 무렵 스페인 사람들이 건립한 인구밀도가 세계제일 높은 도시이다. 아즈텍 문명의 각종 유물들이 남아 있다.
	테오티와칸의 先 스페인 도시	멕시코시티 북방 40㎞에 위치한 피라미드 도시이다. 테오티와칸은 '신이 창조한 도시'라는 뜻이다.
	치첸이트사의 先 스페인 도시	유카탄 반도에 마야·톨텍문명이 남긴 가장 전형적 유적 중 하나이다.
	칼라크물, 캄페체의 고대 마야 도시	중요한 마야 유적지로서 12세기 이상 이 지역 역사에 중요한 역할을 해 왔다.
미국	카호키아 역사유적	미시시피 강 지역에 있으며 초기 콜롬비아 문명 정보를 제공한다.
	자유의 여신상	미국 독립 100주년 기념으로 프랑스가 선물한 자유를 상징하는 기념물, 뉴욕만에 위치해 있다.
세인트키츠 네비스	유황산 요새 국립공원	유럽식민지 경영이 절정기에 있을 때 노예들에 의해 건설된 영국 요새이다.
아이티	국립 역사공원 – 시터들, 상수시, 라미에르	1804년 아이티가 혁명을 통해 프랑스 식민지배에서 벗어나면서 혁명과 관계있는 곳들을 역사공원으로 만든 것으로 프랑스 베르사유 궁전을 본떠 지은 상수시 궁전과 시터들 요새, 혁명 당시 프랑스로부터 승리를 거두었던 라미에르 성이 있다.
캐나다	란세오 메도스 국립역사공원	11세기 바이킹이 살던 흔적. 북아메리카에 유럽인들이 나타난 첫 발자취로, 노르웨이에서 발견되는 것과 비슷한 목조가옥이 남아 있다.
	헤드–스매쉬드 버팔로 지대	북아메리카 원주민 부락 등이 발견된 유적지이다.
	퀘벡 역사지구	17세기 프랑스 개척자가 건설한 도시이다.
쿠바	하바나 시와 요새	1519년 스페인인에 의해 건설된 도시이다.
파나마	포토벨로와 산 로렌조 요새	17~18세기 군사건축물로 대서양 횡단 무역을 보호하기 위하여 스페인군에 의해 건설된 방어요새이다.

볼리비아	티와나쿠	인가ㅂ
브라질	오우로 프레토 역사도시	17세
	콩고나스의 봉제수스 성역	18세 로운
수리남	파라마리보의 역사적 내부 도시	17~18
아르헨티나	리오 핀투라스 계곡 바위 그림	선사시 대 사 선사 있다.
칠레	칠로에 교회	독특 럽문
	발파라이소 항구도시의 역사지구	19세
콜롬비아	산타 크루즈 데 몸포 역사지구	1540 민지
	티에라덴트로 국립 고고 공원	6~10 있다.
	산 아구스틴 고고학 공원	들판
파라과이	라 산티시마 데 파라나 제수스 데 타바란게 제수이트 선교단 시설	17~18 타내 적이
페루	마추피추 역사 보호지구	안데 음을
	쿠스코 시	안데 회, 공
	차빈 고고유적지	기원 된 고

790~800년 무렵 샤를마뉴대제 때 건설되었으며 중세건축이 가진 장엄미를 대표한다.
1030년 콘라드 2세가 창건한 신성로마제국 주요 로마네스크 기념물 중 하나이다.
신성로마제국 로마네스크 양식을 잘 보여주는 건물로 대칭적 구조, 벽화 등이 유명하다.
한자동맹 초기중심지로 16세기까지 북유럽무역 중심지이다. 15~16세기의 기념물, 교회, 소금저장소 등이 원형대로 남아있다.
로쉬의 수도원은 중세 카롤링거 왕조시대 희귀한 건축적 흔적을 보여 준다.
세계 정치, 종교 사상 큰 사건 중 하나인 마틴 루터가 일으킨 종교개혁을 상징하는 독특한 증거이다.
18세기 말~19세기 초 뛰어난 문화수준으로 괴테, 실러를 비롯한 많은 작가와 학자들이 모여들었던 곳으로 많은 공원들과 뛰어난 건축물들이 있다.
독일 북서부에 있는 브레멘 시장에 위치한 시청 건물과 로랜드 상은 신성로마제국에서 발전된 유럽 시민권과 교역권을 상징하는 대표적인 유산이다. 로랜드 상은 높이 5.5m로 1404년에 만들어졌다.
한자동맹 주요 중심지이며 13~15세기까지 중부 유럽과 동부 유럽 중심 교역지로 유럽에서 가장 아름다운 아르누보 양식 건축물들이 보존되어 있다.
'북쪽의 베니스' 라 불리는 이곳은 피터 대제 때 건설된 수많은 운하와 다리가 광대한 도시계획이 발달한 것을 잘 보여주고, 러시아 10월 혁명으로 한 때 '레닌그라드' 로 불리기도 했다. 해군성, 겨울궁전, 대리석궁전 등은 훌륭한 건축 유산이다.
크렘린은 13세기부터 러시아에서 중요한 역사 · 정치적 사건과 밀접한 관련을 가지고 있다. 14~17세기 사이에 러시아 및 외국 건축가들에 의해 건립된 황족 거주지이며 종교적 중심지이다. 붉은 광장에 있는 성벽과 성 바실리카 교회당은 러시아정교 예술에서 가장 뛰어난 기념물 중 하나이다.
트란실바니아 색슨족에 의해 건립된 도시로 카르파티아 산맥 기슭에 있다.
룩셈부르크는 위치 때문에 16세기부터 1867년까지 유럽에서 완충 지대인 동시에 커다란 요새도시였다.
빌니우스는 13~18세기까지 리투아니아 대공국에 정치 중심지로서 동부 유럽 건축 및 문화 발달에 커다란 영향을 끼쳤다.
페니키아, 그리스, 카르타고, 로마, 비잔틴, 아랍 지배를 받아 320여 개의 기념물들이 밀집해 있다.
기원전 2500년 무렵 공동묘지로 사용된 신전이다.
말타 및 고조 섬에 세워진 7개로 이루어진 거석사원이다.
빅토르 호르타가 만든 대저택으로 19세기 말 아르누보 양식을 대표하는 걸작이다.
미르지방에 있는 중부 유럽 전형적인 성이며 고딕 · 바로크 · 르네상스 양식이 모두 적용된 독특한 건물이다.
마다라고원 바위벽에 있는 부조로서, 사자를 탄 기수상이 100m에 이르는 수직 절벽에 자연적인 요철을 이용하여 조각되어 있다.
릴라 산맥 삼림 속에 위치한 수도원으로 불가리아 민족주의를 상징하는 곳이다.
1944년에 발견된 헬레니즘 시대 무덤으로 벽돌로 된 방 3개로 구성되어 있다.
12세기 말에 건립된 그리스정교 수도원으로, 비잔틴 시대 벽화가 그대로 보존되어 있다.
한자동맹 중심지였던 고틀란드 섬에 있는 바이킹 유적. 13세기 북유럽 상업도시 모습이 잘 보존되어 있다.
17세기 후반 항구 도시 모습과 당시 건축물들이 손상되지 않고 보존되어 있다.
카롤링거 수도원 모습 그대로 남아 있으며, 바로크시대 유물이 소장되어 있다.
알함브라는 정원 풍경이 뛰어나며, 알바이진은 무어 건축물로 유명하다.
스페인 북서부 순례 유적지. 로마네스크, 고딕, 바로크 건물이 남아 있다.
산탠더 지방에 있는 선사시대 동굴유적. 구석기 생활을 알 수 있는 동굴벽화가 있다.

슬로바키아	스피시키 흐라드 문화기념물군	13세기에서 14세기 군사, 정치, 종교적 건축 딕 건축이 그대로 보존되어 있다.
영국	스톤헨지 유적	영국 남쪽, 솔즈베리 평원에 있는 돌로 선사 커다란 돌들이 가운데를 향해 둥그런 모양 선사시대에 이 커다란 돌들을 어떻게 옮겨
	캔터베리 대성당, 성 오거스틴 수도원 및 성 마틴교회	영국 캔터베리에 있으며, 로마네스크 건축 인 대성당으로 6세기 로마에서 영국에 가톨 뒤로 지금까지도 영국 성당을 대표하고 있다
오스트리아	쉔브룬 궁전과 정원	오스트리아 빈에 있던 합스부르크 왕가 여 진 1,400여 개 방과 아름다운 정원, 분수, 그 으며, 오스트리아의 베르사유 궁전으로도 불
	잘츠부르크시 역사지구	호헨잘츠부르크 성과 미라벨 궁전, 정원 같 스 산맥과 조화를 이루는 아름다운 도시로
이탈리아	폼페이 및 허큐라네움 고고학 지역과 토레 아눈치아타	79년, 베수비오 화산폭발로 화산재에 뒤덮 하며, 이곳에는 수도관, 포장도로, 목욕탕 등 있는 시설들이 그대로 남아 있다.
	피사의 두오모 광장	중세시대 건축양식을 대표하는 대성당, 세례 설할 때부터 지반이 약해 기울어져 있었던 하 법칙' 을 발견한 곳으로도 유명하다.
체코	프라하 역사지구	11~18세기에 건립되었으며 올드 타운, 레저
	체스키 크루믈로프 역사센터	13세기에 비탈레 강변 주변에 건설된 도시 들이 있다.
	텔치 역사센터	처음에는 언덕 정상에 목조로 세운 가옥이 세우고 주위를 벽과 연못으로 둘러 강화시켰
	홀라소비스 역사마을 보존지구	전통적인 중부 유럽도시 모습으로, '남부 보 세기 때 이 지방 특징을 잘 나타내 주는 건축
	올로모크의 삼위일체 석주	유럽 바로크 예술 표현에 있어서 가장 뛰어 신념을 잘 나타내주고 있다.
크로아티아	두보로브니크 구 시가지	달마티안 연안에 위치하여 '아드리아해의 진주
	스플리트의 디오클레티안 궁전과 역사 건축물	3~4세기경 건설된 디오클레티안 궁전건축으 15세기 고딕풍 궁전, 르네상스, 바로크 건축물
포르투갈	코아계곡 선사시대 암벽화	기원전 22,000~기원전 10,000년 까지 구석 보여주는 유적이다.
폴란드	아우슈비츠 수용소	나치 히틀러 학살 현장으로 400만 명에 달하 고문실 등이 있다.
	자워와 스위드니카의 자유교회	17세기 중반에 지어진 유럽에서 가장 큰 목 에 대한 갈망을 나타내는 유물이다.
프랑스	베르사유 궁원	루이14세부터 루이16세가 거주했던 궁전으
	샤르트르 대성당	프랑스 고딕 양식 정점을 이루는 곳으로 12~
	베제레 계곡의 동굴벽화	147개에 달하는 선사유적(구석기시대)과 25 는 사냥하는 장면, 동물 무리들이 그려져 있
	오랑주지방의 로마시대 극장과 개선문	팍스 로마나 시대(아우구스투스)에 건립된 시대 극장이다.
	퐁뒤가르-로마시대 수로	가르 강을 가로지르는 높이 50m, 길이 50k 었다.
	파리의 세느 강변	루브르, 에펠탑, 콩코드 광장, 그랑팔레 등 파리 역사와 발전과정을 보여 준다.
	노트르담 성당과 상트레미 수도원 및 타우 궁전	노트르담 성당은 13세기에 가장 뛰어난 신 합을 이룩한 고딕 예술의 걸작이다. 타우 궁 행하던 곳으로 현재 건물은 17세기에 복원된
	아비뇽 역사지구	프랑스 남부도시로 14세기에는 교황이 살았 식인 쁘띠뜨 팔래와 노트르담 로마네스크 성

세계지도로 찾아보는 대륙별 세계문화유산

＊ 자연유산은 제외했으며, 여기에 있는 것이 전부가 아님을 밝혀둡니다.

유럽		
그리스	밧새의 아폴로 에피큐리우스 신전	기원전 5세기 중엽 아카디안 산 정상에 세운 아폴로를 모신 사원으로 고전 양식, 도릭, 코린트 양식이 조화를 이루고 있다.
	델피 고고유적지	아폴로 신탁이 있는 델피 신전으로 '세계의 중심' 이라는 옴파로스(아폴로 신전에 있는 원뿔모양 돌)가 있다.
	아테네 아크로폴리스	파르테논 신전, 프로필리아(아크로폴리스 신전 입구), 에레치씨엠 신전, 나이키 신전 등이 있다.
	에피다우루스 고고유적	기원전 6세기에 에스클리피우스 숭배를 비롯한 많은 기념물이 있다.
	로데스 중세도시	위쪽은 고딕시대 그랜드마스터 궁전, 병원, 기사들 거리 등이 있고, 아래쪽은 오토만 시대 모스크와 고딕건축물, 공용대로 등이 있다.
	올림피아 고고유적	펠로폰네소스 계곡에 있으며 제우스를 숭배하는 중심지였고 올림픽이 열린 유적이 있다.
	다프니, 호시오스 루카스, 키오스에 있는 비잔틴 중기 수도원	황금빛 벽에 새긴 모자이크와 뛰어난 대리석 작품장식이 돋보인다.
	사모스 섬의 피타고리온과 헤라신전	사모스 섬에 있는 피타고리온은 고대 요새화 된 항구로 그리스 · 로마시대 기념물과 수도관 터널이 있으며, 헤라를 모신 신전이 있다.
	베르기나 고고유적	헬레니즘과 로마시대로 바뀌는 시기 유적으로 왕들 무덤과 풍부한 유물들이 유럽문명 발달과정을 잘 나타내준다.
	미키네와 티린 고고유적	고대 그리스 건축과 도시계획을 잘 보여주는 곳으로 유럽문명이 생겨난 뿌리 역할을 한다.
	역사센터(성 요한 수도원과 파트모스 섬 요한 계시록 동굴)	성 요한이 요한복음과 요한계시록을 완성한 곳이다.
네덜란드	쇼클란트와 그 주변 지역	선사시대 인류가 살았던 주요 지역으로 네덜란드 사람들이 바다와 싸웠던 과정을 알 수 있는 유적이다.
	윌렘스타드 내륙지방 역사지역과 항구	1634년 쿠라카오 섬에 세워진 무역항으로 네덜란드 및 스페인, 포르투갈 등이 만든 식민도시 모습을 알 수 있다.
	D.F 보우다 증기기관 양수장	1920년에 세워진 세계최대 규모 증기기관 양수장으로 해수면보다 낮은 국토와 국민을 보호하기 위해 네덜란드가 노력한 흔적을 알 수 있는 대표적 유물이다.
노르웨이	베르겐의 브리겐 지역	브리겐은 베르겐에 있는 오래된 부두로 14~16세기 한자동맹의 무역활동 중심지이다.
	우르네스 목조교회	12~13세기 건립된 목조교회로 바이킹 전통과 켈트풍 건축예술을 보여 준다.
	알타의 암석화	기원전 4200년에서 기원전 500년 사이 원주민들이 남긴 수많은 벽화와 조각들이 있다.
덴마크	로스킬드 대성당	12~13세기경 스칸디나비아 반도에서 벽돌로 처음 만들어진 고딕식 성당으로 15세기 이후에는 덴마크 왕가 묘지가 되었으며 유럽 종교 건축 발달을 잘 보여 준다.
	크론보르그 성	로마네스크 양식을 가진 성으로 북부유럽지역 역사에 있어 큰 역할을 수행한다.

독일	아헨대성당
	슈파이어 대성당
	성 마리아 대성당과 성 미카엘 교회
	뤼베크 한자도시
	로쉬의 수도원과 알텐 뮌스터
	아이슬레벤과 비텐베르크 소재 루터 기념관
	바이마르 지역
	브레멘 시장의 시청 건물과 로랜드 상
라트비아	리가 역사지구
러시아	상트페테르부르크 역사 지구와 관련 기념물
	모스크바의 크렘린 궁과 붉은 광장
루마니아	트란실바니아 요새교회
룩셈부르크	룩셈부르크 중세요새도시
리투아니아	빌니우스 역사지구
몰타	발레타 구 시가지
	할 사플리에니 지하신전
	거석 사원
벨기에	건축가 빅토르 호르타 마을
벨로루시	미르 성
불가리아	마다라 기수상
	릴라 수도원
	카잔락 트라키안 무덤
세르비아	스튜데니카 수도원
스웨덴	비스뷔 한자동맹 도시
	칼스크로나 항구
스위스	세인트 갤 수도원
스페인	알함브라 궁전, 알바이진, 그라나다
	산티아고 데 콤포스텔라 구 시가지
	알타미라 동굴

자르는 선

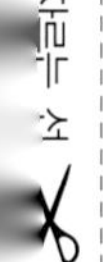

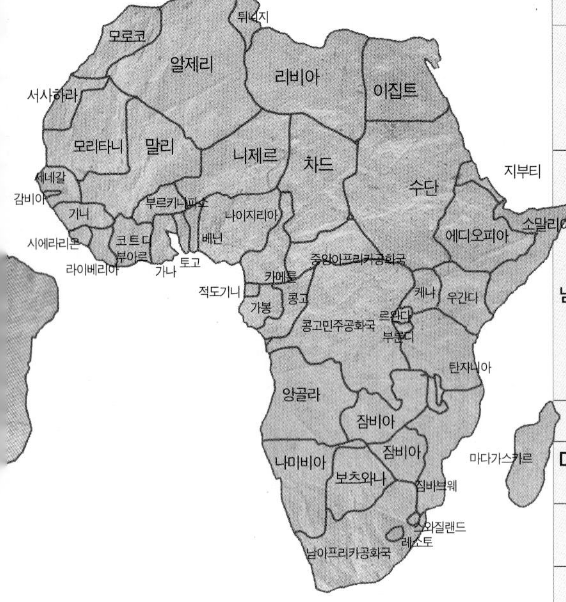

아프리카		
가나	가나의 성채	케타와 베인 사이에 가나 강 연안을 따라 1482~1786년에 만들어진 요새화된 무역중심지이다.
	아샨티 전통건축물	18세기에 번영을 누리던 아샨티 문명 유적이다(나무와 짚으로 만든 집 등의 유적이 있다).
감비아	세네감비아 환상 열석군	감비아 강을 따라 세네갈과 감비아 사이 100km에 걸친 거석문화유적지이다.
남아프리카 공화국	로벤 섬	남아프리카공화국이 겪은 아픈 역사를 섬에 있는 감옥 건물 등을 통해 보여주는 유적이다.
	스텍폰테인, 스와트크란, 그롬드라이 화석 호미니드 지역	초기 인류 조상 연구에 중요한 유적이다.
	마푼구베 문화경관	남아프리카에 처음으로 세워진 흑인 왕국이 흥하고 망한 과정을 알 수 있는 유적이다.
리비아	시레네 고고유적	시레네는 그리스 테라 식민지로 헬레니즘 세계 주요 도시 중 하나이다.
마다가스카르	암보히만가 왕실 언덕	왕실 도시와 묘지, 그리고 여러 성전으로 구성되어 있다.
말라위	총고니 공원 암석화 유적지	신석기시대 중앙아프리카 암석화 특성을 잘 보여주고 있다.
말리	제네의 구 시가지	기원전 250년 무렵부터 사하라 횡단 금 무역과 15세기 이슬람 전파 중심지이다.
	아스키아 무덤	1495년 송하이 제국 아스키아 모하메드에 의해 세워진 무덤이다.
모로코	볼루빌리스 고고학지역	기원전 3세기 건설된 모리타니아 수도로 로마제국이 만든 중요한 전초기지이다.
모리타니 이슬람공화국	오우아데인, 칭게티, 티치트, 오왈래타 고대 도시	11~12세기에 건설된 로마 제국 무역 및 종교 중심지이다.
보츠와나	초디로	세계에서 가장 많은 바위 그림들이 밀집한 장소로 4,500여개가 넘는 그림이 보존되어 있다.
수단공화국	게벨 바르칼과 나파탄 지구유적	나일 강 지역에 있는 나파탄과 메로이틱 문화를 지니고 있는 곳이다.
이집트	왕가 계곡 테베	고대 이집트에 살았던 많은 파라오(왕)들이 묻혀있는 곳으로 피라미드, 스핑크스와 함께 이집트 3대 유물로 꼽히는 카르나크 신전과 룩소스 신전이 유명하다.
	죽은 자의 도시 네크로폴리스	네크로폴리스는 이집트 나일 강 동쪽에 있는 유적으로 이집트 고대 귀족들 무덤이 있으며, 이곳에서 발견된 수많은 벽화와 조각들은 당시 이집트 사람들 삶을 생생하게 보여 준다.
짐바브웨	카미 유적	거대한 고고 유적 밀집지대이다.
	대 짐바브웨 유적	시바 여왕 시대의 수도로 중세시대 이후에 중요한 무역센터였다.
	매토보 언덕	화강암지대 위에 솟아 있는 독특한 암석지형으로 석기시대부터 인간이 거주하면서 다양한 암석그림이 분포하고 있다.
케냐	라무 고대성읍	동아프리카에서 가장 잘 보존되어 있는 스와힐리(아프리카 · 이슬람) 정착지이다.
탄자니아	킬와 키시와니/송고므나라 유적	동아프리카에 있는 항구로 13세기에서 16세기까지 킬와 상인들이 금, 은, 진주, 향수, 도자기, 페르시아 토기, 중국자기 등 물품을 인도양을 통해 거래했다.
	콘도 암각화 유적지	구석기 수렵, 채집 생활에서 신석기 농경, 목축 사회로 변화하는 모습을 보여 준다.
튀니지	엘 젬의 원형 극장	북아프리카 엘 젬에 있는 규모가 제일 큰 원형극장과 경기장으로 35,000명을 수용할 수 있으며 3세기경 건축으로 로마제국이 가진 힘을 보여 준다.
	카르타고 고고유적	기원전 9세기경 현재 튀니지 만에 건설되었던 도시국가로 기원전 6세기 무렵에는 지중해 무역왕국으로 빛나는 문명을 건설했다.
	튜니스의 메디나	이슬람 세계에서 가장 강대하고 부유한 도시 중 하나로 700여 개에 이르는 기념물들(궁전, 모스크, 능묘)은 화려했던 과거를 말해준다.
	두가/투가	로마가 루미디아를 합병하기 이전 리비코 · 퓨부왕국 수도로 로마시대 작은 변방도시가 가진 모습을 알 수 있다.

남아메리카
] 지방에 있는 선(先)히스패닉 고대문명 유적지이다.
] 말에 건설된 도시로 브라질 황금시대 중심지역이다.
]에 건설된 교회예배당으로 화려한 로코코풍 내부 장식과 다채 조각이 특징이다.
세기에 네덜란드 식민 도시가 그대로 보존되어 있다.
]대 사람들에게 유용했던 라마와 같은 동물과 이를 쫓는 선사시 람들 손바닥 모양이 화려한 색으로 그려져 있는 바위그림으로 시대 남아메리카 사람들을 이해하는데 매우 중요한 역할을 하고
한 형태를 가진 목조건축을 생산하기 위하여 토착문화 전통과 유 라를 성공적으로 잘 융합하여 보여줌.
] 후반 라틴아메리카 도시 및 건축발달을 보여주는 도시이다.
런 메달레나 강 유역에 건설한 도시로 스페인이 남미 대륙을 식 하 하는데 큰 역할을 하였다.
세기경 만들어진 인간 조각상 및 지하무덤상 등 많은 기념물들이
] 거석상 및 종교 기념물들이 세워져 있다.
세기 예수회에서 리오 데 라 플래타 지역에 대한 기독교화를 나 주는 상징이며 당시 사회, 경제 및 예술 변화 양상을 알려주는 유 ㅏ.
스산맥 2,430m에 위치해 있으며 잉카제국이 도시창조에 뛰어났 보여주는 유적으로 거대한 성벽, 테라스, 경사로 등이 남아있다.
스산맥에 위치한 잉카제국이 파차쿠텍왕 때 번영했던 수도로 교 전 등 유적이 남아 있다.
전 1500년 무렵부터 기원전 300년 사이에 안데스 인에 의해 건설 대 건축물이다.

자르는 선

01 인류가 두 발로 일어서다

탐구하기 14쪽

➲ 불이 인간 생활에 어떤 변화를 주었는지 묻는 문제입니다.

불을 사용하면서 아무 데서나 살 수 있게 되었고, 딱딱한 씨앗이나 고기도 익혀 먹을 수 있게 되었다.

탐구하기 15쪽

➲ 동굴 벽화를 그리게 된 까닭을 생각해보는 문제입니다.

동물을 식량으로 사용하기도 했기에 동물을 많이 잡게 해 달라는 마음으로 그렸을 수도 있고, 아니면 동물을 믿는 종교 때문에 그것을 그려 종교의식을 치렀을 수도 있다.

탐구하기 16쪽

➲ 신석기 시대를 왜 혁명이라 하는지 생각하는 문제입니다. 그 때 일어난 일들을 생각해서 써보면 됩니다.

농사를 짓게 되면서 사람들이 모여 공동체 사회가 만들어졌다. 이런 사회에서는 서로 지켜야 할 질서가 생겨났고, 여러 제도와 법들이 만들어졌다. 또 남는 농산물을 서로 바꾸면서 상업이 생겨났고, 많이 가진 사람과 적게 가진 사람들 간에 계급이 생겨났다. 서로 더 차지하기 위해 전쟁도 일어났고 이것을 보호하기 위해 정치권력이 생겨났고, 지키기 위한 군대를 만들었다. 이렇게 사람들이 모여 사는 도시가 점점 커지면서 국가가 생겨났다. 이렇게 농사를 지으면서 사회가 크게 변했기 때문에 신석기 혁명이라고 한다.

해석하기 17쪽

➲ 네안데르탈 인이 사라진 까닭을 자유롭게 생각하여 쓰면 됩니다.

정확하게 알 수는 없으나, 같은 시대에 살았던 크로마뇽 인은 살아남고 네안데르탈 인이 사라진 것은 언어를 사용하지 못하여 집단생활을 하지 못했기에 생존력이 많이 떨어져서 멸종한 것이라고 생각한다. 크로마뇽 인들이 남긴 예술작품 같은 것을 보면 문화 발전이나 언어 사용 등이 한 종은 멸종하고 한 종만 살아남는 조건이 되었을 수도 있다고 생각한다.

토론하기 18쪽

예시 답안

➲ 아프리카에서 인류가 탄생한 까닭을 자기 생각대로 골라 쓰면 됩니다.

좋은 기후와 환경 때문이었다. 아프리카는 인류가 생활하기 좋은 따뜻한 가후를 가지고 있었다. 옛날 인류화석들이 발견되는 곳을 보면 강이나 호수 주변인데, 이런 강과 호수 지역은 많은 생물들이 살았던 곳이다. 아프리카는 다른 어떤 지역보다 기후나 지형이 인류로 진화하기에 좋은 곳이었다.

역사에 비추어 보는 세계 19쪽

생각 열기

➲ 일본 역사학자가 한 태도에 대해 본인 생각을 쓰면 됩니다.

역사가 오래되었다고 해서 훌륭한 민족이라고 평가받을 수는 없다. 오히려 있는 그대로의 역사를 인정하고 그것을 토대로 현재 어떤 태도를 보여 주는지가 그 나라가 가진 우수성을 보여 주는 것이다. 오랜 역사를 위해서 역사를 위조한 일본 역사학자나 일본 사람들은 오히려 미래 역사가 될 현재 역사를 부끄럽게 만든 일이다.

미래 열기 21쪽

연습 1

(2) 앞다리가 길며 발가락으로 물건을 잡을 수도 있다.

연습 2

정의

(1) 직립보행 똑바로 일어나서 다리만을 사용하여 걷는 것

(2) 멸종 생물 종류가 아예 없어져 버리는 것

(3) 물물교환 돈으로 물건을 사지 않고 물건과 물건을 서로 바꾸는 것

예시

(1) 구석기 시대에는 나무열매를 따먹거나 동물을 사냥해서 먹거나 고기를 잡아먹었다.

신석기 시대에는 농사를 지어서 농작물을 먹거나 가축을 키워서 잡아먹기도 하였다.

(2) 사회에서는 무료급식이나 불우 이웃 돕기 바자회를 열어서 불우 이웃을 돕는다.

국가에서는 사회복지 제도를 많이 만들어 불우 이웃을 도울 수 있도록 한다.

(3) 둘째, 복잡한 도구를 만들어 내고 그것을 사용할 수 있다. 셋째, 깊은 생각을 하고 그것에 따라 행동을 할 수 있다. 넷째, 예술품을 만들어 내고 그것을 즐길 수 있다.

02 오리엔트 문명

탐구하기 24쪽

메소포타미아 문명과 이집트 문명을 합쳐 부르는 말이다.

탐구하기 25쪽

히타이트와 페니키아가 세계사에 끼친 영향이 무엇인지 묻는 문제입니다.

히타이트는 가장 먼저 철기를 사용하여 철기문명 시대를 열어 주었고, 페니키아는 무역을 하는데 편리함을 얻고자 페니키아 알파벳을 만들어 알파벳이 생겨날 수 있는 바탕을 만들어 주었다.

탐구하기 26쪽

법에 의해 다스려지는 강력한 중앙집권국가를 만들기 위해서였다.

해석하기 27쪽

오리엔트 문명이 오랫동안 주목받지 못했던 까닭은 그리스와 로마가 크게 발전하면서 가려졌기 때문이다.

토론하기 28쪽

예시 답안

옳지 않다. 사람은 완벽한 존재가 아니기 때문에 실수를 할 수도 있다. 그런데 과정을 살펴보지 않고 결과만을 놓고 판단하는 것은 문제가 있다. 그 사람이 왜 그러한 일을 하게 되었는지를 살피고 난 후에 처벌 정도를 결정하여야 할 것이다.

역사에 비추어 보는 세계 29쪽

생각 열기

세계적으로 사형제도를 폐지하고 있는 국가들이 늘어나는 것에 대한 자기 의견을 묻는 문제입니다.

사형제도가 없는 나라들이 사형제도가 있는 나라들보다 범죄율이 더 낮고, 잔인한 범죄도 더 적기 때문이다. 사형을 시킨다고 범죄가 줄어드는 것이 아니기 때문에 올바른 형벌제도가 아니라고 생각하는 것이다. 그리고 사형보다는 종신형을 선고하여 범죄자에 대한 인권을 보호하고 뉘우칠 수 있는 기회를 주는 것이 더 올바른 형벌제도라고 생각하기 때문이다.

미래 열기 31쪽

	우리 나라 교육 제도	프랑스 교육 제도
비교	(1) 우리 나라와 프랑스 모두 초등학교, 중학교, 고등학교, 대학교 순으로 교육제도가 이루어져 있으며, 초등학교, 중학교, 고등학교는 모두 합쳐 12년 동안 교육이 이루어지고 있다. (2) 우리 나라는 중학교까지, 프랑스는 고등학교까지 그 나라 국민이면 의무적으로 학교를 다녀야 하는 의무교육을 실시하고 있다.	
대조	(1) 우리 나라는 대학에 진학하려면 수학능력 시험을 치르고 자신이 진학하고자 하는 대학에서 실시하는 논술 등 다른 시험에 합격해야 한다. (2) 우리 나라는 의무교육기간인 중학교까지만 수업료가 없이 무료로 학교를 다닐 수 있다.	(1) 프랑스는 대학입학 자격시험인 바칼로레아에만 합격하면 자신이 원하는 대학에 진학할 수 있다. (2) 프랑스는 의무교육 기간인 고등학교뿐만 아니라 대학도 수업료를 내지 않고 다닐 수 있다.

03 이집트 문명과 피라미드

탐구하기 34쪽

1. 사막과 바다로 둘러싸여 있는 지정학적인 위치로 인해 외부로부터 침입을 받지 않고 3천여 년 동안 유지할 수 있었다.
2. 세계 4대 문명은 커다란 (강) 둘레에 생겨났다. 강이 범람하는 것을 막기 위해 대규모 공사가 필요하게 되었고, 이를 위해 강력한 권력을 가진 (전제 군주)가 나타났다. 또한 강을 이용한 물자 이동이 활발해지자 (문자)가 필요하게 되었으며, 사람들을 다스리기 위해 강력한 (법)도 생겨났다.

탐구하기 35쪽

미라를 만들면 영혼이 다시 찾아 와 새로운 삶을 살 수 있을 것이라 생각한 이집트 파라오들은 보통 사람과는 다른 크고 특별한 무덤이 자기 힘을 과시하는 것이라 생각했다.

첨삭 지도

탐구하기 36쪽

피라미드를 만들 때는 도굴을 염려해서 가짜 통로까지 만들었으나 계속해서 도굴로 인한 피해를 입게 되자 미라가 안전하게 보관될 수 있는 무덤을 원하였다. 그래서 중왕국 시대 이후에는 사람들 눈에 쉽게 띄지 않는 룩소르에 있는 왕가의 계곡을 택하였다.

해석하기 37쪽

고대 이집트 인들은 사후에도 영혼이 존재한다고 믿었으며, 험난한 여정과 오시리스의 심판을 받아 모든 이집트 인들이 갈망하는 '갈대밭'에 도착하여 평온한 삶을 즐기기를 원하였습니다. '사자의 서'는 죽은 영혼의 여정과 신들의 힘든 시험을 거쳐 마침내 최고신 오시리스에게 도달하기 위한 준비와 기도문들이 쓰여 있습니다. 사자의 서는 사후 신들 앞에 서기 위한 여정의 안내서 같은 것입니다. 이집트 인들은 사후에 신들의 심판에서 버려져 영원히 암흑의 나락으로 떨어지는 것을 가장 두려워하였습니다. 그래서 생전에 사자의 서를 읽어 죽은 뒤 여정을 미리 준비하고 신들 앞에서 실수하지 않도록 주문을 외우고 자신들의 영혼이 무사히 갈대밭에 도착하도록 미리 준비하는 것이 관례였습니다.

예시 답안

이집트 사람들은 사람 몸속에 '카아'라고 하는 영혼이 있어서 인간에게 생명력을 불어 넣어 주는 역할을 한다고 믿었다. 그들은 사람이 죽으면 '카아'가 사람 몸을 떠나서 쉬고 있다가 미라가 되어 부활하면, 자기 몸속으로 찾아들어가 되살아난다고 믿었다.

토론하기 38쪽

예시 답안

1. 왕권이 약화되었기 때문이다. 멘카우레 피라미드는 쿠푸 피라미드에 비하면 규모가 작을 뿐만 아니라 완성되지 않은 상태로 보아 멘카우레 이후 왕권이 많이 약화되었음을 알 수 있다.
2. 돌이 부족했기 때문이다. 피라미드를 지을 때는 여기저기서 돌을 가져와야 했다. 그러니 나중에는 돌을 구하기 힘들어서 피라미드 짓기가 힘들었을 것이다.

역사에 비추어 보는 세계 39쪽

생각 열기

유물을 보존하는 것에 대하여 생각해 보는 문제로 우리 나라의 경우 도시 개발을 위해 유물이 파괴되는 예가 있습니다. 백제 유적지인 풍납토성 일대가 그러한데, 세계문화유산으로 지정되었을 경우 그 유적을 세계적으로 보호받을 수 있고, 그 만큼 가치가 인정받다 보니 많은 나라에서 자기 나라 유물·유적들을 세계문화유산으로 등재하기 위해 신청하고 있습니다. 유물이나 유적은 그 가치를 돈으로 환산할 수 없으므로 보존하는 방법에 대하여 많은 관심을 가질 수 있도록 지도합니다.

예시 답안

유물이나 유적은 역사적인 가치가 크기 때문에 반드시 보호되어야 한다. 우리 나라에 있는 석굴암과 불국사, 종묘 등도 세계문화유산으로 등재되어 있다. 그런데 한 번 훼손되면 복원할 수 없는 것이 역사 속 유물이므로 많은 관심을 가지고 보존하도록 노력해야 한다. 그러므로 유네스코에서 세계문화유산으로 지정하여 세계적인 관심을 기울이는 것이 바람직하다고 생각한다.

미래 열기 41쪽

(1) 분류하기

① 무덤으로서 피라미드 이집트 피라미드

② 신전으로서 피라미드 올멕족, 마야족 피라미드

(2) 분석하기

① 이집트 피라미드 왕이 죽어서 하늘에 있는 태양신을 만나기 위해 타고 올라갈 수 있도록 거대한 계단 형태로 만들었다.

② 올멕족 피라미드 평평한 꼭대기까지 뻗어 올라간 층계와 테라스가 있었다. 이것들은 신전이었으며, 신관들은 피라미드 제단까지 올라가 인간을 제물로 사용하는 제사를 지냈다.

③ 마야족 피라미드 계단 폭을 위로 올라갈수록 좁혀서 피피라미드가 더욱 높고 가파르게 보이게 했다. 이렇게 함으로써 피라미드 꼭대기에서 거행되는 신성한 의식에 사사람들 주의를 더 끌 수 있었다.

④ 오늘날 피라미드 수백만 톤의 돌덩어리를 사용하지도 않고, 죽은 사람을 위한 것도 아니다. 거대한 모습으로 건설된 피라미드는 대기업을 상징한다. 강철 뼈대로 떠받친 강화 콘크리트와 색유리 따위 신소재를 사용하여 거대한 건축물을 최소한의 노력으로 세울 수 있다.

04 인더스 문명과 카스트제도

탐구하기 44쪽

건물을 지을 때 구운 벽돌을 사용했으며, 넓고 반듯한 도로에 창고, 목욕탕, 집회소, 시장이 있었다. 집들은 마당과 우물, 목욕탕 등을 갖추었고 하수관 같은 배수시설이 있었다.

탐구하기 45쪽

1. 교통이 편리한 마을에서 물물교환을 하다가 도시로 발달하면서 생활에 필요한 물건을 만드는 사람들과 상인이 늘어났다. 그리고 메소포타미아 지역까지 교역이 이루어졌다.
2. 보리수와 소를 새겨 넣은 인장은 부적으로 사용했고, 상표를 나타내는 도장 역할을 하거나 물건의 주인을 확인하는데 사용되었거나, 신분을 나타내기도 했다.

탐구하기 46쪽

계급	신분과 하는 일
브라만	제사와 신전 관리, 학문 연구하는 사제들
크샤트리아	정치와 군사를 담당하는 왕족과 귀족들
바이샤	농업과 상공업 활동을 담당하고 세금을 내는 평민들
수드라	종교 행사에도 참석할 수 없고, 인간 취급도 받지 못하는 노예들

해석하기 47쪽

인더스 문명 멸망 원인에 대해서는 정확하게 알 수가 없고, 추측만 있을 뿐이다. 환경 변화가 문명을 멸망하게 했을 것이다. 또 홍수나 지진으로 인더스 강이 막혔거나 땅이 거칠어져 농사를 지을 수 없어서 환경이 파괴되어 멸망했을 것이다.

토론하기 48쪽

예시 답안

내세에는 다른 삶을 살 수 있을 것이란 희망 때문이다. 인도는 힌두교에 의한 내세 사상이 강하게 남아 있었다. 그들은 지금은 가난하게 살더라도 다시 태어나면 부자로 태어날 수도 있다는 생각을 가졌다. 그래서 지금 살고 있는 삶이 아무리 힘들고 어려워도 내세에 다른 삶을 살 수 있다는 긍정적인 생각으로 불만을 참고 살았기 때문에 현재까지 존재한 것이다.

역사에 비추어 보는 세계 49쪽

불가촉천민 신분임에도 불구하고 '나렌드라 자다브'가 성공할 수 있었던 이유를 본문을 참고하여 본인 생각을 묻는 문제입니다.

생각 열기

예시 답안

교육만이 신분의 벽을 넘을 수 있다고 믿었던 부모님이 자녀 교육에 정성을 기울였기 때문에 '나렌드라 자다브'는 부모님 영향으로 삶이 바뀌고 꿈을 이룰 수 있었다.

미래 열기 51쪽

(1) **1910년** 마케도니아 수도 스코페에서 태어났으며, 1928년 18세 인도에서 수도 생활을 시작했다.

(2) **21세에** 세례명을 테레사로 바꾸고 수녀로서 평생 가난하게 살며 불쌍한 어린이와 이웃을 위해 희생과 봉사하는 삶을 살 것을 약속했다.

(3) **38세에는** 빈민가에서 일할 수 있도록 허가를 받고 의료 선교 수도회에서 의술을 공부했다. 그리고 다시 콜카타로 돌아와 모티즈힐 빈민가에서 아이들 몇 명을 데리고 학교를 시작했다.

(4) **49세** 인도 국적을 얻어 1년 뒤에는 '사랑의 선교회'를 창설하였다.

(5) **53세에는** '사랑의 선교 수사회'도 탄생시켰다.

(7) **69세에는** 12월 노벨 평화상을 받았고, 2년 뒤 한국을 방문하여 '사랑의 선교 수사회'를 세웠다.

05 중국 고대 문명과 하 · 은(상) · 주나라

탐구하기 54쪽

황하 문명

탐구하기 55쪽

갑골 문자

탐구하기 56쪽

주나라 왕실은 갑자기 넓어진 영토를 다스리기가 어려워지자, 피를 나눈 형제나 공신들에게 땅을 나누어 주어 넓은 영토를 잘 다스리게 하기 위해서였다.

해석하기 57쪽

주나라 왕실에게서 토지와 백성을 하사받는 대신 주나라 왕실에게 공물을 납부하고 전쟁이 일어나면 군사를 동원해서 전쟁터에 나가야 했다.

토론하기 58쪽

예시 답안

혈연이 중심이 된 왕위계승이 바람직하다. 왜냐하면 왕이 정치를 잘 하려면 믿을 수 있는 사람들을 옆에 두는 것이 안전하다. 또 혈연이 중심이 되어 왕위를 계승하는 것은 왕조의 정통성을 이어가는 것과 같기 때문이다.

역사에 비추어 보는 세계 59쪽

신화를 역사로 만들어 내고 있는 중국 정부에 대한 생각을 묻는 문제입니다.

생각 열기

중국은 중화사상에 발목이 잡혀서 '자기 나라'에만 집중하고 있다. 큰 땅덩어리를 제후들에게 맡겼던 것처럼 현재 중국정부도 사람들을 조종하고 있다.

미래 열기 61쪽

예시 답안

주제 우리 학교

우리 학교는 용인시 기흥구 마북동에 있다. 주변이 산과 아파트로 둘러싸여 있고, 교문으로 향하는 길에는 벚꽃 나무가 심어져 있어서 5월이 되면 눈송이처럼 날리는 꽃잎들을 볼 수 있다.

교문에 들어서면 게시판이 보이는데, 이번 달에 있을 교내 행사에 대해 설명해 주는 안내판이 설치되어 있다. 학교 건물이 'ㄴ' 자 모양으로 놓여 있고, 주차장과 축구를 할 수 있는 운동장이 있다.

화단에는 교화인 장미와 교목인 소나무가 심어져 있고, 꽃과 키 작은 나무, 깨끗하게 깎인 잔디밭이 있다. 구령대 옆에는 귀하다는 '금송'이 한 그루 잘 자라고 있다.

학교 건물은 지상 5층이며, 우리 교실은 3층에 있다. 우리 교실에는 커다란 PDP 텔레비전과 선생님이 사용하시는 노트북이 놓인 책상이 있다. 유리창 밖으로는 법화산이 보이고, 유리창 난간에는 우리들이 집에서 가져온 여러 가지 화초들이 잎을 창가 쪽으로 향하여 잘 자라고 있다. 화장실은 각 층마다 세 곳이 있고, 그 앞에는 동그란 원탁이 놓여 있어서 수업이 끝난 후 친구들과 이야기를 나눌 수도 있다.

06 그리스 문명

탐구하기 64쪽

그리스를 침략한 도리아인들은 싸움만 일삼으면서 기록을 남기지 않았다. 그래서 후세 사람들이 그 당시 사람들의 생활을 알 수 없었기 때문에 '암흑시대'라고 부른다.

탐구하기 65쪽

발전 단계	귀족정	과두정	참주정	민주정
내 용	귀족계급이 권력을 잡음.	몇몇 우두머리가 독재를 함.	비합법적으로 왕이 된 사람이 독재를 함.	재산이 없는 남자도 정치에 참여함.

탐구하기 66쪽

폴리스로 이루어진 그리스가 동질감 속에서 살 수 있었던 까닭에 대해 묻는 문제입니다.

4년마다 올림피아 제전을 열었고, 그리스어를 사용했으며, 같은 신을 섬겼다.

해석하기 67쪽

아테네 지식인들이 스파르타를 동경한 까닭에 대해 묻는 문제입니다.

시민이라는 이유만으로 어리석은 사람들이 정치를 했다. 또 고통과 인내는 피하고 자기들 이익만 챙겼다. 그러니 제대로 된 정치를 할 수 없어서, 체계적인 교육으로 강인한 시민을 길러내는 스파르타를 부러워했다.

토론하기 68쪽

아테네 민주주의가 가지고 있는 가장 큰 한계가 무엇이었을지 자기 생각을 정하고, 그 까닭을 쓰면 됩니다.

예시 답안

무분별한 다수결 원칙이 문제였다. 정치를 모르는 사람들이 잘 따져보지도 않고 참여했으며, 그런 한 표 한 표가 모여 많기만 하면 통과되었다. 또, 합심해서 어떤 정책이나 추방자 결정에 표를 몰아 큰 영향을 미쳤다.

＊대표적인 그리스 문화 특징

분야		특징
철학	자연철학	우주와 자연의 이치를 알아내려고 함. 탈레스 : "만물의 근원은 물이다." 데모크리토스 : "모든 물질은 원자로 이루어졌다."
	상대적 진리주의 (소피스트)	윤리 · 정치 등 인간적인 문제에 관심을 가짐. 궤변론자라고도 함. 프로타고라스 : "인간은 만물의 척도이다."
	절대적 진리주의	소크라테스 : "너 자신을 알라, 악법도 법이다." 플라톤 : 소크라테스 제자로 '철인 정치'를 주장함. ≪변명≫, ≪국가론≫ 아리스토텔레스 : 플라톤의 제자로 '중용의 덕'을 강조함. ≪윤리학≫
예술	건축	파르테논 신전 : 조화와 균형 미
	조각	아테네 여신상
역사	헤로도토스《페르시아 전쟁사》, 투키디데스《펠로폰네소스 전쟁사》	
문학	호메로스《일리아드》,《오디세이아》	
수학	피타고라스 : 만물의 근원을 수라고 봄. '피타고라스 정리'	
의학	히포크라테스 : 의학의 아버지	
과학	아르키메데스 : '지레의 원리', '아르키메데스 원리'	
종교	다신교 : 제우스를 비롯한 12신을 숭배함.	

＊그리스 신화 계보(로마식 이름/역할)

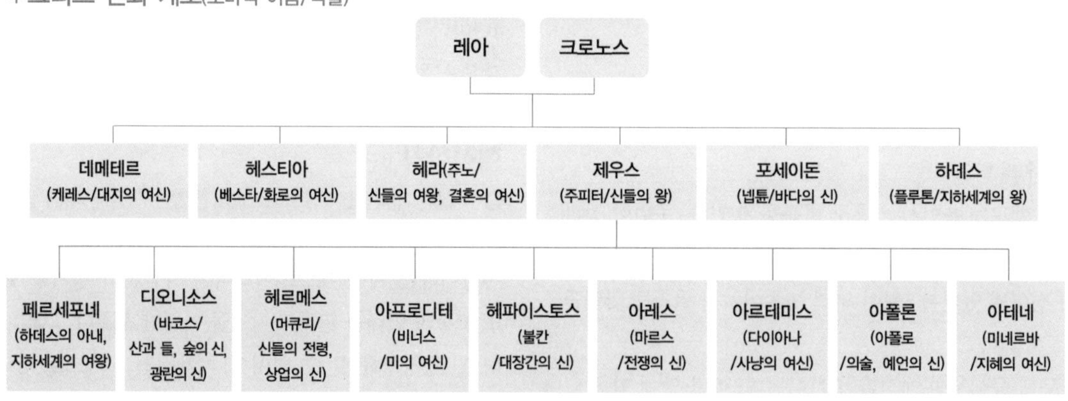

역사에 비추어 보는 세계 69쪽

생각 열기

이 세상에 똑같은 사람은 없다. 각자 개성도, 취미도, 사는 환경도 다른데, 우리 나라 교육은 모두가 똑같은 교육을 받아야 하고, 똑같은 잣대로 평가를 받는다. 그러므로 점수에 급급해 창의적일 수 없고, 모든 과목을 다 잘해야 인정받으니 해야 할 공부 양도 많아 너무 힘들다. 자기가 좋아하는 공부를 즐기면서 재미있게 공부한다면 훨씬 좋은 효과를 얻을 수 있을 텐데, 그렇게 공부할 수 없는 것이 가장 큰 문제점이라고 생각한다.

미래 열기 71쪽

1. 이유 찾기

(1) 각종 무기질과 비타민을 공급하고, 장을 깨끗이 하며, 식욕을 돋우고, 대장암 예방효과와 암을 막는 효과가 있다.

(2) 동아시아에서 수만 명이나 감염되었지만, 김치를 즐겨 먹는 한국에서는 감염자가 없었다.

(3) 김치에 들어 있는 매운 맛이 몸속에 있는 노폐물을 땀으로 내보내고, 몸도 날씬하게 해 준다.

2. 근거 찾기

(1) 미국 건강잡지인 '헬스'에서 김치를 세계 5대 건강식품으로 선정했다.

(2) 1인당 김치 소비량이 2003년 27.4kg에서 2006년 24.9kg으로 줄었다.

(3) 김치에 대한 모든 것을 연구하기 위해 한국 식품개발연구원 안에 김치연구사업단을 만들었다.

07 페르시아 제국과 아테네 멸망

탐구하기 74쪽

대제국을 건설하고 발전시킬 수 있게 했던 다리우스 왕이 실시한 통치법을 묻는 문제입니다.

전국을 20개 행정구역으로 나누어 총독을 파견했다. 식민지 구석구석을 연결하는 길을 닦았다. 우편제도를 만들었다. 화폐를 발행해 유통을 원활히 했다.

탐구하기 75쪽

테르모필라이 전투

탐구하기 76쪽

펠로폰네소스 전쟁

해석하기 77쪽

거대 제국 페르시아에 소국 그리스가 승리할 수 있었던 표면적인 요인을 묻는 문제입니다.

– 좌우 양쪽에 정예부대를 배치해 페르시아군을 양쪽에서 압박하며 들어와서

– 갑옷 착용과 긴창, 방패를 사용해서

토론하기 78쪽

해석하기에서 생각해봤던 문제를 좀 더 심화해서 생각해보는 문제입니다. 표면에 나타나지 않았던 근본적인 문제까지 생각해 보고 자기 생각을 쓰면 됩니다.

예시 답안

그리스 군은 수적으로 열세인 자기들 처지를 정확히 파악하고 전략과 전술을 효과적으로 짰다. 하지만 페르시아군은 자신들의 어마어마한 군대 규모만 믿고 그리스를 얕보고 전략을 제대로 세우지 않았다. 장비도 그리스에 뒤졌다. 무엇보다 그리스군은 다른 민족 지배를 받는 것을 극도로 경멸스러워했고, 자기 가족을 지켜야 한다는 각오로 똘똘 뭉쳐 있었다. 그래서 자발적으로 나온 그리스군이 가진 전투력은 막강할 수밖에 없었다. 하지만 페르시아 군은 식민지 각 지역에서 필요할 때마다 강제로 데리고 온 군사여서 전쟁에 임하는 마음이 수동적일 수밖에 없었다. 서로 언어도 통하지 않았고, 무기도 먼 거리 이동에 쉬운 장비였다. 적이 쳐들어오면 금방 당황하여 전열이 흐트러지고 급기야는 후퇴하는 일이 생겨났다.

역사에 비추어 보는 세계 79쪽

전반적으로 문화에 대해 살펴보고 타문화에 대한 존중의식을 생각해보는 문제입니다. 제시된 예문 외에도 다른 예를 더 생각해봐도 좋습니다.

생각 열기

사람은 자신이 태어나고 자란 문화를 자연스럽고 정당하다고 생각한다. 그래서 다른 민족이 갖고 있는 문화에 대해서는 합리적이지 못하고 잘못된 것이라는 부정적인 태도를 갖기 쉽다. 하지만 문화는 각기 고유 특성과 가치를 가지고 있어서 서로 우열을 가릴 수 없다. 세계에는 다양한 사람들이 살고 있다. 그만큼 다양한 문화가 있지만 그런 다양한 문화가 한 가지 문화가 된다면 문화가 발전하기 보다는 뒤처지고, 또 독창적인 문화가 나오기 어렵다.

문화는 환경에 적응해서 살아남기 위한 결과이기 때문에 환경이 바뀌면 달라질 수도 있다. 따라서 자기들 잣대에 맞춰 키누크 족에게 선불리 옷을 입게 한 신부들의 행동은 옳지 않다. 결국 그들 삶을 파괴하는 엄청난 결과를 가져오고 말았다. 우상숭배라며 불상을 파괴한 탈레반 행동도 마찬가지다. 사람은 누구나 자기가 원하는 종교를 믿을 수 있고, 또 그에 따른 종교 형식도 다양하게 선택할 수 있음을 인정해야 한다. 나와 다른 형식을 취한다고 틀렸다고 하고, 심지어 파괴까지 하는 것은 크게 잘못된 행동이다. 결국 탈레반은 인류가 가진 소중한 문화유산을 잃게 만들었다.

자기 문화만을 가장 우수한 것으로 믿고, 다른 문화를 부정적으로 평가하는 태도는 오히려 스스로를 고립시키고 문화발전에도 걸림돌이 될 수 있음을 잊지 말아야 한다.

미래 열기 81쪽

주제문 찾기 1

애완견을 키우는 사람들은 주인의식과 책임감을 가지고 주위에 피해를 주지 않도록 조심해서 키워야 한다.

주제문 찾기 2

현재 우리 나라는 저출산 고령화로 인해, 일할 수 있는 젊은 인구는 줄어들고 노인 인구만 늘어나고 있어 사회적으로 문제가 되고 있다.

주제문 찾기 3

되도록 과자를 멀리해야 하며, 특히 어린이들은 주의해야 한다.

08 알렉산드로스와 헬레니즘

탐구하기 85쪽

동서양에 걸치는 대제국을 건설한 알렉산드로스 대왕이 죽은 이후에 제국이 어떻게 변하였는지 생각해보는 문제입니다.

영토는 마케도니아, 시리아, 이집트 세 나라로 갈라졌고, 나중에 각각 로마에 정복되었다.

탐구하기 86쪽

분야		특징
철학	에피쿠로스 학파	현실 세계에서 개인의 정신적 쾌락 추구
	스토아 학파	금욕주의
미술	대표적인 특징	현실주의 미 추구, 인간 육체와 감정을 사실적으로 드러내는 관능적인 작품
	대표작	밀로의 〈비너스〉, 〈라오콘 군상〉
	영향	인도에 영향을 주어 그리스 문화 영향을 받은 불교 미술인 간다라 미술을 탄생시켰다. 간다라 미술은 중국, 한반도, 일본에도 영향을 미쳤다.

해석하기 87쪽

간다라 미술 영향을 받은 석굴암 석불과 그리스 조각양식이 닮은 까닭에 대해 생각해보는 문제입니다.

그리스 문화와 오리엔트 문화가 만나면서 생긴 헬레니즘 미술이 인도에 전해져 간다라 미술을 낳았는데, 그 영향이 한반도에도 미쳐 석굴암도 간다라 양식 영향을 받아 만들어진 것이기 때문이다. 석굴암 석불 모습에서 불상 옷자락 주름을 사실적으로 묘사한 부분이나 불상 모습이 서양인처럼 머리카락이 물결모양인 것들이 모두 그리스 조각에서 영향을 받은 것이다.

토론하기 88쪽

예시 답안

알렉산드로스 대왕은 문화 파괴자이다. 그는 자신에게 도전한다는 이유로 그리스 도시국가인 테베를 완전히 파괴해 버렸고, 페르시아가 아테네를 불태운 데 대한 보복으로 페르시아 수도인 페르세폴리스를 불태워 버렸다. 이로서 페르시아를 대표하던 화려한 도시와 문화유산이 사라져 버렸다. 그런데도 이런 것은 중요하게 생각하지 않고 그리스 문화를 전파한 사실만 크게 부각하고 있다.

역사에 비추어 보는 세계 89쪽

생각 열기

마케도니아공화국은 그리스가 마케도니아라는 명칭에 대해 역사적 당위성과 정통성을 가지고 있음에도 불구하고 그 이름을 사용하여 마케도니아 역사, 문화, 전통을 자기들 것으로 합리화시키려고 하는 것이다. 마치 중국이 옛 고구려 영토를 가지고 있으니 고구려가 자기네들 역사라고 우기는 것과 비슷한 주장이다.

미래 열기 91쪽

상황 제시

(1) 회장으로 뽑아 주면 반 아이들을 위해 솔선수범하는 마당쇠가 되겠다고 빗자루까지 들고 나와 이야기했는데 막상 회장이 되니까 잘난 척만 하고 거드름만 피운다. 청소시간이 되면 자기는 청소하지 않고 아이들에게 '걸레를 빨아 와라', '쓰레기통 비우고 와라' 하고 시키기만 한다.

(2) 떠드는 아이 이름 적을 때도 공부 잘하거나 자기랑 친한 아이들 이름은 안 적고 공부 못하거나 자기가 싫어하는 아이들 이름만 적는다.

(3) 학급회의를 할 때도 자기 주장만 자꾸 앞세우고 다른 아이들 의견에 귀 기울이지 않는다. 친구들이 어떤 고민이 있는지, 더 즐거운 학급이 되기 위해 무엇을 바꾸어야 하는지 함께 생각해 봐야 하는데 친구들에 대한

배려가 없는 듯하다.

*글로 이어서 쓰기

주제 우리 반 회장

반 회장은 반을 위해 봉사하는 사람이고 반을 사랑하는 마음을 가져야 하는데 우리 반 회장은 그런 면이 부족하다. 공부도 잘하고 작년에도 회장이었다고 하고 선거할 때 멋진 공약을 해서 다른 아이들보다 많은 득표를 얻어 당선되었다. 그런데 막상 회장이 되니까 잘난 척만 하고 거드름만 피운다.

회장으로 뽑아 주면 반 아이들을 위해 솔선수범하는 마당쇠가 되겠다고 빗자루까지 들고 나와 우리 반 청소는 자기가 다 알아서 한다고 했었는데, 청소시간이 되면 자기는 청소하지 않고 아이들에게 '걸레를 빨아 와라', '쓰레기통 비우고 와라' 하고 시키기만 한다. 또 떠드는 아이 이름 적을 때도 공부를 잘하거나 자기랑 친한 아이들 이름은 안 적고 공부를 못하거나 자기가 싫어하는 아이들 이름만 적는다.

학급회의를 할 때도 자기 주장만 자꾸 앞세우고 다른 아이들 의견에 귀 기울이지 않는다. 친구들이 어떤 고민이 있는지, 더 즐거운 학급이 되기 위해 무엇을 바꾸어야 하는지 함께 생각해 봐야 하는데 친구들에 대한 배려가 없는 듯하다. 지난번 학급회의 시간에는 아이들이 바라는 것을 적어놓은 건의함을 열었는데 몇몇 아이들이 회장에 대한 불만을 적었다. 청소시간에 끝까지 남아서 청소를 했으면 좋겠다는 의견에 대해 학원시간에 맞추기 위해서는 어쩔 수가 없다고 하면서 반성은 안하고 자꾸 변명만 하는 것을 보니 조금 실망스럽다. 나도 선거할 때 한 표를 던졌었는데 아무래도 잘못 뽑은 것 같다.

09 로마와 포에니 전쟁

탐구하기 94쪽

로마 공화정은 로마 시민들을 하나로 뭉치게 하였고, 영토를 넓히는 커다란 힘이 되었다.

탐구하기 95쪽

➲ 포에니 전쟁은 카르타고와 로마가 지중해 해상권을 두고 싸운 것임을 생각하고, 그 결과에 대해 쓰면 됩니다.

세 차례에 걸쳐 카르타고와 싸운 포에니 전쟁에서 승리하면서부터이다.

탐구하기 96쪽

자영농이 몰락하고, 귀족들이 노예를 부려 대농장을 이루는 라티푼디움이 생겨났다. 그러면서 빈부차이가 커지고 사회가 혼란스러워졌다.

해석하기 97쪽

첫째, 로마 공화정 내부 분열 때문이다.

둘째, 병사들이 밀어주었던 군인들이 정치에 뛰어들었기 때문이다.

셋째, 로마 공화정은 세계제국으로 발전한 로마에는 어울리지 않는 것이었다.

토론하기 98쪽

➲ 초기에는 작았던 로마가 전쟁을 통해 땅을 넓히면서 일어난 결과에 대해 생각해본 뒤 쓰면 됩니다.

예시 답안

나쁜 점이 더 많았다. 나라 땅이 늘어났으면 거기에 알맞은 방법으로 나라를 다스려야 했는데 로마는 그렇게 하지 못하였다. 그리고 정복한 나라들로부터 들어오는 값싼 곡물과 귀족들이 많은 노예들을 부려 운영하는 커다란 농장 때문에 자영농이 몰락하게 되었다. 그러자 그들을 중심으로 이루어진 로마 군대에서는 더 이상 병사들을 모을 수 없게 되었고, 로마 국방이 약해졌다. 그런 가운데 사회는 점점 불안해지고 혼란스러워졌다.

역사에 비추어 보는 세계 99쪽

생각 열기

많은 재산을 가지고 있는 사람들이나, 높은 지위에 있는 사람들이 하는 말이나 행동은 보통사람들에게 큰 관심을 불러일으킨다. 이것은 그들이 하는 행동이 그만큼 사회에 영향을 끼친다는 것을 뜻하기도 한다.

– 가난하거나 몸이 불편한 사람들이 모여 사는 복지시설에 찾아가 그들과 진정어린 마음으로 이야기를 나눈다.
– 재산이 많은 사람은 자신이 벌어들인 만큼에 대한 세금을 국가에 낸다.
– 장군이나 장교들이라면 만약 전쟁이 났을 때 군인들과 같이 앞장서서 싸운다.

– 항상 말을 조심하고, 법에 어긋나는 행동을 하지 않는다.

미래 열기 101쪽

주제 고령화 사회

상황 제시

(1) 의학기술과 산업이 발달하면서 사람들은 예전보다 더 오래 살게 되었고, 노인인구가 점점 늘어나고 있다. 그에 따라 우리나라에도 '고령화 사회'가 시작되었다.

2) 우리 나라 전체 인구에서 노인인구가 차지하는 비율이 2000년에 7.2%를 넘어서 우리 나라도 '고령화 사회'로 접어들었고, 2016년 무렵에는 노인인구가 0세에서 14세까지 나이 어린 인구보다 더 많아질 것으로 미루어 짐작하고 있다.

(3) '저출산 현상'과 맞물려 우리 사회 균형이 깨지게 되고, 또 노인들이 앞으로 어떻게 생활해 나갈지에 대한 것이 심각한 사회문제로 떠오르고 있다.

10 카이사르와 삼두정치

탐구하기 104쪽

이미 주사위는 던져졌다.
왔노라 보았노라 이겼노라.
브루투스, 너마저!

탐구하기 106쪽

제1차 삼두정치 : 카이사르, 크라수스, 폼페이우스
제2차 삼두정치 : 안토니우스, 레피두스, 옥타비아누스

해석하기 107쪽

카이사르가 로마에 가져온 변화는 일보제도를 만들어 원로원 의원들이 가진 특권을 약화시키고, 신문이 생겨날 수 있는 바탕을 만들었다는 것이다. 그리고 율리우스력이라고 불리는 달력을 만들었고 공화정에서 제정으로 갈 수 있는 시스템을 구축하였다.

토론하기 108쪽

예시 답안

원로원 의원들 때문이다. 카이사르가 집권하고 나서 원로원 의원 수를 늘리고 외국인들에게 시민권을 부여하는 등 여러 가지 사회 개혁을 통해 시민들로부터 높은 지지를 받자 원로원의원들이 설 자리가 없었기 때문이다. 그들이 자신들이 가진 권력을 잃기 싫어해 카이사르를 암살한 것이다.

역사에 비추어 보는 세계 109쪽

생각 열기

클레오파트라는 현실을 정확히 파악하고 뛰어난 외교 감각을 가진 정치가였다. 그녀는 뛰어난 말솜씨와 재치로 강대국인 로마를 이용하여 왕권을 안정시키고 이집트가 로마 속국이 되는 것을 막으려했다. 어려서부터 그리스 문학을 배우고 과학, 기학, 천문학, 의학 수업을 받았으며 예능교육으로 그림, 노래, 현악연주, 승마 등을 배워 다재다능했기 때문이다.

미래 열기 111쪽

(1) 신데렐라가 온갖 집안일을 다 해야 했던 원인은
어머니를 일찍 여의고 아버지가 재혼을 했는데, 새로 가족이 된 새어머니와 의붓언니들이 나빠 그녀를 괴롭혔기 때문이다.

(2) 신데렐라가 무도회장에서 급히 빠져 나온 원인은
요정이 무도회장에 보내주면서 마법이 12시까지만 효과가 나타나니, 그 이전에 무도회장을 빠져나와야 한다고 했기 때문이다.

(3) 신데렐라가 왕자와 결혼을 할 수 있었던 원인은
무도회장을 급히 빠져 나오면서 유리 구두 한 짝을 무도회장에 놓고 왔기 때문이다.

11 예수와 크리스트교 박해

탐구하기 114쪽

사기죄와 미신 선동죄

탐구하기 115쪽

우상을 받들지 않는 것, 다른 종교를 인정하지 않는 것, 황제를 신으로 섬기지 않는 것, 군대에 가는 것을 반대해서 사기를 떨어뜨리는 것

탐구하기 116쪽

십자가 사형제도 폐지, 어린아이 죽이는 것 금지, 사람을 바치는 제사 금지, 노예제도 개선, 검투사 시합 폐지

해석하기 117쪽

예시 답안

- 크리스트교가 자기들이 섬기는 신을 우상이라고 하자 종교를 무시한다고 생각했다.
- 크리스트교가 내세우는 유일신 사상과 서로를 형제 자매라고 부르는 것, 그리고 종교의식 등을 제대로 이해하지 못했다.
- 사람들을 구원하러 왔다는 예수가 허무하게 죽는 것이 말도 안 된다고 생각했다.

토론하기 118쪽

크리스트교가 박해받은 여러 가지 까닭 가운데 가장 큰 것 하나를 골라 쓰면 됩니다.

예시 답안

로마 때문이다. 유대인들은 크리스트교를 미워해도 직접죽이거나 하지는 않았지만, 로마 황제는 크리스트교 교인들에게 자기에게 절하라고 명령하고 안 하면 죽였기 때문이다.

역사에 비추어 보는 세계 119쪽

생각 열기

크리스트교 정신인 사랑을 직접 실천하는 것이 참 좋은 것 같다. 자기만 잘 살면 된다고 생각하면 더 편하게 살 수 있을 텐데, 집 짓는 일을 해서 어려운 사람들에게 희망을 준 것은 크리스트교의 사랑의 정신을 실천한 것이다. 다른 크리스트교 인들이나 다른 사람들도 그 마음을 배웠으면 좋겠다.

미래 열기 121쪽

원인 분석

(1) 왜냐하면 우리 나라는 어느 종교든 자유롭게 믿을 수 있고, 아예 믿지 않을 자유가 있는데, 싫어하거나 별로 좋아하지 않는 종교를 다른 사람이 강제로 믿으라고 하면 기분이 나빠질 것이기 때문이다.

(2) 왜냐하면 좀 좋게 생각하기도 했고, 믿으려고 생각했던 적이 있었던 종교라도 다른 사람이 강제로 믿으라고 한다면 그 종교에 대해 오히려 안 좋게 생각하게 될 것이기 때문이다.

(3) 왜냐하면 자기가 간절히 원하지도 않았는데 강제로 믿게 되면 나중에 결국 믿기를 그만두게 될 것이기 때문이다.

*위에 분석한 내용을 연결해서 쓰기

주제 다른 사람에게 자기 종교를 강요하면 안 된다.

우리 나라는 어느 종교든 자유롭게 믿을 수 있고, 아예 믿지 않을 자유가 있는데, 싫어하거나 별로 좋아하지 않는 종교를 다른 사람이 강제로 믿으라고 하면 기분이 나빠질 것이다. 강제로 믿게 하는 것은 다른 사람 자유를 무시하는 것이기 때문이다. 자유를 무시당하면 누구나 기분이 나빠지니까 강요하는 종교를 믿기 싫어질 것이다.

또 그동안 혼자서 마음속으로 좋게 생각하기도 했고, 믿으려고 생각했던 적이 있었던 종교라도 다른 사람이 강제로 믿으라고 한다면, 그 종교에 대해 오히려 나쁘게 생각하게 될 것이기 때문이다. 싫어하지는 않았던 종교인데, 그 종교 사람들이 강제로 믿으라고 한다면, 강요하는 사람들이 싫어서 그 종교도 싫어하게 될 것이다.

그리고 자기가 그 종교를 간절히 원하지도 않았는데, 강제로 믿게 되면 나중에 결국 믿기를 그만두게 될 것이다. 억지로 한 일은 나중에라도 하기가 싫어지면 금방 그만 두어 버리는 것은 종교가 아니라, 다른 일에서도 마찬가지이기 때문이다.

12 춘추전국시대와 제자백가

탐구하기 124쪽

춘추시대에는 존왕양이와 봉건제가 유지되었으나, 전국시대에는 주나라 왕실의 권위를 인정하지 않았고, 중앙집권적 군현제와 관료제를 실시하였다.

탐구하기 126쪽

각 나라는 훌륭한 인재를 기르고 국력을 키우기 위해 노력하면서 능력 있는 학자를 우대했고, 정치적 혼란을 바로 잡기 위해 많은 사상이 생겨났다. 봉건적 사회질서가 무너지면서 귀족이 독점하던 학문과 지식이 일반 평민들에게까지 널리 퍼졌고, 이로 인해 많은 평민들이 신분을 상승시키기 위해 위대한 스승 밑에서 공부했다.

해석하기 127쪽

◆ 유가학자인 맹자와 순자가 '예(禮)'를 어떻게 보았는지에 대해 묻는 문제입니다.

맹자 타고난 본성으로 보았다.

순자 인간의 탐욕스러운 삶을 규제하기 위해 성인이 만든 것으로, 의지와 노력으로 학습해야 한다.

토론하기 128쪽

◆ 현재 우리 나라에서 유교는 철학인지 종교인지에 대해 생각해보고, 입장을 정해 그 까닭을 쓰면 됩니다.

예시 답안

1. 유교는 철학이다. 자기가 믿는 종교와 상관없이 조상을 숭배해 제사를 지내고, 웟사람을 공경하는 것은 사람이 지켜야 할 예의일 뿐 종교라고 생각하지는 않는다. 종교라면 내세관이 있어야 하는데 유교는 그것도 없다. 그러므로 철학이라고 생각한다.
2. 유교는 종교다. 유교에서 가르치는 많은 생각들은 오래도록 우리를 지배해왔다. 제사는 종교 의식으로 보아야 하고, 조직도 갖추고 있으며, 종교 단체별 통계에도 구분되어 조사되는 것을 보면 종교라고 보아야 한다.

역사에 비추어 보는 세계 129쪽

생각 열기

다른 나라 지배로부터 벗어나는 독립은 좋은 것이다. 하지만 나라를 지켜낼 강한 힘도 없이 독립한다면 또다시 다른 나라의 지배를 받을 수도 있다. 또한 독립이 사람들 생활에 오히려 어려움을 줄 수 있다면 깊이 생각해 봐야 한다. 그러므로 국민들에게 미칠 영향을 충분히 따져 보고, 모든 면에서 다른 나라 간섭으로부터 자유로울 수 있어야 진정한 독립이다.

미래 열기 131쪽

1. 대안 제시

(1) 가까운 거리는 걸어 다닌다.

(2) 자가용 이용을 줄이고 대중 교통 수단을 이용한다.

(3) 냉방기 냉방 온도는 높게, 난방기 난방 온도는 낮게 설정한다.

2. 대안 제시

(1) 긍정적인 마인드로 스트레스가 생기지 않도록 주의한다.

(2) 음악 감상으로 흥분된 마음과 굳어진 근육을 풀어준다.

(3) 스트레스를 받으면 심호흡을 하고 충분한 휴식으로 긴장을 푼다.

3. 대안 제시

(1) 아이들이 많이 드나드는 문구점이나 가게 주인에게 불량식품을 팔지 않도록 설득한다.

(2) 나라에서 식품 감시를 철저하게 해서 불량식품이 만들어지지 않도록 한다.

(3) 불량식품이 건강에 얼마나 나쁜 것인지 학교와 가정에서 교육한다.

4. 대안 제시

(1) 여름이 되기 전에 하수구에 쌓인 토사를 걷어낸다.

(2) 미리 나무를 많이 심어 홍수로 인한 산사태를 방지하도록 한다.

(3) 수시로 제방시설에 문제가 없는지 살피고 수리한다.

5. 대안 제시

(1) 필요 없는 지출을 줄이고 아껴 쓴다.

(2) 아나바다 운동을 확산시키는 등 재활용에 힘쓴다.

(3) 정부는 가격 인상 상한선을 정해서 그 이상 오르지 못하도록 한다.

13 최초로 중국을 통일한 진나라

탐구하기 134쪽

◆ 시황제가 중국을 통일한 후 중국을 효율적으로 지배하기 위해 실시한 제도를 묻는 문제입니다.

군현제

탐구하기 135쪽

시황제가 법가사상으로 강력하게 사상을 통제해야 되겠다고 생각하였기 때문이다.

해석하기 136쪽

◆ 진나라가 전국 7웅 가운데 문화가 제일 뒤떨어져 있었는데도 중국을 최초로 통일할 수 있었던 까닭에 대해 생각해보는 문제입니다.

첫째, 법가 사상을 채택하여 개혁을 했기 때문이다.
둘째, 경제적 기반이 튼튼했기 때문이다.
셋째, 유능한 인재를 국적에 관계없이 발탁한 인사정책 때문이다.
넷째, 사면이 산으로 둘러싸인 지리적 위치 때문이다.

해석하기 137쪽

예시 답안

만리장성, 아방궁, 진시황릉 등 대규모 토목공사와 가혹한 법집행 때문에 결국 진승과 오광이 반란을 일으키게 되었고, 이 반란을 시작으로 전국에서 농민 반란이 일어났고 유방이 함양을 공격해 진나라는 망하고 말았다.

토론하기 138쪽

● 중국 역사에서 시황제는 시대에 따라 평가가 달라지는 인물입니다. 시황제가 어떤 인물인지 자기 생각을 써보는 문제입니다.

예시 답안

위대한 황제였다. 시황제는 표준(화폐, 도량형, 문자 통일 등)이 가진 힘을 깨달은 사람이었다. 중국을 통일할 수 있었던 것은 바로 '표준'이 가진 힘 덕분이었다. 그렇기 때문에 정치적 통일을 이룩한 후에 현실적인 국가 표준을 세우는데 노력하였다. 단순히 영토를 통일하는 것만 아니라 다양한 문화를 가진 사람들을 다 같은 중국인으로 만들기 위해서였다.

시황제가 위대하다는 것은 이처럼 제도, 풍습, 사상이 제각각이었던 진나라를 하나의 중국으로 만들기 위해 표준을 정했다는 점이다. 이러한 작업은 중국을 하나로 묶어 중화 문화권을 이어올 수 있는 기틀을 닦을 수 있게 하였다.

역사에 비추어 보는 세계 139쪽

● 엄격한 법을 집행하는 것이 범죄를 줄일 수 있는 방법인지 생각해보는 문제입니다.

생각 열기

철저한 법적용과 엄격한 처벌방법이 범죄율을 낮출 수 있다고 생각한다. 그러나 엄격한 처벌방법을 실시하여 효과를 보기 위해서는 두 가지 조건이 먼저 충족되어야 한다. 첫째, 법을 집행하는 사람들이 청렴하고 능력 있는 사람들이어야 한다. 지도자들 스스로 모범을 보여 주어야 법을 집행하는 것에 국민들이 불만을 갖지 않을 것이다.

싱가포르가 실시하는 엄격한 벌금제도나 태형을 국민들이 지지하는 것은, 그만큼 정부가 범죄예방과 공정하게 법을 집행하는데 많은 노력을 하고 있다는 것을 알고 있기 때문이다.

둘째, 성숙한 시민의식이 있어야 한다. 벌금이 아무리 많다 하더라도 그냥 내고 말지라고 생각해 버리면 어쩔 수 없는 일이다. 사소한 일이라도 남에게 피해를 주는 것은 안 된다는 시민의식이 있어야 법을 지키려고 노력을 할 것이다.

자기 이익보다 공공 이익을 보다 소중하게 여기는 마음을 가지고 있어야 한다. 나라마다 사회여건이나 환경이 다르기 때문에 법률도 다 똑같을 수는 없다. 그러나 청렴하고 능력 있는 지도자와 성숙한 시민의식을 지닌 국민이 있다면 엄격한 처벌방법이 범죄율을 낮출 수 있을 것이다.

미래 열기 141쪽

● 학생들이 학습 만화를 좋아하는 것에 대해 학부모들이 걱정하는 원인을 살펴보고 해결할 수 있는 대안을 생각해보는 문제입니다.

문제 제기	학부모들은 아이들이 학습 만화에 열광하는 것에 걱정하고 있다.
원인 분석	1. 학습 만화에만 몰두하면서 긴 글로 된 책을 전혀 읽으려고 하지 않거나 읽어내기 어려워하는 경우가 생기기 때문이다. 2. 오랜 누자와 좋은 내용으로 인기를 끈 히트작이 하나 나오면 금세 다른 출판사가 모방해서 그림도 조잡하고 내용도 빈약한 책을 내놓고 아이들 눈을 사로잡기 때문이다. 3. 만화에 나오는 재미있는 장면만 기억하고 중요한 학습 내용은 보지 않고 책장을 넘겨버리거나 보지 않기 때문에 학습효과가 떨어진다는 것도 걱정이다. 그래서 학부모들은 아이들에게 학습만화를 사주지 않으려고 한다.
대안 제시	1. 학습 만화에 길들여진 아이에게 글로만 된 책을 강요하면 아이가 책 자체를 두려워하게 될 가능성도 있으므로 단계적으로 책을 읽도록 해야 한다. 처음에는 그림동화를 읽게 하다가 서서히 삽화가 많고 글씨가 큰 책, 글씨가 작은 책 순으로 책을 읽도록 해야 한다. 2. 부모가 아이보다 먼저 책을 끝까지 읽고 내용과 그림, 글을 살펴야 한다. 그림은 적절하게 들어갔는지, 줄거리가 빈약하지 않고 전개가 자연스러운지 등을 꼼꼼하게 살펴야 한다. 역사나 인물을 해석하는 만화는 사실을 왜곡하지 않도록 전문가가 집필에 참여했는지를 따져야 한다. 3. 학습 만화를 읽고 나서 느낀 점이나 새롭게 알게 된 점 등을 차례대로 정리하게 하면 꼼꼼하게 책을 읽는 습관이 생기게 된다. 글로 쓰기 어려운 경우에는 기억에 남은 장면들을 그려보게 해서 생각을 표현할 수 있도록 한다.

14 유방과 한나라

탐구하기 144쪽

기전체로 쓰였기 때문이다. 요·순 시대부터 한 무제까지 역사를 기록했다. 교훈적이며 모범이 될 만하다.

탐구하기 145쪽

외척과 환관 때문에 나라가 어지러워지고, 지방 호족들이 백성들에게 가혹하게 세금을 거두어 살기가 어려워진 농민들이 '황건적의 난'을 일으켰다.

해석하기 146쪽

중국을 통해서 다른 나라 문화를 쉽게 받아들일 수 있었고, 굳이 중국과 싸우거나 사이가 나쁘게 지낼 필요가 없기 때문이다.

해석하기 147쪽

유방이 혼란스러운 시기를 정리하고 중국을 재통일하고 한나라를 세울 수 있었던 것은 남을 쓰는데 비상한 실력인 용인(用人)술이 뛰어난 덕분이었다.

토론하기 148쪽

➲ 중화사상을 내세우며 단일문화를 가지고 살아온 중국인들에게 중화사상이 끼친 영향을 알 수 있는 문제입니다.

예시 답안

1. 도움이 되었다. 자기 민족이 우월하다고 생각하는 것은 자신감이다. 중화사상이 있었기에 지금 중국은 거대 국가, 최대 국가를 형성하고 있는 것이다.
2. 아니다. 도움이 되지 못했다. 서양문물보다 더 발전된 과학, 문화, 예술을 지닌 중국인에게 다른 이민족은 막아야할 오랑캐였을 뿐이었다. 그 결과로 열등하다고 생각해온 이민족에게 휘둘리는 꼴이 되었다.

역사에 비추어 보는 세계 149쪽

➲ '패권주의'에 대해 알아보는 문제입니다. 경제, 사회 패권주의에 대해서도 설명해주면 도움이 됩니다.

생각 열기

영화는 대본과 제작의도에 따라 관람자가 가진 의식도 바꿀 수 있는 매체이다. 모든 장면이 작가 의도에 따라 포장되기도 하고 과장되기도 한다. 영화는 만들어 낸 이야기이다. 중국은 국가가 지원하는 영화에서 현재 해결되지 않은 민감한 부분까지 극화하여 중화 패권주의를 기정사실화하고 있다.

미래 열기 151쪽

*반대(반발이나 부작용)

(1) 음악회 입장료가 비싸서 저렴한 것을 찾게 된다.
(2) 방학 때마다 있는 숙제라서 특별한 게 없다.
(3) 음악에 대한 이해를 높여야 하지만 비슷한 이유로 온 학생들이 많아서 팸플릿에만 집중하는 학생들이 있다.
(4) 흥미 없는 클래식을 들어야 하기에 재미가 없다.

*글로 이어서 쓰기

주제 음악 수행평가로 음악회를 다녀와서 숙제를 제출해야 한다.

방학이 되면 어김없이 수행평가에 필요한 전시회나 음악회에 다녀와야 한다. 평소에 학교 수업과 학원 시간 때문에 시간이 없는 학생들을 위한 예술 활동을 위한 학교선생님의 배려이다. 그러나 방학 중에 학기 중에 밀렸던 여러 가지 일들로 인해서 시간을 내기는 어려운 것이 현실이다.

또 음악회는 입장료가 비싸서 저렴한 것을 찾다 보면 신청한 학생들도 많고, 그만큼 질이 떨어지는 공연을 관람할 수밖에 없다. 숙제를 위한 공연을 관람하다 보니, 공연에 집중하기 보다는 공연을 봤다는 입장권, 팸플릿, 사진 찍기에 더 열을 올리게 되는 것이 사실이다.

클래식 보다는 팝이나 대중가요를 좋아하는 학생들이 집중하기는 더욱더 힘들다. 그리고 공연에 집중하지 않고 삼삼오오 모여앉아 떠들어서 음악에 집중하는 사람들에게 피해를 주는 것은 숙제의 역효과라고 볼 수 있다.

15 고대 인도와 불교, 그리고 힌두교

탐구하기 154쪽

➲ 고대 인도 신분제도인 카스트제도에 불만을 가지고 있던 계층은 누구였을까 생각해보고, 불교가 주장했던 평등사상과 연결해 생각해본 뒤 쓰면 됩니다.

그 무렵 인도에는 태어날 때부터 신분이 정해지는 카스트제도가 있었다. 이 제도에 따라 신분이 낮은 사람들은 신분이 높은 사람들에게 시달리며 어렵게 살아야 했다. 그런데 불교는 신분에 관계없이 사람은 모두 평등하고, 열심히 노력한다면 신분이 낮더라도 누구나 깨달음을 얻을 수 있다고 하였다. 그렇기 때문에 신분이 낮고 가난한 많은 사람들이 그를 따르게 되었다.

탐구하기 155쪽

● 새로운 나라를 세우거나 다른 나라를 정복했을 때 무엇보다도 중요한 것이 백성들 마음을 하나로 모으는 것임을 생각해본 다음, 당시 마우리아 왕조와 쿠샨 왕조가 처했던 상황과 연결해서 쓰면 됩니다.

마우리아 왕조와 쿠샨 왕조는 혼란스러웠던 인도를 통일하면서 이루어진 나라였다. 또한 인도는 지역에 따라 민족과 신앙, 생활풍습 등이 서로 달랐기 때문에 그들을 다스릴 새로운 사상이 필요하였다. 그래서 아소카 왕과 카니슈카 왕은 백성들에게 불교를 믿게 해 그들 마음을 하나로 모아 왕권을 강하게 하기 위하여 불교를 믿도록 하였다.

탐구하기 156쪽

● 굽타 왕조가 불교보다는 브라만교를 뿌리로 하는 힌두교를 선택한 까닭을 묻는 문제입니다.

평등사상을 내세워 신분제도를 혼란스럽게 하는 불교보다는 위아래 신분질서를 강조하는 브라만교가 왕권을 강하게 할 수 있고 나라를 다스리는 데 더 좋을 것이라고 생각하였기 때문이다.

해석하기 157쪽

첫째, 붓다가 힌두교에서 믿는 여러 신 가운데 하나가 되었기 때문이다.
둘째, 윤회 사상 때문이다.
셋째, 이슬람 세력이 인도를 침입했기 때문이다.

토론하기 158쪽

예시 답안

바람직하지 않다. 모든 사람들이 같은 종교를 믿고 싶어 한다고 생각할 수는 없다. 다른 종교를 믿고 싶어 하는 사람들이 있을 수도 있는데 자칫하면 그 사람들 생각이 잘못된 것처럼 여겨져 피해를 당할 수도 있다. 누구나 자기가 믿고 싶은 종교는 스스로 생각해 선택해야 한다고 생각한다.

역사에 비추어 보는 세계 159쪽

● 세상을 살아가는 데 있어서 가장 중요한 것은 무엇일까요? 사람마다 삶에 대한 잣대가 다르기 때문에 무엇이 가장 소중한 것인가 하는 것도 제각기 다릅니다. 종교를 믿는 까닭도 물론 여러 가지가 있을 겁니다. 자신이 믿는 종교만이 진짜라는 생각보다는 다른 종교가 가진 좋은 점을 이해하면서 인정해 주는 것도 중요하지 않을까요?

생각 열기

예시 답안

첫째, 피할 수 없는 죽음이 두렵기 때문이다. 사람은 모두 언젠가는 죽을 테고, 죽은 다음 어떻게 될 것인가에 대한 두려움은 아주 옛날부터 있어왔던 것이다.

둘째, 살아가다가 힘든 일이 있을 때, 믿고 의지할 곳이 필요하기 때문이다.

셋째, 내 앞에 닥친 문제를 신에게 기도함으로써 해결하고 싶은 마음에서이다.

미래 열기 161쪽

반대(부작용) 의견	극복 방안
그녀가 결혼을 해서 아기를 가졌을 때, 주변사람들과 의사는 그녀와 같은 아기가 태어날 지도 모른다는 이유, 또 아기를 낳더라도 어떻게 키우겠냐는 이유를 들어 아기 낳는 것을 말렸다.	그녀는 자신이 지금까지 살아왔던 것처럼 기꺼이 아기 낳기를 결심하였다. 그녀는 작은 스펀지를 입에 물고 아들 머리를 감겨 주었으며, 특별하게 만들어진 유모차에 아기를 태워 어깨로 밀면서 아들과 함께 산책을 다녔다.
그림그리기를 좋아했던 그녀가 어릴 때부터 하고 싶었던 미술공부를 하기 위해 대학을 가려 했을 때도 사람들은 과연 그녀가 해낼 수 있을까 걱정을 하였다.	그녀는 엄청난 노력 끝에 대학을 졸업하였고, 두 팔이 아닌 입과 발로 그림을 그리는 구족화가가 되었다.

16 로마 평화 시대와 서로마 멸망

탐구하기 164쪽

● 나라를 보다 잘 다스리기 위해 자기 핏줄에게 황제 자리를 물려주는 방법과 능력 있는 사람에게 물려주는 것 가운데 어느 것이 더 도움이 될지 생각해본 후 쓰면 됩니다.

황제들이 자기 피붙이인 아들에게 황제 자리를 물려 주는 것이 아니라, 원로원과 의논하여 현명한 사람을 양아들로 들인 다음, 그에게 황제 자리를 물려 주는 방법을 선택하였기 때문이었다.

탐구하기 165쪽

쓰러져가는 나라를 되살리기 위한 방법으로는 어떤 것이 있을지 생각해보고 콘스탄티누스 대제가 했던 방법이 과연 옳았을까에 대해 생각해 봅니다.

수도를 비잔티움으로 옮겨 경제를 살리고, 이민족들이 쳐들어오는 것을 막으려고 하였다. 크리스트교를 공인하며 수많은 크리스트교 교인들을 자기편으로 끌어들여 로마를 개혁하려 하였다.

탐구하기 166쪽

로마 문화가 실용적인 이유를 로마 영토 확장과 연결하여 생각해 봅니다.

로마 문화에서 가장 큰 특징은 실용적이라는 것이다. 그리고 로마 문화가 역사에서 가지는 의의는 로마 국교였던 크리스트교와 더불어 중세유럽에 전해져 훗날 서양 문화가 발전하는 뿌리가 되는 두 가지 중요한 요소가 되었다는 것이다.

해석하기 167쪽

나라를 다스리는 방법에는 여러 가지가 있습니다. 로마 황제들은 왜 '빵과 서커스'라는 정책을 썼는지에 대해 생각해보면 됩니다.

빵과 서커스라는 당근정책으로 시민들 관심을 그쪽으로 쏠리게 하여 넓은 제국을 보다 편하게 다스리기 위해서였다.

토론하기 168쪽

로마 말기에 이러난 여러 사회 현상을 생각해보고 로마 내부 문제와 외부에서 일어난 사건과 연결지어 생각하면 됩니다.

예시 답안

정복 전쟁이 없어지면서 생긴 사회 혼란과 이민족 침입 때문이다. 로마는 농업과 노예들에 의해 유지되었던 사회였다. 그런데 5현제 시대가 끝나가는 2세기 말 무렵, 더 이상 정복 전쟁을 하지 않게 되자 전쟁을 통해 들여오던 노예들을 구할 수 없게 되었다. 그러면서 농장에서 일할 노예들이 점점 줄어들었고, 생산량 또한 줄어들어 나라살림이 어려워지고, 시민들이 살아가는 것도 힘들게 되었다. 그러자 시민들을 병사로 모집할 수 없어 국방력은 점점 약해지게 되었다. 이런 사회혼란 속에 게르만족을 비롯한 이민족들이 쳐들어오자 그들을 물리칠 능력이 없었다.

역사에 비추어 보는 세계 169쪽

생각 열기

중국이 본디 가지고 있던 사상체계인 중화사상을 앞세워 아시아는 물론 세계질서까지 다시 엮어 만들려고 하는 생각이 들어 있다. 중화사상이란 중국이 자기 민족을 세계문명들 가운데에서 가장 중심이라고 생각하여 스스로 다른 민족들보다 뛰어나다고 자랑해 온 사상을 일컫는다.

미래 열기 171쪽

주제 고유가 시대에 에너지를 절약하자.

최종 결론 고유가 시대에 기름 한 방울 나지 않는 나라에 사는 우리가 지켜야 할 에너지절약 방법은 큰 것이 아닌 아주 작은 것부터이다. 작은 습관만 바꾸어도 적잖은 에너지를 절약할 수 있다.

17 사라진 마야와 안데스 고대 문명

탐구하기 174쪽

신에게 제사를 지내거나 별을 관찰하였다.

탐구하기 175쪽

백성들은 글자를 배울 여유도 없었으며 귀족들만 글을 배워 권력을 차지하여 글을 모르는 많은 백성들을 다스렸다.

탐구하기 176쪽

산이나 사막, 해안 지역 등으로 지형이 달라 문명이 합쳐지기 어려웠다.

해석하기 177쪽

귀족과 왕들이 백성들을 돌보지 않고 건축물만 세웠고 전쟁만 하였다. 그것이 나라를 혼란하게 하는 가장 큰 까닭이 되었다.

토론하기 178쪽

예시 답안

농사를 잘 짓기 위한 바람으로 그렸다. 나스카는 사막과 같은 건조한 기후여서 물이 귀했다. 이 그림에는 개구리, 거위, 고래 같은 물과 관계 있는 동물이 많은데 이것은 비를 빌고 기름진 땅을 바라는 마음에서 그린 것이다.

역사에 비추어 보는 세계 179쪽

생각 열기

모든 예술에는 만드는 사람들 생각이 들어가기 마련이기 때문에 어쩔 수 없다. 만드는 사람들 입장이 강하게 들어가기 때문이다. 영화를 보더라도 스스로 자기 입장을 가지고 판단할 수 있어야 하며, 영화를 보면서 항상 문제 제기를 할 수 있는 비판의식도 필요한 것 같다. 또 예술을 창조하는 사람들도 더 많은 사람들이 공감할 수 있게 사실을 왜곡하지 않아야 한다.

미래 열기 181쪽

문제 제기 –문제의 내포와 외연	많은 아이들이 꿈을 가지고 있지만 그 꿈을 위해 준비하고 있지 않다.
원인 분석 –사회(외부)적 원인 –개인(내부)적 원인	왜냐하면 꿈을 생각하기는 하지만 그것이 좋아 보이니까 막연하게 하고 싶다고만 생각한다.
대안 제시 –사회(외부)적 대안 –개인(내부)적 대안	그러므로 이루고 싶은 꿈이 무엇인지 자세히 알아보고 그것을 이루기 위해서 준비하는 자세가 필요하다.
반대하기 –대안에 대한 반발과 부작용	그렇지만 자기가 원하는 꿈을 위해서 지금 당장 노력할 만한 것이 없을 수도 있다.
극복 방안 –그 반발을 극복할 방안	그렇다면 그 꿈을 이루기 위해서 어른들한테 물어봐서 정보를 얻을 수 있는 방법도 있다. 또 그 꿈을 이룰 수 있게 지금 생활을 열심히 하는 자세가 필요하다.
최종 결론 –전체 정리와 마무리	자기가 이루고 싶어 하는 꿈이 무엇인지 생각해보고 그것을 이루기 위해 할 수 있는 일을 자세히 알아본다. 그러기 위해서는 많은 준비를 해야 하며 노력하는 자세를 가져야 한다.

18 위진남북조 시대

탐구하기 184쪽

5호 16국 시대

탐구하기 185쪽

한족을 존중하였고, 진취적이고 소박한 유목 문화가 한족 문화와 조화를 이루었기 때문이다.

탐구하기 186쪽

북쪽에서 유목민들이 쳐들어오는 것을 쉽게 막기 위하여

해석하기 187쪽

➲ 유목민 침략 뒤에도 한문족문화가 멸망하지 않고 도리어 더 발전한 원인을 묻는 문제입니다.

한족들이 유목민들에게 지배당하지 않으려 해서 반란이 자주 일어났고, 왕조가 멸망하기도 하였기 때문이다.

토론하기 188쪽

예시 답안

유목민이 유화 정책을 폈기 때문이다. 왜냐하면 처음에는 유목민 지배자들이 자기 문화를 한족에게 강요하기도 하였지만, 반발이 심하여 반란이 일어나기도 하였고, 도리어 자기들이 망하는 경우도 많았으므로 유화 정책을 폈기 때문이다.

역사에 비추어 보는 세계 189쪽

생각 열기

예시 답안

종교가 정치를 간섭하지 못하게 한다는 뜻은 좋은데 히잡을 두르지 못하게 하는 것은 정치가 종교를 간섭하는 것 같다. 지나치게 법을 엄하게 적용하면 좋은 법도 나쁜 법으로 변하고 마는데 히잡 금지도 그래서 나쁜 법인 것 같다.

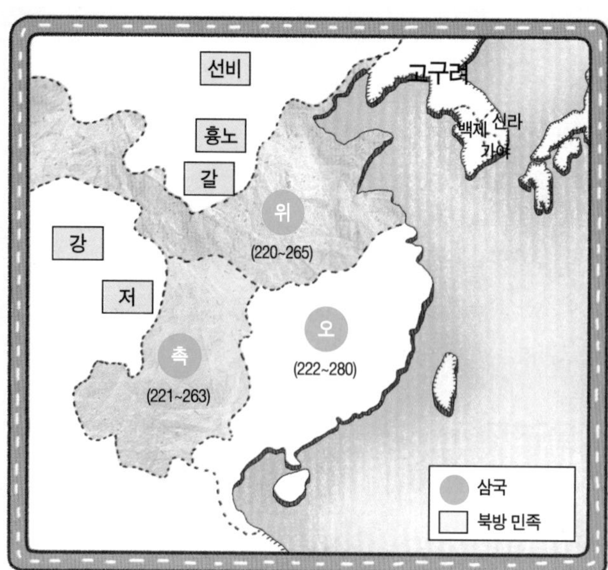

삼국 시대

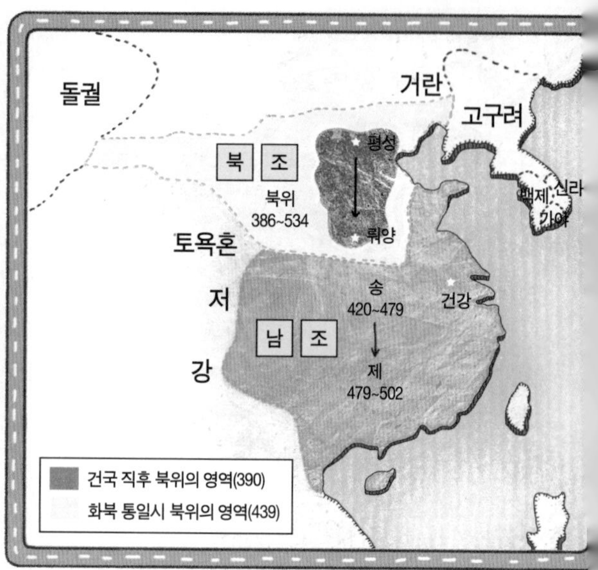

남북조 시대

논술 한 단계 190쪽

주제 해외 유학

주제문 꼭 필요한 공부만 하고 와야 한다.

문제 제기 –문제의 내포와 외연	1. 해외 유학을 너무 오래간다. 그래서 돈이 많이 든다.
	2. 너무 어릴 때 유학을 간다. 그래서 한국에 돌아오면 적응하느라 고생을 한다.
원인 분석 –사회(외부)적 원인 –개인(내부)적 원인	1. 왜냐하면 외국에 가서 살기 위해서는 집도 필요하고 생활비도 필요하니까 우리 나라에서 돈을 보내 주어야 하기 때문이다.
	2. 왜냐하면 어릴 때 유학을 가면 우리 나라에 대해서 잘 알지 못할 때 가니까 나중에 커서 돌아오면 한국에 대해서 모르기 때문이다.
대안 제시 –사회(외부)적 대안 –개인(내부)적 대안	1. 그러므로 너무 오래 있지 말고 1년 정도만 유학을 가야 한다.
	2. 그러므로 중학생 이상 되어서 유학을 가야 한다.
반대하기 –대안에 대한 반발과 부작용	
	2. 그렇지만 너무 늦게 가면 그 나라 말이나 문화를 몰라서 고생할 수 있다.
극복 방안 –그 반발을 극복할 방안	1. 그렇다면 1년이 넘더라도 한국에서 할 수 있는 공부는 한국에서 하고 꼭 외국에서 해야 하는 공부만 집중해서 기간을 최대한 줄이면 된다.
	2. 그렇다면 자기가 배워야 하는 것이 무엇인지 정확하게 정해서 그것을 배우기 가장 적당한 나이에 가면 된다.
최종 결론 –전체 정리와 마무리	해외 유학을 꼭 가야 하는 것은 아니니까 안 가는 것이 좋겠지만 공부를 위해서 가야 한다면 자기에게 필요한 공부가 무엇인지 따져보고, 꼭 외국에서 해야 하는 공부라는 결론이 나면 최대한 짧게 가서 배우고 와야 한다.

미래 열기 191쪽

주제 해외 유학

주제문 꼭 필요한 공부만 하고 와야 한다.

우리 나라 학생들은 어릴 때부터 해외 유학을 많이 간다. 초등학교 저학년부터 외국에 나가서 고등학교 졸업이나 대학 졸업 때까지 있는 경우도 많다.

너무 오래 유학을 가다보니 너무 많은 돈이 든다. 외국에 가서 살기 위해서는 집도 필요하고 생활비도 필요하니까 우리 나라에서 돈을 보내 주어야 하기 때문이다.

그리고 너무 어릴 때 유학을 가게 되는 바람에 다시 한국에 돌아오면 적응을 하지 못해서 고생을 한다. 한국에 대해서 잘 모르는 어릴 때 유학을 갔으니까 돌아와도 한국에 대해서 잘 알 수가 없기 때문이다.

그러므로 유학을 가게 되더라도 너무 오래 있지 말고 1년 정도만 있다가 와야 한다. 그러면 돈이 아주 많이는 안 들어도 될 것이다. 또 너무 어릴 때 가지 말고 중학생은 되어서 가야 한다. 그러면 우리 나라에 대해서도 잘 알고 가니까 돌아와서도 좋을 것이다.

그렇지만 1년 만에 자기가 배우고 싶은 것을 다 못 배울 수도 있다. 시간이 많이 걸려야 배울 수 있는 공부를 하러 갔는데 무조건 1년 만에 돌아와야 한다면 차라리 안 가는 것보다 못할 수도 있다. 그리고 너무 늦게 유학을 가면 그 나라 문화나 말을 잘 하지 못할 수도 있다. 그러면 낯선 환경에 적응하느라고 공부를 충분히 못하게 될 수도 있다.

그렇다면 한국에서 할 수 있는 공부는 미리 한 다음에 1년이 넘게 걸리더라도 외국에서 해야 하는 것만 집중해서 최대한 유학기간을 줄이면 된다. 또 자기가 배워야 하는 것을 정확하게 정한 다음에 그것을 배우기에 적당한 나이에 가면 된다. 아주 어릴 때 기초부터 배워야 하는 것인데 중학생 때 간다면 때를 놓치게 될 것 같다.

외국에 유학을 꼭 가야 하는 것은 아니니까 안 가는 것이 좋겠지만 공부를 위해서 가야 한다면 자기에게 필요한 공부가 무엇인지 따져보고, 꼭 외국에서 해야 하는 공부라는 결론이 나면 최대한 짧게 가서 배우고 와야 한다. 그러면 돈도 적게 들고 다시 한국에 와서 사는 데도 불편하지 않을 것이다.

논리로 배우는 역사 논술 시리즈 한국사

살아있는 역사 재미있는 논술 전 5권

"역사를 논술로, 논술을 역사로!"

"논리와 토론으로 배우는 역사 논술, 역사와 논술이 만나다!"

살아있는 역사 재미있는 논술 시리즈는 역사 속 중요 사건과 인물 이야기를 공부하며 생각하는 힘과 논리를 키울 수 있도록 구성하였습니다.

① 인류 등장에서 후삼국 통일까지
② 고려 건국에서 병자호란까지
③ 붕당 정치에서 관동 대지진까지
④ 한인 애국단에서 대한민국까지
워크북: 논술 한 단계 + 논술 본 단계

논리로 배우는 역사 논술 시리즈 세계사

살아있는 세계사 재미있는 논술 ★ 전 4권 ★

- 세계의 역사 사건을 탐구하고 해석합니다.
- 세계사의 흐름을 시기별로 나누어 논리적으로 연결지어 봅니다.
- 세계 여러 나라, 같은 시기에 일어나는 사건과 인물들을 한눈에 보여 줍니다.

책의 구성	논술 공부하기	학습 브로마이드
01 고대편	논술 개념 익히기	유네스코 세계문화유산 목록
02 중세편	비교 · 분석형 논술문 쓰기	세계 주요 유적과 유물
03 근대편	비교 · 분석형 논술문 쓰기	세계 주요 인물(동양편)
04 현대편	문제 제시형 논술문 쓰기	세계 주요 인물(서양편)